읽는 사람

읽는 사람

허윤선 인터뷰집

민음사

일러두기

— 인터뷰이의 개성적 말투를 살리기 위해 문법에 다소 어긋난 표현도 대화의 흐름을 해치지 않는다면 그대로 두었다.
— 대화 중 언급된 도서 정보는 부록 '읽는 사람의 책'에서 확인할 수 있다.

프롤로그

책장을 열며

패션 매거진의 피처 에디터로 일해 온 제게 인터뷰는 가장 즐거우면서도 가장 어려운 일입니다. 민음사 편집부가 새로운 문예지 《릿터》 창간을 준비하며 '책 읽는 사람'과의 인터뷰를 제안했을 때 저는 거절했죠. 매거진을 만드는 일이 쉽지 않다는 걸 아는 저는 걱정이 앞섰거든요. 하지만 《릿터》에는 이 인터뷰가 꼭 필요하고, 인터뷰를 맡아 줄 사람은 저뿐이라고 하더군요. 지금에 와서, 그때 왜 나를 고집했냐고 묻고 싶은 마음이 아예 없는 건 아니지만, 그것에 대해 저도 고맙다고 말하고 싶습니다.

한동안 이 인터뷰 코너의 이름은 '읽는 당신'이었습니다. 책을 사이에 두고 이야기를 나눕니다. 이야기는 잘될 수도 잘되지 않을 수도 있습니다. 두 사람이 동시에 같은 책을 읽고 만나는 것도 아니고, 저도, 그 사람도 그 책을 직접 쓰지 않았으니까요. 책의 저자가 아니기에 "이 책을 좋아한다."는 감상과 후기 이외의 말이 나오지 않을 수도 있습니다. 처음 제가 인터뷰어 역할을 거절한 이유도 그 때문인지 모릅니다. 하지만 '읽는 당신'들을 만나면서 제 생각도 서서히 바뀌게 됩니다. 자기 분야에서는 더없이 뛰어난 사람들이 "사실 책을 많이 읽지 않아서요……."라며 수줍게 운을 떼고 시선을 아래로 떨구는 모습은 낯설었지만 새로웠고, 무엇보다 정말 사랑스러웠습니다. '읽는 당신'은 많은 책을 이야기하는 자리가 아니며, 자신이 사랑했고 어쩌면 자기 인생의 방향을 바꿨을지도 모르는 한 권으로도 충분했습니다. 그리고 한 권만 등장하는 경우는 결코 없었습니다.

여기 모인 모두는 무엇인가를 만들어 세상에 보이는 사람들입니다. 그들은 몸의 언어로 연기하고, 목소리와 악기로 대화하고, 또 새로운 창작물을 만들어 냅니다. 저는 이들의 작업물을 두고 이야기하는 것에 익숙하죠. 지금 이 순간의 이야깃거리가 있는 사람을 만나 세상이 가장 궁금해할 이야기를 나누곤 했습니다. 하지만 '읽는 당신'들은 세상이 궁금한 이야기가 아닌 자신이 말하고 싶은 것을 말했습니다. 한 번도 말하지 않은 마음, 자기 자신조차 잊고 있던 기억과 우연한 깨달음을 나눴습니다. 책이 만들어 준 시간과 공간 안에서 조우한 우리는 더없이 자유로웠습니다. 무슨 말이든 해도 좋았고, 하고 싶지 않은 건 무엇도 하지 않았죠. 그 자유로움은 사진과 글로 남았습니다. 어쩌면 그것이 많은 인터뷰 중에서도 '읽는 당신'을 가장 아끼고 좋아하는 사람들이 존재하는 이유일지 모릅니다.

한 사람의 읽는 사람을 만나면, 저는 그와의 대화를 떠올리며 인터뷰의 제목을 붙였습니다. 무심코 꺼낸 말에서 진실을 포착합니다. 마치 서른네 명이 들려주는 답 같습니다. 책은 우리의 궤도를 수정하고, 우리를 비추는 초상화고, 고독한 친구이며 위대한 상상이자 언젠가는 답을 찾고 싶은 질문입니다.

왜 우리는 책을 읽는가.
오래된 질문에 대한 답은 모두 여러분 속에, 그리고 이 인터뷰 안에 있습니다. 독서는 혼자서만 가능한 일이지만, 책을 읽는 사람들은 항상 책과 책으로 연결됩니다. 고독할지언정, 책이 있다면 누구도 외롭지는 않습니다.

이 여정을 함께해 주고 지지해 준 모든 분들에게 다정한 안부를 보냅니다. 요즘은 어떤 책을 읽고 있는지 궁금합니다.
읽는 사람의 순간들을 기록해 준 신선혜, 목정욱, 곽기곤, 김상곤, 김참, 우상희, 최문혁, 장원석, 고원태, 김태환…… 항상 든든한 나의 포토그래퍼 친구들, 고마워요.
끝으로, 저의 첫 '읽는 당신'이 되어 준 故 샤이니 김종현 씨에게 마음속 깊이 고마움과 그리움을 전합니다.

허윤선

차례

5   프롤로그

10   배우 김새벽 | 어디에나 있고 어디에도 없는
18   배우 박정민 | 글로 쓴 말 말로 쓴 글
28   비올리스트 리처드 용재 오닐 | 소리의 세계에서 들려온 이야기
40   배우 문가영 | 나를 비추는 초상화
50   뮤지션 매드클라운 | 온전한 나의 이야기를,
62   영화감독 김양희 | 제주의 사랑
76   코미디언 유병재 | 유병재식으로 농담하기
90   배우 배종옥 | 연기는 나의 힘
104   뮤지션, 작가 요조 | 매일 읽는 삶
116   뮤지션(GOT7 멤버), 배우 박진영 | 미완의 독서
130   뮤지션, 배우, 번역가, 작가 혜림 | 모두가 다른 말들
140   배우 김태우 | 질문하는 책
154   배우 최희서 | 움직이는 삶에서
168   배우 이영진 | 마음의 처방전
180   작가 김하나 | 독서의 스펙트럼
192   배우, 작가 봉태규 | 행간의 진폭
206   뮤지션, 배우 민서 | 하얗게 우울한 나의 책

216	배우 이윤지	자기만의 책장
226	배우 강한나	무대의 독서법
238	뮤지션(AOA 멤버), 배우 찬미	예기치 않은 사건들
248	배우 이설	정말로 좋아하는 책
262	뮤지션, 배우, 작가 장기하	말로는 다 표현할 수 없는,
276	배우 박은빈	어디까지나 성실한 독서 생활
286	MBC 아나운서 임현주	좋아하는 것을 마음껏
300	배우 강말금	어제의 읽기, 내일의 일상
314	배우 박지영	인생의 또 다른 포만감
326	배우 임화영	사소하고 완벽한 행복
336	영화감독 김초희	고독한 친구
352	배우 서지혜	시적인 마음
364	뮤지션, 배우, 작가 전효성	보다 그리고 읽다
376	배우 김신록	책이 궤도를 흔든다
388	배우, 영화감독 조은지	영화는 이야기다
402	배우 이청아	시절인연
418	배우 홍경	예고편 없는 세계

| 432 | 읽는 사람의 책 |

배우
김새벽

어디에나 있고
어디에도 없는

사진 ⓒ 곽기곤
2016년

김새벽은 은밀하고 비밀스럽다. 아직 알려진 이야기가 많지 않은 이 배우는 책이 들려주는 이야기보다, 책을 읽는 사람들이 남긴 이야기에 더 관심이 많다. 책을 읽으면 그 생각과 감정 때문에 담배를 피우고 싶어진다고, 그는 쉼표를 찍듯 불을 붙였고 나는 잠시 그가 책을 읽는 모습을 가만히 바라보았다. "어떤 책이든, 시나리오든, 꼭 '새벽'이라는 단어가 있어요. 그때 제 이름을 떠올려 주면 좋겠어요."

첫인사 후에 "그런데 저 책을 많이 읽지 않아서……."라고 하셨잖아요? 소문은 그렇지 않던데요?

조금 걱정이에요.(웃음)

다들 그렇게 말한답니다. 책을 아무리 많이 읽어도 세상의 많은 책 중 한 조각에 불과할 테니까요. 이 인터뷰는 누가 어떤 책을 들춰 보는지에 대한 것이에요. 이를테면 김새벽이 책을 고르는 방법이라거나.

언니가 민음북클럽 회원이에요. 민음사 세계문학전집 중 절판된 『롤리타』를 어렵게 구해서 좋아할 정도로 팬이죠. 최근에는 『율리시스』를 사 왔더라고요. 읽고 싶은 책이 있으면 언니의 책장에서 마음에 드는 것을 골라요. 언니가 직접 책을 추천해 주기도 해요.

당신만을 위한 큐레이터가 있군요.

언니가 제 취향을 아니까, 언니가 추천해 주는 책이 가장 좋아요. 그런데 책을 읽는 방식은 좀 달라요. 언니는 책등에 줄이 간다고 쫙 펴지도 못하게 해요. 한번은 제가 목욕하면서 책을 읽다가 물에 빠뜨린 적이 있는데, 그다음엔 물잔 옆에도 못 두게 해요. 그렇지만 제가 좋아하는 책은 그냥 줘요. 주면서 이렇게 당부하죠. "이 책을 너에게 주지만 소유권은 내게 있어."

배우들은 시나리오를 '책'이라고 부르잖아요? 희곡은 잘 읽히지 않아서 조금은 멀리하는 사람들이 많은데, 희곡도 즐겨 읽어요?
저도 그래요. 연극영화과를 나왔으면 익숙하게 읽었을 텐데 그게 아니라서 좀 어려워요. 여러 번 읽고, 부분 부분 체크하면서 읽고, 감독님 만나서 물어보면서 이해해요. 하지만 오탈자 같은 실수가 많으면 보기 싫어요. 시나리오도 자신의 작품이고 무엇인가를 전달하기 위해 쓰는 건데, 오탈자가 많으면 애정이 없는 것 같거든요.

최근 재미있게 읽은 시나리오가 있나요?
이번에 부산국제영화제에서 상영하는 「누에 치던 마을」요. 감독님이 직접 쓴 건데 인물들의 이야기가 공감이 가고, 너무 좋은 대사들이 있어서 반했어요.

당신에게 시나리오는 실마리인가요, 목적지인가요?
사람들과 공유하는 정류장 같아요. 같은 시나리오도 읽는 사람마다 다 달라요. 상상은 하되 확신은 안 하려고 해요. 서로 다르게 이해하는 시나리오를 맞춰 가게 돼요. 모르는 건 서로 물어보고요.

연기를 위해서 책을 읽기도 해요?
그런 편이에요. 특히 소설이 도움이 되어요. 저는 휴식 삼아서 책을 읽지는 않아요. 연기는 대사가 없어도 행동으로 표현할 때가 많은데, 소설을 읽으면 이 사람이 이런 심리로 이런 행동을 하는 거라는 걸 알 수 있어요. 가끔은 언니한테 이런 상황의 인물을 연기해야 하는데, 거기에 맞는 소설이 있냐고 물어보기도 하죠.

어떤 책과 작품이 연결되었을지 궁금한데요?
조르지 아마두의 『가브리엘라, 정향과 계피』라는 소설인데, 어떤 영화인지는 비밀이에요.(웃음)

책을 읽을 때 습관이 있어요?
음, 저는 첫 페이지를 봐요. 첫 페이지가 안 넘어가는 건 서른 번을 읽어도 안 넘어가요. 한 번 안 읽히는 건 서른 번, 마흔 번을 읽어도 머릿속에 안 들어와요.

특별히 좋아하는 책은요?
언니가 추천해 주어서 읽은 책 중에서 가장 좋았던 건 『황금 물고기』, 『크눌프』, 『그리스인 조르바』, 『교코』가 떠오르네요. 이번 인터뷰를 계기로 왜 이 책들이 좋았을까 생각해 봤더니 공통점이 하나 있었어요. 제가 갖지 못한 강인한 모습들이 좋았던 것 같아요. 특히 『교코』는 한 번쯤 연기해 보고 싶은 작품이에요. 이미 영화가 있지만 보지 않았어요. 안 본 상태로 한번 해 보고 싶어요.

집에도 책이 많나요?
저는 책을 많이 사는 편이 아니에요. 도서관에서 빌려 읽어요. 죄송합니다, 출판사 인터뷰인데…….(웃음) 하지만 희망 도서 신청은 많이 해요. 저는 무엇을 꼭 소유하려는 마음이 별로 없고, 사람들의 흔적을 보는 게 좋거든요.

도서관에서 빌린 책을 읽으면 먼저 읽은 사람들이 지나간 자리가 느껴지나요?
도서관의 책은 여러 사람이 읽잖아요? 누구랑 만난 것 같고. 좋았던 순간들이 있어요. 펼쳤는데 꽃이 말라 있거나 할 때에도 좋고,

도서 검색할 때 쓰는 종이가 끼워져 있을 때에도 나와 같은 책을 읽은 사람의 도서 목록을 보는 것 같아서 좋아요. 한번은 여행책을 빌렸는데 안에 비행기 티켓이 들어 있었어요. 이 사람은 여행을 잘 다녀왔으니까 무사히 반납을 했겠지? 이름도 있으니까 상상해 보고. 그런 걸 보는 게 책 읽는 것보다 열 배는 좋아요. 물론 안 좋을 때도 있죠. 코딱지가 있다거나.

어디 도서관을 애용해요?
이사 가게 되면 근처에 있는 도서관부터 검색해요. 지금은 마포 평생학습관을 자주 가요. 원래 대출할 수 있는 책이 일곱 권인데 지금은 '독서의 계절'이라 열 권까지 빌릴 수 있어요.

어제의 대출 리스트가 궁금하네요.
아무거나 손에 잡히는 걸 보는 편인데 주로 소설, 에세이, 생활 쪽 이렇게 세 분야를 섞어서 돌려 가며 읽어요. 한동안은 인테리어와 빵 굽는 책에 빠져서, 효모를 직접 길러 봤는데 정말 재미있었어요. 만화책도 가리지 않고 읽고요. 『슬램덩크』를 보고서는 농구부에 들기도 했죠. 그 배경이 된 일본 가마쿠라에도 가 봤어요. 생각했던 것만큼 따뜻했던 곳이었어요. 또 나나난 키리코의 작품을 좋아해서 작품에 참고하기도 했어요. 여백이 많아서 상상할 게 많아요. 얼마 전에 제 영화인 「한여름의 판타지아」가 일본에서 개봉해서 갔어요. 나고야에 있는 오래된 극장에 갔는데 거기 「블루」 책자가 있는 거예요. 그걸 제게 선물해 주시더라고요! 진짜 좋았어요.

같은 책을 여러 번 빌려 읽기도 하나요?
『인간 실격』은 당장 집에 가서 읽고 싶다고 생각한 첫 책이었어요. 보고 싶지 않은 모습들을 낱낱이 썼으니까. 수전 손택의 『다시 태어나다』는 대출 기한 안에 다 읽지 못해서 반납하고 다시 빌리고, 다시 빌리고 하면서 읽었어요.

만약 낭독을 하게 된다면 어떤 작품을 읽고 싶어요?
한번 낭독회에서 시를 읽은 적이 있어요. 만약 제가 마음에 드는 작품을 고를 수 있다면, 최승자 시인의 「청파동을 기억하는가」로 하겠어요. 그 시를 정말 좋아하거든요. 그래서 청파동을 검색해 봤어요. 거기 가면 쓸쓸해질 걸 알면서도 살아 보고 싶었어요. "자주 너의 눈빛이 셀로판지 구겨지는 소리를 냈고"* 저는 여기서 무너졌어요. 이게 시라는 거구나, 제게 그런 감정이 들게 한 시예요. 집에 있는데도 펑펑 울 수가 없었어요. 아니 에르노의 『단순한 열정』을 읽을 때에도 비슷한 감정이었어요.

책을 읽는 이유를 생각해 본 적이 있어요?
사람들의 관계나 삶에 대한 태도를 타인에게서 배워요. 오늘 나는 실수도 많이 하고 맘에 안 드는 것도 많은데 오늘보다는 내일이 나아졌으면 좋겠어요. 책을 쓴 사람들이 먼저 경험하고 쓴 것이니까, 제 연기나 삶에 도움이 될 거라고 생각해요. 그리고 무엇보다 외로워서 읽어요. 예전에는 책 뒤에 꽂혀져 있는 도서관 대출증을 좋아했어요. 모르는 사람이지만 소통하는 것 같고, 그럴 땐 혼자 있는 것 같지 않아요.

* 최승자, 「청파동을 기억하는가」, 『이 시대의 사랑』(문학과지성사, 1981).

배우
박정민

글로 쓴 말
말로 쓴 글

사진 ⓒ 곽기곤
2016년

연극 연습 전에 만난 박정민은 누구도 없이 혼자 왔다. 스케줄을 정할 때에도 직접 연락을 받았다. 물론 매니저는 있다. 하지만 책과 글에 대한 이야기라면 자신이 직접 하고 싶었을 뿐이라고 말했다.
이 독특하고도 매력적인 배우는 자신의 독서 생활과 직접 쓴 글에 대해 솔직하고도 유쾌하게 말을 이었고, 인터뷰가 끝난 후에는 다시 셰익스피어의 세계로 사라졌다.

영화 「동주」의 송몽규 선생을 연기하며 문학 청년 이미지가 생겼어요. 이전보다 문학에 관심을 갖게 되었나요?
이제 탈출을 해야 할 것 같아요.(웃음) 열심히 해서 좋은 이미지가 생긴 건 좋지만, 계속 가져가야겠다고 생각하진 않아요. 사실 제게 「동주」는 문학보다 역사에 관심을 갖는 계기가 된 영화예요. 가장 가까운 역사인데 사람들이 잘 모르는 시대잖아요. 얼마나 격동적인 시절이었는지 영화를 하면서 알게 되었어요.

개인 일정으로 중국 길림성 용정에 있는 송몽규 선생의 묘에 다녀왔다면서요?
그렇게 기사가 나갔는데……. 저는 알려지는 게 창피했어요. 이 역할을 너무 잘하고 싶은데 송몽규 선생에 대해 지금 남아 있는 게 아무것도 없으니까, 답답한 마음에 다녀온 거예요. 너무 힘들 때 할아버지 묘소를 찾아가듯이.

그곳에서 실마리를 찾았나요?
찾아가는 길이 정말 멀고 힘들었어요. 택시 기사와 말도 안 통하고 내려서도 많이 걸어야 했어요. 우여곡절 끝에 찾은 송몽규 선생의 묘는 윤동주 선생의 묘 바로 옆에 있는데, 너무나 초라했어요.

젊은 나이에 나라를 구해 보겠다고 뛰어다니던 사람의 묘가 너무 초라하니까 울컥하면서, 너무 바보 같은 생각으로 찾아왔다는 생각이 들어서 한동안 멍하니 있었죠. 「동주」 시나리오 표지를 찢어서 비석 사이에 끼워 놓고, "제가 잘하겠습니다." 하고 돌아왔습니다.

        실존 인물에 다가서는 데 책이 도움이 되었어요?
그분에 대한 기록은 아예 없다고 보면 돼요. 『윤동주 평전』에 나오는 한 챕터 정도가 다예요. 그러니까 사실 그 인물은 판타지나 다름없죠. 하지만 최대한 현실로 끌어와 보려고 그분이 공부했던 것, 그 시대의 삶들에 대한 책을 읽었어요. 그분이 알고 있는 것을 나도 알고 있어야 연기를 할 수 있을 것 같아서요. 그럼에도 빈 곳이 너무 많았어요. 선택마다 굉장히 많은 사건들이 있었을 텐데 말이죠. 「동주」 개봉 이후에도 야사처럼, 선생에 대한 많은 이야기를 들었어요. 생전에 글을 많이 쓰셨다는데 가족들이 원고를 다 태워 버렸다고 하니 정말 아쉽죠. 제겐 평생 못 잊을 분이에요.

        원래 책을 읽지 않았지만 고등학교 때 생일 선물로 친구에게 책을 선물받은 건 생생하게 기억한다면서요?
짝사랑했던 여자 친구인데, 제 친구와 사귀었죠.(웃음) 그런데 3학년 생일날 『상실의 시대』를 선물받았어요. 제가 처음으로 선물받은 책이고, 처음으로 읽은 소설이에요.

        어떤 인상을 받았어요?
'야하다.' 사람들이 믿을지 모르지만 그때 저는 아무것도 몰랐고, 야한 영화도 본 적이 없었거든요. 처음에는 미도리가 정말 인상적이었어요. 그 후에도 이별할 때마다 그 책을 읽었죠. '이게 이런 마음이구나.' 하면서 점점 감상이 달라지더라고요. 저한테는 특별한 책이에요.

그 소설을 좋아한다고 말하면, 책 좀 읽었다는 사람은 시시해하기도 해요. 하지만 정말 좋아하는 책이고, 아직도 펴 봐요.

한국예술종합학교에 떨어진 후에 닥치는 대로 책을 읽기 시작했다고요. 그때에는 어떤 마음이었어요?

면접에서 김성수 감독님께서 "너는 이게 영화가 될 수 있을 거라 생각하냐? 책은 좀 읽냐?"라고 말씀하셨는데, 이 질문에 바로 꽂혔어요. 그래서 대형 서점에 있는 문구점에서 알바를 하면서 책을 많이 읽었어요. 손님이 없었거든요.

정신없이 빠져든 책도 있었나요?

처음 읽은 게 김영하 작가의 『오빠가 돌아왔다』였어요. 그 책이 정말 웃기잖아요? 재미있는 책으로 독서 입문을 한 게 제가 계속 책을 읽게 된 계기가 된 것 같아요. 만약에 제가 처음 읽은 책이 밀란 쿤데라의 『참을 수 없는 존재의 가벼움』 같은 거였다면 저는 아마 그 후로도 책을 못 읽었을 것 같아요. 왜냐하면 서는 아직도 그 책을 못 읽거든요.(웃음) 저에게는 문장과 문장, 장면과 장면 사이에 인과관계가 없게 느껴져서 읽기 힘들었어요. 김영하 작가나 박민규 작가의 글로 시작하니까 좋았어요. 누가 그러더라고요. 책 읽는 것도 훈련이라고, 한 권 끝까지 다 읽는 근육을 키우는 훈련을 해야 다른 책도 다 읽을 수 있다고.

소설가들이 읽는 근육을 훈련시켜 줬군요.

그렇죠. 결국 김영하 작가와 박민규 작가가 저를 훈련시켜 준 거죠. 한 권을 온전히 다 읽을 수 있게 되니까, 그 뒤로는 책이 술술 읽혔어요. 읽다가 재미가 없으면 접는 것도 그때 배웠어요. 해외 작가 중에서는 알베르 카뮈의 작품들이 흥미롭게 다가왔어요. 일부러 아꼈다가

찾아서 다시 읽고 그랬어요. 요즘 길거리에서 책 읽는 사람이 누가
있어요? 하지만 다음 내용이 너무 궁금해서 지하철역에 내려서도
집까지 계속 보면서 가니까 사람들이 이상하게 쳐다봤죠.

　　　　책을 읽으면서 박정민이란 사람이 달라졌나요? 우선 재도전한
　　　　한국예술종합학교에 합격을 했습니다.
책을 읽으면서 제 시간을 의미 있게 보낼 수 있게 되었으니, 책을 읽지
않았던 예전에 비해선 좋죠. 예전엔 여가 시간에 컴퓨터게임하고
노래방 가는 게 다였어요. 물론 그런 시간도 필요하지만 지나고 보면
너무 아까운 시간들이 많거든요. 한두 시간이라도 책을 읽으면 저
자신이 뭔가 한 것 같아요. 나를 위해서 투자를 한 느낌.

　　　　어떤 책이 좋은 책이라고 생각해요?
진부한 말이긴 한데, 책으로 간접 경험을 하니까 제 주업에도 확실히
도움이 되죠. 1학년 때, 선생님들은 연기 연습을 희곡으로 시키지
않았어요. 가장 처음에 하는 게 '소설 연기하기'예요. 각자 소설의 한
부분을 가지고 와서 연기하는 거예요. 소설은 희곡보다 훨씬 친절하게
설명이 되어 있거든요. 그 사람의 심리라든지, 장면의 묘사라든지 그런
게 훨씬 더 자세하게 나와 있으니까요.

　　　　그 수업에서 어떤 소설을 연기했어요?
저는 김영하 작가의 『엘리베이터에 낀 그 남자는 어떻게 되었나』를
장면으로 만들었어요. 작가는 내가 알지 못하는 삶에 대해 써요.
픽션이지만 최대한 현실적으로 쓰려고 취재도 하고 많은 고민을 한
거니까, 그걸 따라가면서 연기를 해요.

　　　　지금도 소설을 주로 읽나요?

소설을 좋아한다고 했더니 어느 날 이준익 감독님께서 평전을 읽어 보라고 하셨어요. 그래서 『백석 평전』, 『체 게바라 평전』 등을 읽게 되었는데, 정말 배울 점이 많았어요. 이때 이 사람이 어떤 선택을 했고, 어떤 마음으로 어떤 말을 했다는 것을 곁에 있던 사람들이 증언하고 설명해 주니까 인물을 이해하는 데 도움이 많이 돼요. 이제 시나리오를 볼 때 '말도 안 돼! 어떻게 이렇게 할 수가 있지?' 싶었던 부분을 이해할 수 있게 되었어요. 감독님께서 왜 평전을 읽어 보라고 하셨는지도요. 평전도 소설 못지않게 재미가 있더라고요.

필명 '언희'로 잡지에 연재한 글을 모아 첫 책 『쓸 만한 인간』을 냈죠? 배우 박정민의 매력을 글로 느낄 수 있었어요.

그냥 재미있게 볼 수 있는 책인 거죠. 남는 건 없고요. 하하. 사실 더 쓰고 싶던 내용도 있고 더 내놓고 싶은 이야기도 있는데, 제 주업이 연기다 보니까 조심스러웠어요. 책으로 내 보면 어떻겠냐고 했을 때 처음에는 조금 망설였고요.

왜 망설였어요?

전에도 저한테 책을 내 보는 게 어떻겠냐고 말해 주시는 분들이 있었고, 출판사를 만나 본 적도 있었어요. 하지만 그때는 제가 온전히 책이란 걸 쓸 용기가 없었어요. '이게 과연 책으로 낼 만한 글인가?'부터 시작해서, 너무 까부는 것처럼 보일까 봐. 저는 아직 성과를 남긴 배우도 아니고, 무명 배우에 가까운 사람인데 사람들이 고깝게 볼 것 같다는 생각에 무서웠어요.

그러다 어떻게 출간을 결심하게 됐어요?

이 책을 베스트셀러로 만들겠다는 생각은 전혀 없어요. 그냥 글을 모아서 제 글을 좋아해 주는 사람에게 선물을 해 드리는 것도 의미가

있겠다, 공짜는 아니지만.(웃음) 그리고 내게도 산발적으로 떨어져 있는
글을 모으는 게 의미가 있을 수 있겠다, 딱 그렇게만 생각했어요.

책 표지나 띠지 등에도 이른바 연예인이 쓴 글이라는 걸 알 수
있는 요소가 없더군요.

제가 아무것도 넣지 말자고 그랬어요. 저라도 연예인의 책이라고
하면 사실 안 보고 싶으니까. 이왕 돈 주고 사는 책이면 전문가가
쓴 책을 보고 싶잖아요? 누구나 그럴 것 같아요. 표지부터 다 제
취향이에요. 이기적일 수도 있지만, 굉장히 심플하게 하고 싶었거든요.
출판사에서는 디자인 요소라도 넣고 싶어 했는데 너무 제 의견만
고집한 것 같아 좀 미안해요. 그래도 제가 다음 책을 만들 수 없을 수도
있으니까 '내가 보고 싶은 책을 내 보자.'라고 고집을 부렸어요.

문장을 쓸 때 벽에 부딪힌 적은 없어요?

글로 쓴다는 생각으로 시작한 게 아니에요. 그냥 저의 말이에요. 그냥
말하듯 써 놓고 조사를 바꾸거나 마침표, 쉼표를 찍으면서 정리한
것이죠. 전부 제가 쓴 문장들이고, 누가 고쳐 준 건 없어요.

'글을 말로 옮기는 일을 하다가 말을 글로 옮기고 싶어져서'가
그런 뜻이군요. 이제야 알겠어요.

네. 그 글도 제가 쓴 거예요. 제목은 출판사에서 너무 기가 막힌 것을
주셔서 그대로 썼어요. 저만 그런 건지 모든 분들이 그런 건지는
모르겠지만 저는 이야기를 영화로 만드는 일을 하니까, 누군가 쓴 대본,
누군가 쓴 글을 연기해야 하는 입장에서 "내가 쓰면 어떨까?"라는
욕구가 가끔씩 생겨요. 그런 것들이 문득 떠오를 때를 옮겨 책이란 걸
내놓게 되었어요.

책을 통해서 느껴지는 반응은 드라마, 영화와 또 다르죠?
요즘 휴대폰으로 책 반응 살펴보는 일이 제일 많은 것 같아요. 3년 반 동안 써 온 글이 사람들에게 어떻게 다가가는지 궁금해요. 이번 일요일에는 팬들과 책 하나만으로 만나요. 저도 궁금하고, 제게 하고 싶은 이야기도 많을 것 같아서 사비로 자리를 마련했어요. 아무것도 없이 책만 들고 오라고 했어요.

　　　　동료들도 인상적인 소감을 남겼나요?
황정민 형을 우연찮게 회사에서 마주친 거예요. "참, 저 책이 나왔는데 책 좀 드릴게요." 했더니 "뭐라고?" 그러시는 거예요. "제가 책을 썼는데……." 하니까 "연기나 똑바로 하지 무슨 쓸데없이 책을!" 장난삼아 뭐라고 하셨는데 며칠 있다가 전화가 왔어요. "내가 지금 책을 읽고 있어. 지금 반 정도 읽었거든? 재미있다? 글이 되게 잘 읽힌다?" 그러고는 다 읽고 다시 전화한다고 하셨는데, 아직 전화가 없네요.

　　　　남은 올해는 셰익스피어의 연극 「로미오와 줄리엣」 공연으로 보낸다면서요? 누구나 아는 고전이지만, 제대로 읽은 사람은 거의 없는 작품인데요.
그렇죠. 읽은 사람 거의 못 봤어요. 연극을 하기로 하면서 지금 서점에 나온 모든 『로미오와 줄리엣』을 사서 읽었는데, 민음사 것이 가장 어려워요. 대사도 어렵고, 양도 방대하죠. 지금은 『로미오와 줄리엣』을 하루에 두세 번씩 보는 게 일이라서 다른 책은 아무것도 읽지 못해요.

　　　　읽으려고 아껴 둔 책도 있어요?
사 놓고 바라만 보는 책이 너무 많아요. 작품이 끝나면 가장 먼저 정유정 작가의 『종의 기원』을 읽고 싶어요.

비올리스트
리처드 용재 오닐

소리의 세계에서
들려온 이야기

사진 ⓒ 신선혜
2017년

인터뷰는 두 언어 사이에서 이따금씩 길을 잃기도 했지만, 금세 제자리를 찾았다. 그의 말처럼 가장 아름다운 것은 언어가 아니라 행간 사이에 분명히 존재하고 있는 예술에 대한 공감과 유대감이었다. 그래서 우리는 말해야만 한다. 침묵의 공감을 넘어서.

한국에서의 투어 일정이 거의 마무리되고 있죠? 새 앨범 「브리티시 비올라」 활동의 일환이었는데요, 이번 앨범은 어떤 의미였나요?

앨범의 가장 중요한 주제는 아주 진지한 비올라 음악이에요. 특히 윌리엄 월튼의 비올라 콘체르토는 가장 중요한 곡이에요. 이 콘체르토가 가장 완벽한 비올라 콘체르토라고 생각하거든요. 레코딩 작업도 특별했어요. BBC 심포니는 물론, 앤드루 데이비스와 함께할 수 있어서 정말 좋았어요.

십여 년 전에 저음 한국에 등장한 때가 기억나네요. 많은 기자들이 당신과 인터뷰를 하고 싶어 했어요. 바이올린에 비해 생소했던 비올라를 공부하기도 했고요.

제가 한국에서 본격적으로 음악과 공연을 시작한 게 아마 14년쯤 되었을 거예요. 제게도 정말 굉장하고 벅찬 시간이었어요. 멈춰서 '내가 여태까지 무엇을 했나.'라고 생각할 시간도 없이 계속 달려왔거든요. 저는 예술은 재해석이라고 생각해요. 그래서 중간에 한번 멈춰서 생각해 보고 성찰할 수 있는 시간이 늘 필요하죠. 이렇게 달려온 것도 나쁘지만은 않지만요.

그럼에도 휴식 시간이 있다면 무엇을 하고 싶은가요?

저는 굉장히 내성적이고 내면적인 사람이에요. 하지만 한국뿐만

아니라 전 세계를 투어하는 일정상, 저 자신을 되돌아볼 시간이
충분하진 않아요. 언젠가 시간적 여유가 생기면 정말 많은 성찰과
사유, 고민과 생각을 하고 싶어요.

  거의 매년 앨범을 발표하면서 자신에 대한 에세이와 베토벤에
  대한 에세이 『나와 당신의 베토벤』을 냈어요. 그 책은 어떻게
  시작되었나요?
음악은 관객에게 직접적으로 전달돼요. 그게 바로 음악이죠. 언제나 그
점에 대해서 감사하게 여겨요. 하지만 역사상 가장 훌륭한 작곡가인
베토벤에 대해 이야기를 할 때에는, 좀 더 깊이 있는 이야기를 나누고
싶었어요. 제 생각과 시각을 면밀하게 전달하고 싶었죠. 콘서트를 하기
전 간단히 소개하는 시간을 갖기도 하지만 그것만으로는 부족해요.
그래서 책을 썼어요. 내가 존경하는 베토벤을 자세하게 다루고 생각을
전할 기회를 얻은 셈이라, 제겐 아주 의미 있는 작업이었어요.

  당신의 음악 철학을 더 잘 전달하는 방법으로 책을 선택한
  것인가요? 음악을 듣는 사람들에게 당신의 글이 밤의 등대처럼
  방향을 알려 주길 바라나요?
물론이죠. 책과 글을 통해서 음악을 조금 더 쉽게 이해할 수 있다고
생각해요. 음악이든 문학이든 미술이든, 세계적인 예술, 가장 좋은
예술을 처음 접힐 때에는 굉장히 벅찬 감정을 갖게 되잖아요? 바로
예술의 위대함을 자각하는 시간이죠. 책이나 자료가 있다면 각자
느끼는 감정을 이해하기 더 쉬울 거예요. 제 해석과 시각이 그 음악을
이해하는 유일한 것은 절대 아니지요. 다만 한 아티스트로서 하나의
시각을 제공해서, 자칫 난해하다고 느낄 수 있는 예술의 문을 열어
주는 역할을 할 수 있다고 생각해요.

주로 언제 글을 쓰나요?
이번 책은 특히 글 쓸 시간이 부족했어요. 공동 저자인 노승림(Anna Roh)에게 고맙다는 인사를 전하고 싶어요. 생각을 정리하는 데 큰 도움을 주었거든요. 주로 밤을 새우거나 비행시간을 이용해 글을 써요. 제가 글 쓰는 방법은 말하자면 '의식의 흐름' 같아요.

당신이 좋아하는 작가인 제임스 조이스처럼 말인가요?
그렇게 대단할 순 없죠!(웃음) 생각을 체계적으로 정리하기보다는 그냥 앉아서 주제를 따라 떠오르는 걸 자유롭게 쓰는 편이에요.

글을 쓸 때에도 연주할 때만큼 즐거움을 느끼나요?
짧은 글이나 일화에 대해서 쓸 때는 저도 즐거워요. 그에 비해 어떤 장르성을 획득한 글, 굉장히 어렵고 복잡한 장치를 가진 글은……. 음, 제가 카프카처럼 쓰지는 못하겠죠. 그렇지만 제 개인적인 경험을 쓰는 건 음악을 연주하는 것만큼이나 자연스러운 일이에요.

인터뷰에서 음악을 이야기에 비유할 때가 많더군요.
음악도 문학적인 형식을 갖추고 있다고 생각해요. 세상에는 굉장히 많은, 다양한 종류의 음악이 있어요. 그만큼 많은 종류의 스토리텔링이 존재하죠. 비유하자면 그건 '변주곡' 같아요. 뚜렷한 하나의 주제가 있고, 그 주제가 끊임없이 변형되고, 마지막 부분에서 다시 반복되죠.

그렇다면 지금까지 많은 이야기를 연주해 온 셈이네요. 가장 아름다운 이야기를 들려준 곡은 어떤 곡인가요?
음악뿐만 아니라 인생 전체에도 적용할 수 있어요. 주제는 바로 저 자신이고, 변형되는 부분을 제 경험이라고 생각해 보면, 그 경험들을 모두 통과하고 난 나 자신은 처음의 나와는 다르죠. 질문에 답하자면,

그 스토리를 가장 아름답게 잘 이야기하는 곡은 바흐의 「골드베르크 변주곡」인 것 같아요. 굉장히 아름다울 뿐만 아니라 서른두 개의 변주를 통해서 많은 종류의 경험을 표현해 내거든요. 바흐의 천재적인 테크닉은 곡을 더욱더 아름답게 만들죠. 예술은 오리지널한 테마를 반복하는 것이죠. 모두를 경험한 후에 비로소 완성되는 하나의 여행이자 가장 아름다운 이야기라고 생각해요.

  저도 기사를 쓸 때 「골드베르크 변주곡」과 「평균율 클라비어곡집」을 자주 들어요. 생각이 잘 정리되고 긴장이 좀 풀리거든요.

완전히 동의해요. 「골드베르크 변주곡」은 그런 면에서 정말 완벽한 곡이에요.

  한 권의 책도 읽을 때마다 느낌이 달라지곤 하죠. 연주할 때도 같은 감정을 느끼나요?

저는 바로 그 점이 고급 예술의 특징인 것 같아요. 당시의 심리 상태, 개인의 경험 등이 완벽하게 어우러지고요. 윌리엄 월튼의 이 곡은 정말 깊은 슬픔과 어두움이 느껴지는데, 그건 그가 연인과 이별하고 작곡을 했기 때문이죠. 그래서 이 곡의 부제는 '실연'이에요.

  예술을 접할 때 창작자의 실제 삶과 이야기를 아는 것이 중요하다고 생각하나요?

아마 이 질문에 대해서는 여러 의견이 있을 것 같아요. 저는 뮤지션으로서 '당연히 그렇다.'라고 생각하지만, 필수적인 건 아니죠. 사실 베토벤이나 바흐, 윌리엄 월튼에 대해서 모른다 해도 그들의 음악을 듣는 데는 크게 상관없을 거예요. 절대적으로 너무나 훌륭한 음악가이기 때문에 관객들이 그들을 제대로 이해하는지 아닌지는 하나도 중요하지 않아 보이거든요. 하지만 저는 뛰어난 음악가에 대해 늘 공부하고, 겸손한 마음을 갖죠.

연주 일정으로 전 세계를 여행하고 있는데요, 여행 가방에는 무엇이 들어 있나요? 짐을 많이 꾸리는 편인가요?

작은 가방 하나와 비올라 케이스만 가지고 다녀요. 가방에는 콘서트용 슈즈와 오늘 촬영장에 가져온 슈트가 들어 있어요. 그 외에 편한 바지 두어 벌과 스웨터가 전부예요. 가방 하나에 다 들어가고도 남죠. 여름에는 더 가볍죠. 저는 꽤나 단순하게 다니는 편인데, 아마 당신이 뮤지션이어도 비슷할 거예요. 계속 짐을 쌌다 풀었다 해야 하니까.

기내에서는 이륙할 때와 착륙할 때 아무것도 들고 있지 못하게 하잖아요? 그때 당신의 비올라는 어디에 있나요?

좌석 위 오버헤드 빈에 들어 있죠.(웃음) 때로는 다른 사람들이 그 위에 자기 슈트케이스를 올리기도 해요. 시애틀에서 플로리다로 갈 때가 생각나네요. 아주 작은 프로펠러가 딜린 비행기를 탔는데, 평소엔 거의 타지 않거든요. 비올라를 마구 던져 넣고 대충 고정시키고 출발해야 했어요. 눈 때문에 기상 상황이 정말 좋지 않았어요. 기체가 마구 흔들리는 동안, 뒤에서 제 비올라도 여기저기 처박히고 있더군요.

그 작은 여행 가방 안에 책도 들어 있나요?

항상 챙기긴 하는데, 무거우니까 여러 권을 들고 다니진 않아요. 비행기를 탈 때에는 비올라 케이스에 책을 한 권 넣어요. 여행 중에는 가벼운 페이퍼백을 선호하죠. 한 팬이 제게 『리어 왕』과 『맥베스』 미니북을 주었는데, 그건 정말 가벼워서 좋더라고요. 하지만 미니 북이다 보니 글자도 그만큼 작아서 읽기는 어려웠어요. 비행 중인 기내는 정말 책을 읽기 좋은 공간이죠. 와이파이가 잘 안되잖아요.

킨들 같은 전자책이 유용할 것 같은데요?
전 킨들을 좋아하지 않아요. 꼭 읽어야 할 때에는 아이패드로 읽어요.

최근에 읽은 책 중 기억에 남는 책이 있나요?
많이 알려지진 않은 책인데, 제 친구에 대한 책이에요 엘리자베스 매코맥. 아흔 살이 넘었죠. 정말 어마어마한 사람이에요. '맥아더 재단'이나 '줄리아드 스쿨' 같은 예술을 후원하는 재단에 수백만 달러를 기부하기도 했죠. 그녀의 평전을 읽었어요. 제목이 『No Ordinary Life』예요. 아주 간결하지만 그녀의 놀라운 삶에 대해 잘 이야기하고 있는 책이기도 하죠. 아주 멋지고 흥미로운 일을 많이 했죠. 그녀를 만나면 책에 대해 이것저것 물어보고 싶어요.

언젠가 당신이 좋아하는 책 리스트를 본 적 있는데 영국 작가, 그중에서도 고딕소설을 좋아한다는 느낌을 받았어요. 맞나요? 『프랑켄슈타인』을 인생의 책으로 선정하기도 했는데요.
아마 제가 받은 교육 때문일 거예요. 미국식 교육 과정은 17~18세기 영국과 아일랜드 문학을 중점적으로 배우거든요. 저도 처음부터 고딕소설을 좋아했던 건 아니에요. 왜 우리가 고딕소설이나 세상과 인간의 어두움을 다루는 책을 읽어야만 하는지 저도 의문을 가졌던 것 같아요. 테러나 호러, 그런 이야기들도 말이죠. 아름다운 것만 배울 수도 있잖아요?

고딕소설을 좋아하게 된 계기가 있었나요?
기억에 남는 문학 수업이 있어요. 노스캐롤라이나의 기숙학교에 다녔는데, 12학년 때 선생님께서 과제로 내주신 영국 철학자 에드먼드 버크에 대한 에세이가 아름다움과 예술에 대해 깨닫는 계기가 되었어요. 요컨대 미적 감각과 완벽함은 다르다, 쉽게 즐길 수 있는 아름다움과 최고의 아름다움은 별개라는 것을 그 에세이를 통해 배웠죠. '호러'나 '추함'에 대해 제게 영감을 주었어요. 아티스트는 미적인 것, 이상적인 것만 추구하는 것이 아닌, 깊이가 있어야 한다고 생각해요. 그러려면 죽음, 어두움, 추함을 이해해야 해요. 그런 부분에서 예술은 엔터테인먼트와는 달라요. 아티스트는 미적 감각에 대한 진리를 추구하는 사람이에요. 어두움과 밝음을 모두 정확하게 이해해야 하죠. 바로 그런 경험을 문학이 제공해요. 문학이 저의 세계를 더 넓게 만들어 주었어요.

보다 더 어린 시절에는 어떤 책을 읽었나요?

어린 시절, 할머니께서 밤마다 잠들기 전에 책을 읽어 주셨죠. 정말 감사한 일이에요. 모든 부모가 이렇게 해야 한다고 생각할 정도로요. 좀 더 자라서는 할아버지께서 권해 주신 책을 주로 읽었어요. 할아버지께서는 제가 아주 어릴 때 『1984』, 『동물농장』 등을 읽어 주셨죠. 정말 슬픈 책이었지만 읽을 수 있어서 좋았어요. 어둡지만, 다들 알다시피 그게 삶의 진실이기도 하죠. 『전쟁과 평화』도 기억나요. 톨스토이의 작품은 여전히 제 책장에서 가장 두꺼운 책 중 하나예요. C. S. 루이스의 아름다운 책과 로알드 달의 환상적인 책도 읽었어요. 작가들은 역사도 잘 담지만, 시대를 초월하는 개념도 잘 포착하죠.

할아버지와 책을 읽고 토론을 하기도 했나요?

자주요. 할아버지께서는 책의 주제로 이야기를 나누는 걸 좋아하셨어요. 마치 철학자처럼 말이죠. 얼마 전 20년 만에 처음으로 고향에 돌아가서 오케스트라와 함께 연주할 기회가 있었어요. 모교의 선생이 된 제 친구가 아이들을 한번 만나 달라고 해서 학교에 가게 됐어요. 그곳에서 복도에 선 채로 아이들에게 책을 읽어 주는 부모들의 모습을 보았죠. 정말 멋졌어요. 제가 어렸을 때에도 저희 할아버지와 할머니께서 저와 친구들에게 책을 읽어 주는 봉사를 하곤 하셨거든요. 그 장면을 보니, 제가 다시 여섯 살이 된 기분이었어요.

좋아하는 책으로 존 어빙의 『A Prayer for Owen Meany』를 선정하신 적이 있는데, 저 역시 존 어빙을 좋아해서 한국에 번역되기 전 『일년 동안의 과부』 원서를 구해 읽은 적이 있어요. 후에 번역본이 나와 다시 읽어 보니 책의 반의반도 이해하지 못했더군요. 비슷한 상황이 당신에게도 있나요?

다행스럽게도 대부분의 책은 영어로 출간되어 있어요. 그래서 읽고 싶은 책을 못 읽지는 않지만, 또 너무 많은 책 중에서 골라야 하는 부담감은 있죠. 하지만 모든 문학을 그 언어 그대로 읽지 못하는 건 아쉽긴 해요. 당신에게 어빙 같은 경우처럼 말이죠. 저는 번역된 책을 읽을 때에는 중요한 부분만 발췌해서 읽기도 해요.

제가 왜 하필 어빙의 그 책을 좋아하는지 지금 잠깐 생각해 봤는데요, 존 어빙이 우리 인생의 목적의식을 아름답게 표현한 것 같아요. 마지막 한 페이지를 위해 나머지 수백 페이지가 쓰인 책이에요. 인생이 그런 것 같아요. 주인공 오웬 미니는 괴상하고 이상한 사람이에요. 그런데 책을 다 읽고 나면 마지막 한 사건에 그가 살아온 인생의 이유가 모두 담겨 있어요. 정말 감동적이었어요. 이런 글을 보면 작가에 대한 경외감이 저절로 들죠. 저는 특히 마지막에 강한 감동을 주는 책을 사랑해요.

번역을 거친 책은 원서와 조금은 다른 책이 된다고 생각해요? 프랑스나 독일 시를 영어로 번역해 읽는다면, 그건 그 시를 완벽하게 읽는다고는 볼 수 없을 것 같아요. 당신이 좋아하는 한국의 시가 있다고 치죠. 그게 영어로 번역된 후라면 두 시는 더 이상 같은 시라고 할 수는 없을 거예요. 번역 과정에서 원래의 뉘앙스는 조금 사라져 버리고 말죠.

인터뷰도 비슷한 위험 요인이 있는 것 같아요. 사실 저희도 지금 영어와 한국어가 혼재된 인터뷰 테이블에 있는 셈이고, 서로 다른 뉘앙스로 말하고 있을 가능성이 있잖아요. 어떤가요? 인터뷰를 많이 했는데, 나중에 "내가 하려던 말은 그게 아니었어!"라고 생각할 때가 종종 있었을 것 같은데요?

지금까지 의도와 다르게 나오는 경우도 꽤 있었어요. 하지만 그건 감수해야 한다고 생각해요. 제가 활동 초기에 배운 교훈 중 하나죠.(웃음)

역시 익숙하시군요.(웃음) 당신에게 독서는 어떤 의미인가요?

내 세상은 항상 소리로 이루어져 있었죠. 글이 아니라요. 아마 저희 어머니께 장애가 있어 더 그렇게 느껴졌는지도 모르겠어요. 저는 정확한 영어를 거의 듣지 못하고 컸으니까요. 그래서인지 제게 책은 세상을 좀 더 구체화된 방식으로 보는 창이 되어 주는 것 같아요. 글을 읽는다는 건 잡을 수 없는 세계를 손에 닿도록 만들어 주는 것이죠.

음악 활동과 개인적 삶의 균형은 어떻게 맞추고 있나요?

매일이 도전이죠. 한 가지 목표를 가지고 그 목표를 달성하기 위해서 여태 끊임없이 달려왔고, 그럴 수 있어서 정말 행복하게 생각하지만 지금 제 나이를 보면…… 시간이 정말 빠르게 흘렀어요. 이번 한국 방문에서는 독감에 걸려서 컨디션이 좋지 않았어요. 팬들이 그걸 알고 차나 약 같은 걸 챙겨 주었죠. 세계 어느 곳에서도 쉽지 않은 일이죠. 굉장히 감동받았어요. 하지만 가장 감동적인 건, 공연에서 함께 예술을 느끼고 공유할 때 오는 연대감이에요. 때로는 제가 이해하지 못한 것조차 관객들은 이해하는 것 같아요. 정말 강력한 연대라고 생각해요.

배우
문가영

나를 비추는
초상화

사진 ⓒ 곽기곤
2017년

배우 문가영을 알 수도, 모를 수도 있다. 슈퍼스타가 될 수도 있고, 연기를 잘하는 배우가 될 수도 있으며 소수의 팬들의 사랑을 받는 것으로 충분한 배우가 될 수도 있다. 청춘의 한때를 지나고 있는 이 배우의 무한한 가능성이 문학과 만났을 때.

어디에서 오는 길이에요?

학교에 다녀왔어요. 얼마 전에 중간고사를 봤고, 이제 기말고사를 준비하는 중이에요. 드라마「질투의 화신」이 끝나고는 학교를 열심히 다니고 있어요.

성균관대에서 연기예술학을 전공하고 있죠? 이번 학기에는 어떤 강의를 듣고 있어요?

교양 과목은 철학, 정치학. 또 현대 천문학을 듣고 전공은 카메라 수업과 연극의 역사 같은 수업을 들어요.

연기 활동과 학업을 병행하는 게 어렵지는 않나요?

뭐라고 말해야 할까. 그래도 성적은 괜찮게 나오는 편이에요. 제가 벼락치기에 강하거든요. 어렸을 때부터 부모님이 학업의 중요성을 워낙 강조하셨어요. 저도 그래서 그냥 몸에 밴 것 같아요. 오히려 병행하는 게 더 재미있어요.

책을 많이 읽는 사람은 논술형 시험에 강하잖아요? 철학 시험의 문제는 무엇이었어요?

키워드가 있으면 무엇인가 적어 내려가게 되긴 하는 것 같아요. 철학 시험은 "다름은 불평등을 의미하는가?"라는 주제로 리포트를 쓰는 거였어요. 저는 불평등을 의미하지 않는다고 썼어요. 특히나 지금처럼 다양성이 중요한 사회에서 다름이 불평등이 될 수 없다고요.

책을 읽게 된 데에는 누구의 영향이 컸나요?
아무래도 부모님의 영향이 굉장히 컸어요. 어릴 때 독일에서 살았는데, 그때부터 집에 텔레비전이 없었어요. 부모님께서 책을 좋아하셔서 거실에 책장을 두었지, 텔레비전은 없었거든요. 그래서 그게 당연한 건 줄 알았어요. 친구 집에 놀러 가면 리모컨을 조종하는 게 신기할 정도로요.

당신의 출연작이 방영되는 지금은 어때요?
가족들은 인터넷 다시보기로 연기 모니터링을 해 줘요. 책이나 영화를 보고 이야기를 나누는 게 더 자연스럽고, 예능이나 드라마에 대한 얘기는 잘 하지 않는 편이에요.

가족이 함께 같은 책을 읽기도 하나요?
그런데 워낙 취향이 달라서, 읽다가 누가 좋아하겠다 싶으면 서로 추천하는 편이에요. 저희 언니도 책을 좋아해요. 책 읽고 토론하는 걸 좋아해서 이야기를 많이 해요. 아빠와 언니가 항상 "뭐 읽었어?"라고 물어요.

어린 시절을 독일에서 보냈는데, 독일의 교육은 독서를 강조하는 편인가요?
그랬던 것 같아요. 아직도 기억이 나는 게, 초등학교 담임선생님께서 조회 시간에 항상 책을 읽어 주셨어요. 항상 기가 막힌 타이밍에 끊고 "내일 계속 읽어 주겠다."라고 하셔서, 항상 그 시간을 기다렸거든요.

지금도 독일어로 책을 읽을 수 있나요? 수업 시간에는 어떤

작가를 중요하게 배웠나요?

계속 원서를 읽고 있어요. 안 쓰면 자꾸 잊어버리더라고요. 우선 니체는 항상 교과서에 실려 있었어요. 그리고 도서관이 아주 많았고, 독서나 인문 교육을 중요하게 여기는 만큼, 쉬는 시간이나 점심시간에 아이들을 교실 밖으로 무조건 나가게 했어요. 그게 정서적으로 좋았던 것 같아요.

그럼 한국에 돌아온 후에야 한국어로 된 책을 읽었겠군요?

처음에 한국에 와서 『어린 왕자』를 읽었는데, 너무 어렵더라고요. 한국말을 하긴 했지만, 한글로 문장을 읽는 건 낯설었어요. 그래서 항상 양을 그리는 부분까지만 읽고 더 페이지를 못 나갔어요. 아주 나중에야 완독할 수 있었어요.

책을 좋아한다고 하면 사람들의 반응이 어때요?

많은 분들이 그러시더라고요. "취미가 뭐예요?" 하셔서 "저 책 읽는 걸 좋아해요."라고 하면 "에이, 거짓말. 얼마나 읽는다고." 이렇게 말씀하시는 분들이 더 많아요.

배우는 현장에서 대기할 때가 많아요. 그때에도 책을 읽나요?

항상 책을 가져가요. 예전에는 현장에서 소설을 읽었는데, 요즘은 시집 읽는 게 좋더라고요. 소설은 길고 줄거리를 계속 생각하게 되어서 촬영 현장과 좀 동떨어지는 느낌이 들거든요. 그런데 시집은 호흡이 짧은데 읽고 생각할 수 있고, 또 덮고 금방 촬영하러 가면 되니까 좋아요.

책을 읽는 사람을 주변에서 만나는 게 쉽지 않아졌어요. 어떤가요?

혼자 읽고 있어서 좀 고독하긴 해요.(웃음) 같이 읽었으면 좋겠는데,

제가 생각하기에 책 선물은 가장 최후의 선물인 것 같거든요. 사람마다 취향이 너무 다르니까, 상대를 정말 잘 알아야 책을 선물할 수 있을 것 같다는 생각이 들어요. 하지만 저희 매니저 오빠에겐 한강 작가의 소설 『흰』을 선물한 적이 있어요. 한강의 『채식주의자』를 읽고 서점에 가서 고른 책이에요.

『채식주의자』는 영화화되기도 했는데, 배우로서 주인공을 어떻게 생각해요?

힘들 것 같긴 해요. 처음에 책을 읽었을 땐 이게 뭐지? 싶었어요. 기존에 읽던 소설이랑 느낌이 너무 다르고. 거친 느낌도 들었고요. 그런데 책을 다 읽고 나니 여운이 길더라고요. 그래서 이 소설이 그렇게 화제가 되고 사랑을 많이 받았나 싶기도 했고요.

책을 읽을 때 배우로서 읽나요? 아니면 여전히 순수한 독자가 되나요?

연기를 시작한 후에는 항상 배우 입장에서 보게 되어요. 심지어 읽다가 나도 모르게 입으로 대사를 해 보기도 해요. 읽으면 소설 속 장면을 상상하게 되는데, 그 모든 게 배우 입장에서 이루어지는 것 같아요. 요즘은 대본이나 시나리오에 여자 역할이 많이 없다 보니까 그런 한을 책을 읽으면서 푸는 것 같아요.(웃음)

연기를 할 때 책 속의 인물이 도움이 된 적이 있나요?

「아일랜드」란 영화를 찍을 때에는 스무 살짜리 아이 엄마 역할을 했어요. 그 감정을 경험하기 위해서는 다른 영화나 드라마보다 글을 읽는 편이 도움이 될 거라고 생각했어요. 신경숙 작가의 『엄마를 부탁해』같은, 엄마에 관한 작품을 찾아서 봤어요.

작품을 시작하면 그 역할과 관련된 책을 많이 읽나요?
아무래도 구할 수 있는 건 전부 다 찾아보려고 해요. 그런데 허탕 칠 때도 많아요. 알고 보면 제가 생각한 거랑 다른 책인 때가 꽤 있었어요.

가장 좋아하는 책으로 단테의 『신곡』을 말했는데, 왜 이 책이 의미가 있어요?
고전을 좋아하는데 그중에서도 최고로 좋아하는 책이 『신곡』이에요. 데이비드 핀처 감독의 영화 「세븐」 때문에 처음 읽게 되었어요. 영화가 단테의 '7대 죄악'을 바탕으로 했잖아요? 그 '지옥' 편을 읽고 싶어서 서점에 갔는데 『신곡』이 아무 데도 없는 거예요. 재고 있는 서점을 찾으려고 강남, 왕십리, 광화문을 다 돌아서 결국 책을 찾았는데, 그렇게 고생해서 책을 찾는 건 처음이었어요. 그 고생도 너무 소중하고요. 정답이 명확한 책을 별로 좋아하지 않아요. 읽는 사람마다 다르게 결론 내리는 책이 좋아요. 또 워낙 어려운 작품이라 뒷부분에 딸린 주석을 계속 넘겨 가며 봐야 하는데 그게 너무 재밌어요. 역사, 철학, 그리스 신화를 전부 알아야 하니까 그걸 생각하게 되는 게 좋았어요.

『신곡』이 들려준 질문에 대한 답은 찾았어요?
처음 읽을 때는 '도대체 어떻게 해야 천국에 가는 거야?' 하는 생각이 들었어요.(웃음) 그런데 거듭 읽다 보면, '이 책에 나오는 7대 죄악을 전부 다 하지 말자.'가 아니라 오히려 그런 강박에 조급했던 마음이 사라져요. 제 현실에 반영해 보면 일을 하면서 자꾸만 욕심도 많아지고 원래 세웠던 목표에서 본질이 흐려질 때가 많은데 『신곡』을 읽으면서 좀 마음이 놓였어요.

그 외에도 헨리크 입센의 『인형의 집』, 오스카 와일드의

『도리언 그레이의 초상』을 인생의 책이라고 말해 주었어요. 『인형의 집』은 19세기 작품이지만 지금도 유효한 질문을 던지고 있어요.

『인형의 집』과 『잘 자요 엄마』라는 희곡도 좋아했는데, 그때 한창 여성학에 관심이 많았어요. 버지니아 울프 같은 여성 작가들의 책을 많이 읽었죠. 『인형의 집』을 읽었을 때 당시 사회 분위기와는 다른 진보적인 작품이라는 게 좋았어요.

최근 여성주의 책들이 많이 출간되었는데, 즐겨 읽어요?

한동안 고전보다도 페미니즘 서적을 더 많이 읽었어요. 읽으면서 점점 저 자신의 가치관이 잡혀 가고 있는 것 같아요. 동시에 아직 나이가 어리니까 다듬어야 할 생각도 많고요.

읽는 책은 직접 고르나요? 서평 등을 참고하기도 해요?

서점에 자주 가요. 집과 가까운 잠실 교보문고에 일주일에 한두 번은 꼭 가요. 철학 서가에 가서 혼자 찾아요. 특히 세계문학은 모으는 재미가 있어요. 책을 고를 때에는 책 표지를 먼저 보고, 뒤표지 글을 읽어 보고 끌리면 첫 페이지를 좀 꼼꼼히 읽어요. 그다음에 문장이 좀 나랑 맞는 것 같다 싶으면 사요.

지금까지 가장 정신없이 빠져들어 읽던 책은 무엇인가요?

그게 제게는 『도리언 그레이의 초상』이에요. 절정으로 치달을 때까지 정신없이 읽었어요. 그때 가족과 여행을 떠나 있었는데, 저 혼자 거의 여행 일정을 다 무시하고, 외출도 안 하고 숙소 침대에 앉아서 책을 읽는 데만 몰두했던 기억이 나요. 너무 재밌게 읽었어요. 내 초상화는 어떨까, 하는 궁금증이 생겼어요.

『도리언 그레이의 초상』을 연극 무대에 올린다면 도전해 볼 생각이 있나요? 직접 여자 캐릭터로 각색해 보는 건 어때요? 여자 배우들에게는 '나이 들면 안 된다.'는 사회적 압박이 강한 편이니까, 당신이 더 잘 해석할 수 있지 않을까요?

좋은 아이디어인 것 같아요. 제 시나리오 쓰는 것도 좋아하거든요. 하지만 감히 고전을 건드리는 게 좀, 뭐랄까 양심에 찔릴 것 같긴 하지만요. 나이 드는 게 싫어서, 초상화가 대신 나이를 먹는다는 이야기가 슬프면서도 공감이 되었거든요.

시나리오나 대본은 직접 보고 선택하나요?

대본 읽는 게 너무 재밌어요. 아직 나이가 많지 않다 보니 선택의 폭이 좀 좁잖아요. 그런데 그냥 읽어도 좋아요. 제 나이에 맞는 캐릭터가 없어도 재밌는 시나리오 있으면 가져다 달라고 회사에 부탁해 구해 보고는 해요.

오늘은 집에 가서 무슨 책을 읽을 예정이에요?

요즘 『로미오와 줄리엣』을 다시 읽고 있어요. 또 김승옥 작가의 『무진기행』을 다시 읽으려고요. 저는 오래된 작품이 좋은지, 아무리 해도 최근 작가와 작품으로 잘 넘어오지 않네요.

뮤지션
매드클라운

온전한 나의
이야기를,

사진 ⓒ곽기곤
2017년

마이크를 들지 않을 때의 매드클라운은 말하기보다 침묵의 공감을 택하는 편에 가깝다. 만약 당신이 말을 걸지 않는다면 매드클라운은 동그란 안경 너머를 가만히 응시하며 5분이고 10분이고 그냥 그대로 있을 수도 있다. 그럼에도 책을 읽고 가사를 쓰는 일, 음악에 대해 묻자 그는 놀랍도록 많은 이야기를 털어놓았다. 자신을 사로잡은 아름다운 소음에 대한 이야기다.

언제 처음 글을 쓰기 시작했어요?

아마 미국에서 고등학교를 다니고 있던 때였을 거예요. 한국에 있는 여자 친구에게 연애편지를 무척 많이 썼어요. 이틀에 한 번 꼴로요.

연애편지에 소질이 있었나요?

그때는 온 마음을 담아서 썼죠, 진심으로. 그 메일 계정이 통째로 사라져서 이제는 찾을 길이 없네요.

어렸을 땐 어떤 책을 주로 읽었어요?

아주 어릴 땐 디즈니 동화 전집과 역사 만화를 좋아했어요. 소설가인 어머니 영향을 받아서, 이것저것 읽었지만 절대적인 영향을 준 책은 없어요. 그러다가 미국 유학 시절 고등학교 문학 수업에서 『데미안』을 읽었죠. 그때까지 읽은 책 중에 가장 큰 영향을 받은 것 같아요.

어떤 면에서요?

『데미안』은 성장소설이잖아요. 당시에 제가 느꼈던 감정이나 정서, 혼자 떨어져 있으면서 느꼈던 외로움에 많은 부분 위로가 되었어요. 당시 외로움을 극복하기 위해 싸이월드에 일기를 쓰거나 음악을 듣거나 춤을 연습했는데, 그 방법이 나중에는 음악으로 바뀌었죠.

『데미안』에서 가장 인상적으로 남은 장면이 있나요?
프란츠 크로머라는 못된 애가 나오잖아요. 프란츠 크로머에게 약점을
잡히면서, 싱클레어의 세계가 바뀌는 부분이요. 하루아침에 보는
풍경도 달라지고 완전히 지옥으로 변하는 부분이 아주 인상 깊었어요.

당신이 미국에서 느낀 감정과 비슷한가요? 문득 다른 문화권에
살게 되어 언어도 바뀌고 사람도 바뀌는 경험 말이죠.
네, 그렇죠. 그런데 그 경험이 결과적으로는 좋게 작용한 것 같아요.
당시에는 정말 힘들었어요. 하지만 그때 처했던 환경 속에서 느꼈던
외로움이나 정서적인 고립이 지금 제가 음악에 쓰는 에너지가
되었어요. 제 모든 에너지가 그때 만들어졌다고 생각해요. 그런 경험이
아니었으면 그냥 저는 되게 평범하게, 정말 평범하게 살았을 것 같아요.

더 이상 고전을 읽지 않는 시대임에도, 여전히 『데미안』에
영향을 받았다는 사람들이 많아요. 이 작품이 어떤 면에서
시대와 세대를 초월해 공감을 불러일으키는 걸까요?
수많은 클래식들이 있잖아요. 각각의 문학작품들이 하나의 완전히
새로운 세상이라고 생각하는데, 그걸 읽음으로써 하나의 새로운
세상이 내 안에 들어오는 것 같아요. 그게 사람마다 맞는 게 있고
아닌 게 있을 거예요. 그 당시 제게는 그게 데미안이었고 헤르만
헤세의 작품들이었어요. 『데미안』도 지금 다시 읽어 보면 예전처럼
대단하게 와닿지는 않을 수도 있어요. 제가 가장 좋아하는 작품은
『싯다르타』예요. 반대로 『수레바퀴 아래서』는 지금 읽으면 유치하고
진부하고 그럴 것 같네요.

항상 쓰는 동그란 안경이 헤르만 헤세에 대한 오마주라는 말이
있던데요?

네, 동그란 안경이 멋있어 보여서요. 자기가 좋아하는 뮤지션이나 작가가 있으면 그냥 따라하고 싶잖아요. 그래서 동그란 안경을 썼죠.

앨범 제목이 「사랑은 지옥에서 온 개」인데, 찰스 부코스키의 시집 제목이기도 하죠. 부코스키를 좋아해요?

맞아요. 몇 년 전에 이 시집을 알게 되었어요. 유명한 시인들의 시구를 모아 두는 해외 웹사이트를 가끔 보거든요. 거기에서 찰스 부코스키의 시를 봤어요. 한글로 번역하면 좀 이상하긴 한데, "가끔 너는 그냥 싱크대에 오줌을 갈겨야만 해."라는 구절을 봤죠. 이게 확 꽂히는 거예요. 그때부터 관심을 가지고 다른 시를 찾아보기 시작했어요. 예전에 그저 고만고만하게 연애할 때는 그렇게 와닿는 구절은 아니었는데 제가 연애를 정말 힘들게 했던 적이 있거든요. 그때 이 시집이 와닿았어요. 굉장히 많은 영감을 받았고, 그래서 아예 콘셉트와 제목을 다 가져다 쓰면 좋겠다 싶어 앨범을 거기서부터 시작했어요.

찰스 부코스키는 꽤나 거친 삶을 살았죠. 육체노동을 하며 글을 썼어요.

솔직하고 필터가 없어요. 멋있는 척 안 하려고 하고. 저는 시에서 느껴지는 담배 찌든 냄새가 너무 좋았거든요. 어떤 것들은 일반적인 관점이나 상식에서 보면 굉장히 지저분하고 불쾌한 단어와 표현 들을 쓰는데, 저는 그게 오히려 아름답게 느껴져요.

힙합 신(scene)에서 말하는 '리얼 힙합' 같은 느낌인가요?

힙합은 역사상 가장 시끄러운 소음들만 모아 놓은 음악이라고 할 수 있어요. 랩이란 것도 처음에는 거의 멜로디도 없고 이게 무슨 음악이냐 했죠. 진짜 소음들의 모음, 조합이잖아요. 힙합이라는 장르 자체가 표현하자면 아름다운 소음인 거예요. 찰스 부코스키 작품이 그랬어요. 되게 힙합스러운 작가였어요.

「콩」이라는 곡의 가사도 시에서 모티브를 얻었다고 들었어요. 「콩에서 콩나물까지의 거리」라는 시죠?

그걸 지하철 스크린도어에서 우연히 읽었는데 너무 좋아서요. 콩이 화자인데 까만 비닐봉지가 덮여 있는 거예요. 그게 내 하늘이에요. 나는 그 안에서 계속 웅크리고 있는데 언젠가 뻗어 나가서 노란 머리를 밖으로 내밀고 햇빛을 볼 날이 올 거라는 시죠. 너무 감동적이었어요. 거기서 따와서 가사를 썼어요.

「고등래퍼」라는 프로그램에서 「엄석대」라는 곡을 발표하기도 했죠. 엄석대는 이문열의 『우리들의 일그러진 영웅』의 인물이에요. 가사를 보면 엄석대를 절대 악으로 바라보는 것 같지 않고 오히려 연민의 시선이 느껴집니다. 어떻게 이 곡을 만들었나요?

요즘 힙합 가사들은 돈 얘기를 많이 하죠. 어린 친구들이 기존의 힙합 뮤지션들에게 영향을 많이 받고 있어요. 진짜 꼬맹이들이 나 돈 벌 거야, 돈 벌어야 돼, 다 이런 얘기를 쓰더라고요. 하지만 「고등래퍼」라는 프로그램의 고유한 취지가 있잖아요? 고등학생인 그 나이대에 말할 수 있는 제일 값진 것이 뭘까 생각하다가 학교 폭력이라는 주제를 정했어요. 빤하게는 가고 싶지 않았어요. 저는 『우리들의 일그러진 영웅』을 영화로 먼저 접했거든요. 그때 봤던 게 너무 인상 깊어서 자연스럽게 엄석대라는 인물이 떠올랐어요. 그래서 제목을 '엄석대'로 짓고 쓰기 시작했는데, 기본적으로 제가 엄석대에게 느끼는 감정은 말씀하신 대로 깊은 연민이에요.

그 역시 폭력의 역사 속 피해자라고 보는 건가요?
소설의 시대적 배경, 학교에서 만나는 선생님들도 그렇고 당시 사회는 군대식의 폭력이 굉장히 만연했던 분위기였을 거예요. 엄석대도 결국에는 그런 시대적인 분위기가 만들어 낸 거죠. 엄석대 이전의 엄석대들이 또 다른 엄석대를 만들어 내고……. 이게 한 개인의 문제는 아니다, 라는 말을 하고 싶었어요. 폭력적인 태도와 정서 들이 대물림되는 것에 대해서요.

당신의 어린 시절에 영웅이 있었다면 누구인가요?
돌아가신 큰아버지(고 조영래)예요. 인권 변호사셨고, 『전태일 평전』을 쓰셨어요. 지금도 큰아버지의 변론집(유고집 『조영래 변호사 변론 선집』)을 읽으면 왠지 모르게 눈물이 나곤 해요. 제가 진짜 눈물이 없는데, 가끔 읽으면 막 눈물이 나요. 영향을 굉장히 많이 받았어요.

힙합 커뮤니티를 보면 자신이 쓴 곡이나 가사를 올려놓고 평가해 달라고 하는 경우가 많잖아요. 「고등래퍼」에 출연한 사람들의 가사는 어땠어요?
윤병호라는 친구가 인상적이었어요. 자기 감성이 가사에 그대로 있었거든요. 딱 들었을 때 그 사람의 감성을 그대로 전달할 수 있어야 그게 아티스트죠. 랩을 잘하는 친구들은 많아요. 그 친구는 어린 나이에도 자기 것이 확실히 있었어요. 저는 「고등래퍼」를 통해서 영감을 많이 받았어요. 그래서 그걸 계기로 더 열심히 음악 하려고 하고 있죠.

어떤 면이 당신을 자극했나요?
열정적인 모습을 보는 것도 좋았고, 기성 힙합 뮤지션이 하고 있는 것과는 다른 표현 방식의 음악을 하려고 하더라고요. 그게 신선했어요. 물론 기술적으로는 미숙한 점이 많이 보였지만 창의적이어서 좋았어요. 무엇보다 간절히 원하는 느낌이 저에게 온전히 와닿는 게 오랜만이었어요.

지금도 책에서 영감을 얻나요?
저는 게임을 좋아하고 유튜브도 보고 그래요. 그러다 가끔씩 확 다가오는 그런 책들이 있어요. 그때 한 번에 빠져요. 가사가 안 풀릴 때 책을 보거나 영화를 보거나 인터넷 뒤적거리거나 하는데 그걸 많이 해 본 결과, 그렇게 좋은 방법 같지는 않더군요. 사랑 노래, 이별 노래를 많이 냈는데, 이제 그 주제로 더 이상 제 안에서 뭔가 나오는 게 없더라고요. 쓸거리가 없어요. 그래서 책도 보고 영화도 보고 그랬지만, 그때그때 괜찮은 표현들이나 감정들을 억지로 조립하고 있다는 생각이 드는 거예요. 결국에는 자기가 자기 안에 깊이 들어가서 들여다보는 게 자연스럽고 좋게 나오는 것 같아요. 진짜 안 나올 때는 다른 걸 참고하기도 하는데 그런 식으로 나온 가사들에는 그렇게 큰 보람을 못 느껴요.

그럼 가장 큰 보람을 느낀 가사는 무엇인가요?
저는 「외로움은 손바닥 안에」라는 곡을 제일 좋아해요. 그거랑 「콩」이죠. 사실 「콩」은 「외로움은 손바닥 안에」의 연장선 느낌으로 썼어요. 그 두 곡을 제일 좋아해요.

처음에는 자기 성찰적인 가사를 많이 썼고, 나중에는 점점 사랑으로 주제가 이동해요. 다음은 어디로 갈까요?
자극적인 것보다는 제가 담담하고 담백하게 쓸 수 있는 얘기들과 가사들, 그걸 음악적으로 담을 수 있는 곡들. 그런 것들이 좋은 것 같아요. 그래서 그런 앨범을 만들려고 해요. 그걸 제 첫 정규 앨범으로 하려고 생각하고 있어요. 지금까지 내놓았던 사랑 노래, 주제와는 많이 다를 거예요. 지금 제 상태가 그걸 해야만 하는 상태예요.

쌓아 둔 감정과 이야기가 많나요?
정말 오랫동안 내 얘기를 안 했던 것 같아요. 힙합 하면서 제일 좋았던 게 내 얘기를 그렇게 다 할 수 있었던 거였어요. 그런데 굳이 분류하자면, 연예인 활동도 하게 되어 버렸으니까. 제 안에 있는 단편들만 담아냈을 뿐이지 온전히 내 얘기를 하진 않았다는 생각이 들었어요. 이렇게 쌓이다 보니까 뭔가 풀어내야 될 것 같더라고요. 내 안의 이야기를 담은 앨범을 내야 할 것 같아요.

좋은 가사는 어떤 가사라고 생각해요?
솔직함이 느껴지는 가사요. 글도 쓰다 보면 그렇지 않나요. 문장을 쓰면 어쩔 수 없이 내가 나를 과장하게 되는 거요. 100퍼센트 나를 온전히 담으려고 해도 내 안에서 필터도 거치고 조금 멋있게도 써 보고 싶어지고. 저 같은 경우에는 계속 쓰면시 조금씩 덜어 내려고 노력을 하거든요.
거짓 없이 100퍼센트 나를 쓴다는 게 참 힘든 일인데, '100퍼센트 거짓 없이'라는 게 없기도 한 것 같아요. 모든 감정이 주관적이고, 그 주관적인 감정을 표현하는 것이 글이나 영화나 음악 같은 예술이고요. 받아들이는 입장도 있고 쓰는 본인의 입장도 있기 때문에 100퍼센트 거짓 없이, 여과 없이 자신을 보여 준다는 것은 어떻게 보면 불가능에 가까운 것 같아요. 솔직한 가사를 쓰려면 거짓을 최대한 '0'에 가깝게 깎아 내는 작업을 계속해야만 하겠죠.

지금 힙합계에서 가사를 잘 쓰는 사람은 누구라고 생각해요?
넉살이라는 친구가 가사를 아주 잘 써요. 요즘은 가사 잘 쓰는

래퍼들이 드문데 비프리라는 친구가 있어요. 전 그 친구 가사를 좋아해요. 그 친구 가사는 다른 시적인 비유나 은유 없이 일차원적인데, 특유의 화법과 솔직함이 그 안에서 다 느껴져서 그 가사를 좋아해요. 멋있게 포장한 가사들보다요.

요즘 한국 시집도 읽나요?
언젠가 어머니께서 좋은 시집이라며 두세 권을 주셨는데 거기에 오은 시인의 시집 『호텔 타셀의 돼지들』이 있었어요. 오은 시인이 시 쓸 때, 말장난을 잘 치거든요.

펀치 라인이 좀 있나요?
제가 꽂힌 구절 중에 하나가 '엄마는 현실이 퍼지길 바라셨고, 아빠는 이상을 굽히지 않으셨네'*인데 이게 힙합하는 사람들이 펀치 라인으로 많이 쓰는 방식이거든요. 이 형이 그런 걸 너무 잘하시는 거예요. 내용도 깊고. 또 마침 키비 형이 오은 형이랑 아는 사이라 만나자, 만나자 하다가 결국 만났죠. 좋은 시나 문장은 쓰려고 하면 얼마든지 랩 가사로 쓸 수 있어요. 「콩」을 쓴 것처럼요. 오은 형 것도 제가 구절을 허락받고 썼고요.

저는 「콩」의 "내게 행복은 소문만 무성할 뿐 목격된 적 없네."라는 가사를 좋아해요. 최승자의 시 「일찍이 나는」이 떠올랐어요.
네, 그 가사 잘 썼어요.(웃음) 최근에 제가 뷰티풀 노이즈라는 작사팀을 만들었거든요. 요즘 가사에 더 관심이 많아졌어요.

뷰티풀 노이즈. 어떤 의미를 담았나요?
노랫말이 붙지 않는 이상 노래는 노이즈의 모음이죠. 곡이란 건 잘

* 오은, 「모던 타임스」, 『호텔 타셀의 돼지들』 (민음사, 2009).

정리정돈해서 짜 놓은 소음이거든요. 거기에 가사를 붙이고, 텍스트가 들어감으로써 '소음들이 아름답게 변한다.'라는 의미에서 '뷰티풀 노이즈'라고 팀 이름을 지었어요. 지금은 「썸」의 가사를 쓴 제피라는 뮤지션과 함께하고 있어요.

이 팀을 통해서 무엇을 하고 싶어요?

그게 작사든 광고 카피든 텍스트와 관련된 많은 일들을 하고 싶어서요. 깊은 정서의 가사들도 있고, 가벼운 정서의 가사들도 있을 거고요. 그런 모든 것들을 글로 잘 표현할 수 있는 분들이 시인들이거든요. 작사, 노랫말을 붙이는 메커니즘이 있는데 그것은 어느 정도의 숙련된 과정을 거쳐야 해요. 그것을 통해 시적인 표현들이나 시를 노랫말로 만드는, 변환하는 과정을 하고 싶어요. 다른 분들은 그분들만의 단어나 감성이 있을 테니까, 여러 사람들과 협업해 보면 재미있게 할 수 있지 않을까 생각해요.

요즘은 어떤 책을 읽고 싶어요?

시집을 더 읽으려고요. 혹시나 시인분 중에 음악에도 관심이 있는 분이 있다면, 저는 너무너무 만나고 싶어요.

영화감독
김양희

제주의
사랑

사진 ⓒ곽기곤
2017년

제주에서 헌책방을 운영한다. 시나리오를 쓴다. 영화를 찍는다.
「시인의 사랑」의 영화감독 김양희의 많은 일들을 거슬러 올라가 보면,
어김없이 책이 있다. 이 모든 것이 책 때문에 시작된 일이다.

6년 전 제주로 이주하셨죠? 어떤 계기가 있었나요?

영상원을 2007년에 졸업하면서 졸업 영화를 찍고, 단편영화제에서 상을 받았지만 그 정도 촉망받는 것은 영화계에서 흔한 일이었어요. 장르적으로 확 끌리는 재능은 아니었던 것 같아요. 그래서 시나리오 작가, 스크립터 등의 일을 했어요. 영화 만드는 사람들이 자기 영화를 만들기까지 오랜 시간이 걸리잖아요? 돌파구를 찾을 수 없다는 마음에 너무 갑갑해서 어느 날 영화를 그만두겠다, 결심하게 됐어요. 그리고 새롭게 다른 곳에서 살아 보고 싶다는 생각으로 혼자 제주에 내려갔어요. 답답해서 그런 것 같아요.

제주에서는 처음에 어떤 일을 했나요?

처음에는 사계 쪽에서 1년 살았어요. 거기서 영화를 찍었죠, 영화를 그만두려고 했는데.(웃음) 제주에는 제주에서 만들어지는 영화를 육성하는 분위기가 있어요. 그러다 보니 제주도에서 영화를 만드는 사람들을 만나게 되었어요. 초등학교에서 영화 찍는 걸 가르치기도 했고요. 남원초등학교라고, 「시인의 사랑」 속에 나오는 초등학생 애들이 제가 가르치던 애들이에요. 3학년 때부터 가르쳐서 찍을 때 6학년이 됐어요. 도민 대상으로 영화 워크숍을 열기도 했고요.

제주에서의 삶은 기대하던 것과 같았나요?

서울에서 태어나 도시에서만 계속 살았다 보니 자연 속에서 지내는 것이 참 좋았어요. 다만 서울에서 맺었던 관계들이 물리적으로 다

끊어지니까 많이 외롭기는 했던 것 같아요. 제주도에 내려간 초반에는
쓸쓸한 시간들을 많이 보냈어요.

　　　　　지금은 제주에서 헌책방을 운영한다고요?
결혼을 2015년에 했어요. 남편은 다큐멘터리 감독이에요. 남편과
작년에 작업실 개념으로 사무실 하나를 냈는데, 공간이 좋아요.
벚꽃나무길에 있거든요. 그래서 책방으로 한번 꾸며 보자, 하고
2016년 10월에 열었어요. 동네 문고같이 조그맣고 소박하게
시작했어요.

　　　　　마침 책방 이름도 '시인의 사랑'이군요?
그때 영화를 작업 중이었어요. 책방이니까 「시인의 사랑」도 괜찮겠다
싶어서.(웃음)

　　　　　독립 서점이 아닌 헌책방을 선택한 이유가 있나요?
독립 서점을 생각하기도 했었어요. 몇 곳 가 보기도 했죠. 하지만
저는 제가 유년 시절부터 좋아하고 즐겨 읽은 책, 굉장히 좋았던 책에
둘러싸여 있고 싶었어요. 사람들이 그걸 사기도 하고, 팔기도 하고요.

　　　　　예를 들면 어떤 책인가요?
소설책을 가장 아껴요. 유년 시절부터 좋아한 것은 일본 소설이에요.
다자이 오사무, 무라카미 하루키 같은 작가들의 소설이요. 그리고
소설 중에서도 단편소설을 특히 좋아해요. 레이먼드 카버나 체호프의
단편. 줌파 라히리와 앨리스 먼로도 좋아하고요. 제일 좋아하는
단편소설은 역시 레이먼드 카버와 체호프의 작품들이에요. 레이먼드
카버가 보여 주는 순간들이 공감이 많이 돼요. 권태로움이나 부조리함
같은. 그때는 또 제가 고독한 삶을 살고 있었기 때문에 감정적으로

연결되었어요. 그래서 필사를 하기도 하고, 시나리오를 쓸 때 그 책들의 도움을 많이 받았어요.

　　　　　　단편소설에 특별히 매혹된 지점이 있다면 무엇인가요?
단편소설은 인간의 감정을 보여 주기 위해 구조를 짠다는 점이 좋더라고요. 단편소설의 흐름이 꼭 영화의 한 시퀀스, 한 신(scene)처럼 느껴졌어요. 감정을 쌓았다가 한 번에 보여 주는 그 순간이 항상 좋았어요. 영화가 어느 순간까지 감정을 잘 쌓아 올려서 그걸 무너뜨리거나 터뜨리거나 하면서 감정의 파고를 만들어 내듯.

　　　　　　헌책방 '시인의 사랑'에는 또 어떤 책이 있나요?
일본 소설 중에는 나쓰메 소세키를 좋아해요. 나쓰메 소세키의 『문』을 정말 좋아했다가, 『행인』을 읽으니까 또 그것도 좋고. 가장 최근에 좀 더 극적으로 좋아하게 된 작품은 『그 후』예요. 담담해 보이는 일본 사회를 묘사하고 있는데 룸펜이고 상류층인 사람들의 고정된 생활과 그들이 지닌 격렬한 마음의 부조화가 보이거든요. 이 언밸런스한 구조가 잘 와닿더라고요. 감정을 분출하거나 드러내어 사랑할 수 없는 사람들이 속으로는 격정적인 마음과 욕망을 지니고 있는 것이요. 그 사람이 울지 않고 있다고 슬프지 않은 건 아니잖아요. 그런 표현들을 좋아하는 것 같아요.

　　　　　　책을 읽고 바로 영화로 옮기고 싶을 만큼 강렬한 이미지가
　　　　　　떠오른 작품이 있나요?
앨리스 먼로의 『디어 라이프』에 첫 번째로 수록된 작품 「일본에 가 닿기를」이요. 낯선 곳에 간 여자가 그곳에서 만난 남자와 감정을 나누다 배신을 느끼죠. 그 사랑도 건조해요. 그 감정의 순간이 지나고 각자 다른 삶을 살다가, 오랜 시간이 지나 둘이 다시 마주치게 되는

장면이 있어요. 그 마지막 장면이 좋았어요. 누구나 지독하게 외로웠던 순간들이 있잖아요. 그 외로웠던 순간들이 지나가고, 그때의 나를 알았던 사람이 지금은 함께하고 있지 않지만, 그 순간들이 모여서 지금의 내 모습을 구성하고 있다는 것. 그리고 그 시간을 뛰어넘어서 아주 우연히 만나게 되는 게 좋았어요.

　　　　헌책방 '시인의 사랑'의 풍경이 그려지네요. 이 책은 안
　　　　팔렸으면 좋겠다는 생각이 들 때는 없나요?
그런 건 안 가져다 놔요. 저도 책 욕심이 있다 보니까, 새로 살 수 있는 것 말고 이제 절판되었다던지 그런 판본은 갖고 있고 싶거든요.

　　　　저도 얼마 전 하루키에 대한 기사를 쓰기 위해서 집에 있는
　　　　하루키 작품을 모두 모아 봤는데, 『노르웨의의 숲』은 제각기
　　　　다른 표지로 네 권이나 있더군요. 번역에 따라 분위기도
　　　　미묘하게 다르고, 예전에는 미도리가 '나'에게 존대를 했던 것
　　　　같은데 지금은 반말을 하기도 하고요. 그런데 어쩐지 버리지는
　　　　못하겠어요.
맞아요! 초판이랑 신판은 번역도 다르고 거기에서 오는 추억과 분위기가 있어요. 제가 시간이 지나 완전 새롭게 읽었던 장면은 『노르웨이 숲』의 초반부예요. 비행기를 타고 과거를 회상하잖아요. 그때 남자가 어지러워서 잠깐 휘청하니까 스튜어디스가 "괜찮으십니까?"하고 물어봐요. 그런데 이 남자가 "조금 외로웠을 뿐입니다." 뭐 이렇게 대답을 하더라고요. 처음 읽은 지 10년이 지나 지금 다시 읽으니까 뭐야, 왜 이렇게 허세를 부리는 거야, 하게 되더라고요.(웃음) 헌책방에는 소설이 많아요. 저는 시보다 소설을 더 좋아했고, 사소설이라고 무시당했던 책들을 좋아해요. 『러브홀릭』, 『플라나리아』를 쓴 야마모토 후미오도 좋아했어요.

사소설만큼 나의 감정을 읽어 주는 책이 없죠. 저는 이노우에 아레노를 좋아합니다. 때론 감정이야말로 인생의 전부라는 생각을 해요.

제 영화도 약간 그런 면이 있어요. 제가 영화 학교 졸업할 때 찍은 영화가 「지나갈 어느 날」이에요. 스무 살짜리가 혼자서 절망해서 재수생 친구를 꾀어 하루 동안 돌아다니는 내용이에요. 그런데 그걸 찍고 나니까 선배들이 "영화로 다이어리 쓰냐.", "여자애들 감성이다." 그런 소리를 했어요. 제일 듣기 싫었던 말이었어요. 그런데 저도 거기에 대고 "그래 나 일기 쓴다. 어쩔래?"하고 말할 용기는 없었던 것 같아요. 영화는 뭔가 더 삶의 깊은 곳을 얘기해야 하는 것 같다는 생각이 들었죠.

개인적인 감정과 서사에 집중하는 사소설, 특히 여성 작가가 쓰는 작품들이 그렇게 폄하되곤 하죠.

네 하지만 야마모토 후미오도 그렇고, 미야베 미유키도 그렇고 각자의 소설 안에서 한번씩 마음을 베는 것 같고 뭔가를 써는 듯한 문장을 쓰잖아요. 그건 남성 작가들은 절대 할 수 없는 표현일 때가 많아요. 사소설이냐 아니냐를 떠나 정말 대단한 것이라고 생각해요.

제주에 내려가서 「시인의 사랑」의 시나리오를 쓰신 거군요. 소설을 더 좋아한다고 했지만 영화의 주인공은 시인입니다. 왜 소설가가 아니었나요?

주인공의 모델이 된 시인을 만나면서였어요. 말씀드린 것처럼 시보다 소설을 훨씬 좋아해 왔지만 제주에 내려가면서, 그러니까 2014년도 가을쯤부터 제게 시가 들어오기 시작했어요. 황병승의 「조금만 더」 같은 시는 술 마시면서 혼자 낭독도 하고, 혼자 읽다 울기도 하고 그랬거든요. 시를 잘 알지는 못하지만 내가 완전히 이해할 것 같은 몇 개의 시가 있으니까 괜찮아, 하면서 읽었어요. 그러다 우연히 현택훈 시인을 만나게 되었죠. 「시인의 사랑」의 시나리오는 그를 만난 후 2015년 2월쯤 완성했어요. 시인이 주인공이지만, 창작 과정을 정교하게 그리는 게 목적인 영화는 아니었기 때문에 제가 용기를 낼 수 있었죠.

당신에게 제주가 시처럼 느껴진 건 아닐까요?
시가 흐르는 영화를 만들고 싶기도 했어요. 제주도에서 길을 걷거나 버스를 타고 다닐 때 시를 생각하게 됐거든요. 제주 바다에 앉아서 처음 그런 생각을 했어요. 아, 나 여기서는 시를 쓸 수 있을 것 같아. 뭔지 모르게 직관적으로 시가 더 와닿는 풍경이 있는 것 같아요. 또 영화에서 장면을 만들기에 시가 더 어울렸던 것 같아요. 장면 구성을 잘할 수 있을 거라고 생각했어요.

영화에서는 시인이 말하는 시어가 있고, 아내가 말하는 생활 언어가 있어요. 그 양쪽을 어떻게 표현하려고 했나요?
대사에 신경을 많이 쓰는 편인데, 시인은 언어를 다루는 사람이니까 좀 더 낭만적이고, 이상적이고, 아름다움을 추구하는 언어를 사용해요. 그리고 이걸 대비시켜야 하니까 아내에게는 육체적인 언어를 줬어요. 아내의 대사에는 '오줌', '똘똘이' 이런 단어가 나오거든요. 구체적인 단어를 줬죠. 시인이 아내를 싫어할 때, 그런 아내의 말이 너무 싫은 것이라고 생각했어요. 아내의 말은 공격적이고, 주책없고, 우리 일을 다 까발리고, 너무 깊이가 없다고 느끼는 거죠. 그래서 시인이 아내에게 "아우, 왜 이래.", "싫어, 저리 가." 하는 게 다 아내의 말이 싫어서 나오는 반응들이라고 상상했어요.

그렇다면 삼각형을 이루고 있는 소년의 말이 더 독특해지네요.

이 소년은 아르바이트를 하는 평범한 학생일 뿐인데 시인과
말이 통해요. 소년에게는 어떤 언어를 주었나요?

소년 캐릭터를 쓸 때에는 제 어린 시절을 많이 생각했어요. 언젠가 글을 쓸 거란 생각을 하던 좀 예민한 고등학생이었어요. 막연히 소설가가 되지 않을까? 하고 생각하곤 했죠. 가난했고, 외동이어서 혼자 지내는 시간이 많았고, 불만도 많고 불안한 정서도 늘 깔려 있었거든요. 그래서 소년 캐릭터를 쓸 때도 내면이 불안한 사람은 어떤 언어를 쓸까, 하는 생각을 많이 했어요. 소년은 문학적 감수성은 가진 인물이에요. 그런데 그걸 표현하는 방법, 자기 언어가 없었던 거예요. 그러다가 시인을 만나면서 문학적 언어를 찾게 돼요. 자신이 현재 처한 상황, 살아야 하는 삶이 너무 싫으니까 돌발적으로 욕도 하고 소리도 지르지만, 시인이 시를 틔워 주는 순간 어떤 '시어'를 말하게 되는 거죠.

시인과 소년이 결정적으로 서로의 언어를 맞추게 된 결정적
장면을 생각했을 텐데요. 당신이 의도한 장면은 어디였나요?

소년 같은 경우는 문학에 대한 결핍이 없으니까 자기가 뭘 가지고 있는지 몰라요. 소년이 부지불식간에 내뱉은 "할아버지도 고아구나." 같은 대사가 그렇죠. 결정적 장면은…… 곶자왈에서 시인이 비닐봉지를 보며 만용을 부리는 장면이 있어요. 산까지 흘러들어 온 비닐봉지에 어떤 이야기가 있을 것 같니, 어떤 언어가 탄생할 것 같니, 하면서 '내가 너에게 시를 주고 싶다.' 같은 태도로 소년을 대하거든요. 그런데 그때 소년은 시인의 그 말들을 '웃기고 있네. 그게 말이 되냐.'는 식으로 받아쳐요. 그러니까 소년은 그래 본 적 있는 사람인 거고 시인은 그래 본 적 없지만 있는 척하는 사람인 거예요. 소년의 진짜 경험에 기반한 말들이 시인의 허위의식 같은 걸 깨는 자극이 되었던 거죠. 시인이 소년을 다시 보게 되는 계기가 되고요.

영화에는 시인의 시가 등장하기도 하고, 영화를 위해 창작된 시가 등장하기도 하죠. 시는 어떻게 선택했나요?

영화의 초반, 중반, 결말에 중요한 분절 지점에 등장하는 시에 대해 이야기하자면, 영화가 시작될 때 흐르는 현택훈 시인의 「내 마음의 순력도」라는 시는 초반에 관객에게 설명해야 할 제주라는 공간과 시인이라는 캐릭터, 이 영화의 분위기를 모두 설명하는 시예요. 그래서 오프닝에 적절하다고 생각했고요. 처음부터 영화에 넣어야겠다고 생각했던 시는 김소연 시인의 「그래서」였어요. 너무 좋아했거든요. 「그래서」라는 시가 흐르는 부분은 이야기와 인물 간의 감정 면에서 모두 절정의 바로 전, 그러니까 지금은 잔잔하지만 곧 큰 파도가 칠 것을 예고하는 듯한 부분이에요. 「그래서」가 그 신을 이끌어 주는 힘이 분명 있어요. 그리고 마지막에 흐르는 기형도의 「희망」이라는 시는, GV 때 이 시에 대해 물어본 관객이 있었어요. 왜 이 사람들에게 「희망」이라는 시를 줬냐고. 이 사람들은 불행하지 않느냐고 말이에요. 시를 고를 때 굉장히 고심했기 때문에 할 말이 많았는데, 그렇게 질문해 줘서 좋았어요.(웃음) 그 말이 맞죠. 저는 그들을 위로하는 마음으로 이 시를 줬는데 거기에서도 아이러니가 생기잖아요. 시인은 그 사랑을 통과하고 나서 진짜 시인이 됐을지 모르겠지만, 개인적으로는 앞으로 권태로운 일상의 불행으로 가게 되죠.

영화에 자신의 시가 인용된 시인의 반응은 어땠어요?

이번 주 월요일에 김소연 시인을 만났어요! 너무 떨렸거든요. 영화에 김소연 시인의 시와 함께 진짜 어쩔 수 없이 들어간, 제가 직접 쓴 시들이 있단 말이죠.(웃음) 그래서 시인이 이걸 어떻게 볼까, 하면서 좀 떨었는데 설마 제 앞에서 나쁘다고 얘기하시겠어요? 재미있게 봤다고 말씀해 주셨어요. 의외로 문인들끼리 모여 있는 장면도 현실감 있다고,

저런 사람 꼭 있다고 재밌다고 얘기해 주시더라고요.

합평회 장면을 말씀하신 건가요? 직접적인 경험이 녹아 있는 건 아닌가 싶던 장면입니다.

제가 합평에 참여한 적은 없고 우연한 기회에 목격한 적은 있어요. 한 카페에서 돌아가면서 낭독하고, 합평하고, 그런 장면을 봤거든요. 주변을 아무도 의식하지 않는 그 모습이야말로 정말 영화적이라고 느꼈어요.

영화 속에서는 시인은 생활력과 별개로 존경받아요. 경외심을 갖게 하는 예술가죠. 당신도 시나리오를 쓰며 '시인'이 되어 봤군요.

네, 어쨌든 제가 시를 쓰긴 했지만, 끝까지 교체하고 싶었어요.(웃음) 진짜 어렵더라고요. 시나리오의 목적이 있어서 어쩔 수 없이 제가 쓴 시를 넣긴 했지만요. 저는 책 읽는 사람들 중에 나쁜 사람 없다는 선입견을 믿듯 글 쓰는 사람들에 대한 존경심이 계속 있어요. 문학잡지에서 인터뷰를 할 때, 현택훈 시인 이야기를 하고 싶었어요. 제주의 문인이잖아요. 지방 문인 특유의 감정이 있어요. 지방 문인의 반대편에는 전국구로 읽히는 시가 있거든요.

'시인은 대신 울어 주는 사람'이라고 표현했습니다. 나 대신 울어 준다고 느낀 시가 있었나요?

기형도의 시가 그래요. 영화에 넣게 된 「희망」도 문장을 읽어 보면 굉장히 단조롭고 산문 같잖아요. 나는 너를 생각할 때마다 눈물이 흐르는데, 나는 이제 아무 때나 울지 않는다는. 그 말은 너를 잊었다는 말이지만 거기에 굉장한 잔인함이 있는 것 같거든요. 그만큼 사랑이 처절했다는 의미이고요. 시를 쓰기 위해 슬퍼지려던 사람이었지만 정말로 슬픔을 겪은 후에 시는 됐고 슬프지 않았으면 좋겠다는 마음을 가지게 된 사람의, 고통의 시간을 뚫고 나온 것 같은 시가 저에게는 기형도의 시였어요. 얼마 전에는 한 잡지에서 시를 추천해 달라고 해서 최승자 시인의 시를 추천했어요. 『즐거운 일기』에 수록된 「그리하여 어느 날, 사랑이여」라는 시. 이 시의 정서를 좋아해요. 영화 속 아내의 마음과 비슷한 것 같아요.

시인에게는 사랑과 슬픔이 다시 재료가 돼요. 당신이 영화를 만드는 재료는 무엇인가요?

글쎄요, 열정은 20대 때만 못한 것 같고…… 감정인 것 같아요. 굉장히 예민하고, 잘 느껴요. 어렸을 때 제가 어떤 감정을 느낀 것에 대해 불만을 이야기하면 아무도 공감을 못 하는 거예요. 감정 컨트롤이 안 돼서 성숙하지 못하다고 스스로 자괴감이 든 적이 많은데, 이게 마흔이 되어서도 안 고쳐지더라고요. 그런 걸 생각해 보면 감정을 잘 느끼는 게 재료가 아닐까. 그리고 그 감정을 느낀 순간을 이후에 엄청 복기하거든요. 내가 왜 그랬을까, 걔가 왜 그랬을까, 이런 이유로 그랬던 건 아닐까 하면서요. 그래서 나중에 시나리오를 쓸 때 도움이 된 것 같아요. 에피소드와 함께 그 감정이 생각이 나요.

영화에는 '평생 내 편이 되어 주는 사람 하나만 있으면 된다.'는 대사가 나오잖아요. 그런데 그런 사람을 찾을 수 없거나 잃어버렸을 때, 책이 그 대상이 되어 주지 않을까요. 책은 어디론가 사라지지 않으니까.

2014년이 최고로 우울하고 쓸쓸했던 것 같아요. 몰랐는데 우울 증세가 심각한 지경이었어요. 그때 레이먼드 카버의 바이오그래피인 『레이먼드 카버: 어느 작가의 생』을 성경처럼 읽었어요. 그 불안하고 미숙한 사람이 좌충우돌하면서, 몸부림치면서 자기 문학 세계와 삶을 지켜 나가려고 하는 처절함이 저에게 많은 힘이 된 것 같아요. 당신도 그러했는가, 나도 지금 그렇다, 하고 묻고 답할 수 있었어요.

다음에는 어떤 이야기를 하고 싶어요?
「시인의 사랑」에 나온 여성 캐릭터들처럼 건강하고 생활력 넘치는 여성분들을 제주도에서 많이 만났어요. 그 여성들의 이야기를 영화로 만들어 보고 싶어요. 영화의 아내는 시인에게 좀 잔인하기도 하잖아요. 하지만 "내가 먹여 살리니까 너는 닥치고 쭈그리고 살아."라고 얘기하는 여자 캐릭터의 이야기도 좋은 것 같아요.

이제 다시 제주로 돌아가겠군요. 책방에서 만날 수 있나요?
네. 혼자 있어요. 아무도 안 와요. 놀러 오세요. 10평 남짓한 공간인데 테이블을 놓아서 커피도 마실 수 있고 앉아서 책도 읽을 수 있어요.

코미디언
유병재

유병재식으로
농담하기

사진 ⓒ 최문혁
2017년

해학과 풍자의 계보를 잇는 유병재가 첫 책 『블랙코미디』를 냈다. '창작의 고통'을 겪는 작가를 사진으로 표현해 달라는 말에, 유병재는 망설임 없이 수화기를 들었다. 그리고 독촉 전화를 받는 작가의 표정을 보여 주었다. 방송 작가에서 코미디언으로, 그리고 본격적인 작가가 되기까지, 그가 생각하는 좋은 농담과 글에 대하여.

얼마 전 『블랙코미디』가 출간되었죠. 출간까지 3년이 걸렸다면서요?
더 일찍 내려고 했는데 미루고 미루다가 이렇게 되었네요. 중간에 못 쓰겠다는 말씀도 두어 번 드렸어요. 자신감이 없었거든요. 그럼에도 출판사와 편집자께서 참을성 있게 오래 기다려 주셔서 이렇게 출간을 할 수 있었네요.

첫 책을 내는 건 여러모로 기억에 남는 경험이에요. 지금 심정은 어때요?
만족스러워요. 그 전에는 뭐랄까, 의구심 같은 게 있었거든요. 방송 작가이긴 하지만 참여한 프로그램이 많은 것도 아니라서 작가라는 수식어가 붙을 때마다 왠지 혼자 좀 민망하고 부끄러울 때가 많았어요. 부족하지만 이렇게 한 권의 책이 나와서 그나마 자신 있게 작가라고 얘기할 수 있을 것 같아요.

제목은 직접 지었어요? 어떤 의미인가요?
얼마 전에 제가 했던 스탠드 업 코미디 쇼와 같은 제목을 썼습니다. 그 단어는 물론 알고 있었지만, 정작 제가 하는 게 '블랙코미디'라는 걸 뒤늦게 알게 되었어요. 저의 코미디를 잘 설명해 주는 단어라 생각해요. 또 부제의 '농담집'은, 이 책을 굳이 분류하자면 결국

에세이잖아요? 생각나는 대로의 단편적인 이야기를 적어 놓은 에세이 형식이지만, 에세이보다 새로운 이름이 있으면 좋겠어서 농담집이라고 이름 지어 보았어요.

'유병재 농담집'이라는 부제를 보고, 어릴 적에 있던 '유모어 사전'류의 책이 떠오르기도 했어요. 오래전 사라진 책이지만요.
그렇게 생각할 수도 있을 것 같아요. 근데 그런 유머 책들보다는 농담의 농도가 조금 옅을 것 같아요. 개그를 위한 책보다는 인간 유병재, 자연인으로서의 제가 생각하는 것들이 많이 묻어나 있으니까요. 어쨌거나 저 자신이 무엇보다 코미디언이니까 농담이라는 단어가 어울리는 것 같습니다.

책이 크게 4장으로 나뉘어져 있는데 어떠한 기준이에요?
마냥 웃어넘기기에는 뭔가 더 있는 농담들을 '블랙코미디'라는 이름으로 1장에 모아 봤어요. 글을 쓰다 보니까, 제가 화를 많이 내더라고요. 화내는 내용들이 많아져서 2장에 '분노수첩'이라는 장을 따로 뺄 필요를 느꼈어요. 3장은 제가 굉장히 좋아하는 김수영 시인의 「어느 날 고궁을 나오면서」라는 시를 살짝 패러디해 봤어요. 가장 애착이 가는 장이기도 해요. 본인의 티끌을 눈치 채기 어렵다는 사실이 저에겐 예전부터 중요한 주제였거든요. 저 자신을 돌아보게 되는, 앞선 2장에서 분노의 대상들이 어쩌면 나의 다른 모습이지는 않을까 돌아보게 되는 장입니다. 마지막 4장은 말장난으로 보일 수도 있지만 인스타그램 같은 SNS에 올리기에 좋을 것 같은, 조금 더 말랑말랑한 이야기들을 모아 봤습니다.

긴 글과 짧은 글이 섞여 있는데, 조금 더 긴 호흡의 글을 보고 싶다는 생각도 들던데요.

처음 원고는 지금보다 긴 글을 많이 넣었어요. 하지만 글이 길어지다 보니까 제가 조금씩 거짓말을 하게 되더라고요. 분량을 채우려고 내 생각이 아니거나 내 생각이 맞나 싶은 것들을 쓰게 되는 것 같았어요. 그래서 처음 목적을 생각하면서 많이 삭제하게 되었습니다.

책을 쓰면서 '좋은 글은 무엇인가.'에 대한 고민도 했을 것 같은데요. 당신에게 좋은 글은 어떤 글인가요?

이 책의 시작은 SNS에 쓴 글들이었어요. 당시 「SNL 코리아」의 코미디 작가로 일할 때였는데, 제가 글을 너무 길고 장황하게 쓰는 거예요. 어떤 글이 좋은 글인지에 대한 생각은 다 다르겠지만 제가 생각하는 좋은 글은 쉽게 읽히는 짧은 글이거든요. 그래서 SNS에 연습 삼아 짧은 글을 올리기 시작했어요. 어떤 사안에 대한 나의 생각을 쭉 적어 놓고 다섯 줄에서 세 줄로 줄여 봤다가 두 줄로, 한 줄로 단어로 줄여 보기도 하고요. 이런 식으로 짧게 쓰는 연습을 한 건데, 점점 사람들이 제 SNS를 많이 봐 주시고 공감해 주신 게 여기까지 온 것이죠. 짧고 읽기 쉬운 글이 좋은 글이라 생각하긴 하지만, 표현이 함축되면서 생길 수 있는 폭력이나 편견을 항상 염두에 두어야 한다고 생각합니다.

완전히 새로운 이야기도 있지만 기본적으로 레퍼런스가 있으면 더 웃긴 농담들이 많더군요. 예를 들어 3장을 장식한 「어느 날 고궁을 나오면서」는 김수영의 시를 아는 사람이면 더 재미있을 것이고요. 인터넷에 유명한 농담을 비튼 것, 기존 작품을 비튼 것들도 있죠.

패러디한 것들이 꽤 많이 있어요. 영화에서나 좋아하는 작품들에서 나온 것들도 있고요. 사람들이 패러디라는 말을 사용할 때의 뜻과 제가 생각하는 패러디의 의미와는 차이가 있더라고요. 이를테면 보통은 그냥 재미있는 것을 따라한 것을 패러디라 생각하죠. 하지만

제가 생각하는 패러디는 재미없는 것의 하나를 비꼬아 재미있게
만드는 거예요. 원래부터가 재미있는 걸 그대로 따라한다면
그건 공개된 표절일 뿐, 제대로 된 패러디는 아니라고 생각해요.
말씀하셨듯이 많은 사람들이 원본(레퍼런스)을 알고 있으면 더 좋을
텐데 쉽지 않은 일이긴 하죠.

    배경지식이 많다면 더 웃긴 농담들, 그렇게 설명할 수 있겠네요.
저도 패러디 농담을 자주 즐기는 편인데 배경지식이 없는
사람에게는 통하지 않더라고요. 이런 경험이 꽤 많을 것
같은데요?

물론이죠. 특히 그게 일과 직업이 되면 더 심각한 문제가 돼요. 제가
코미디를 업으로 하는 사람이 아니라면 '에이 통하지 않네.' 하고 끝낼
수 있겠지만 코미디를 업으로 하는 사람으로서, 서로 공유되지 못하고
있는 사안에 대한 코미디를 출품했다는 것은 제게 과실이 있는 거죠.
그런 것까지 감안해 이야기해야 한다고 생각합니다. 하지만 이번
책에서의 부담은 조금 덜한 편이었습니다. 제가 직접 농담을 하는
것이라면 상대를 고려해야 하지만, 책은 불특정 다수를 향해 말하는
거잖아요. 그러다 보니 오히려 '에라 모르겠다.' 하며 조금 더 편하게
임하게 됐어요. 이를테면 '오버워치' 게임에 대한 이야기는 모르시는
분들도 분명 계실 테지만, 책에는 공연보다는 적은 부담을 안고 쓸 수
있었어요.

    방송과 SNS, 또 책을 통해 굉장히 많은 대중들과 접점을
만들어 왔는데, 당신이 생각하는 대중은 누구인가요?

모르겠어요. 앞으로도 모를 것 같고요. 알기 위해 노력은 많이
하겠지만 실수하기 쉬울 것 같아요. 저를 포함해서 많은 이들이
대중을 특정한 한 명이라 여기는 것 같아요. 예를 들어 연예인의

경우 이전과 같은 행동을 한 건데 '왜 사람들이 나를 좋아하다가 이젠 싫어하지?'라고 생각하기도 하잖아요. 그러나 사실 여러 사람 중에 어떤 사람들이 좋아했던 걸 본 것이고, 이제는 여러 사람 중 어떤 사람들이 싫어하는 걸 본 것뿐이죠. 대중을 파악하려고 노력은 하겠지만, 파악할 수 있는 대상이라고 생각하는 건 오만한 행동인 것 같아요. 그러나 대중과 호흡을 같이해야 하는 건 의무라고 생각하고 있습니다.

그러면 그 호흡을 같이하기 위해 무엇을 고민하나요?
스마트폰을 자주 보고 인터넷을 많이 하죠. 제가 다른 세계에서 온 사람이 아니거든요. 그냥 친구들과 사는 이야기를 해요.

요즘 남자들의 습관에 대한 풍자를 보기도 했어요. 예를 들어 '휴대폰 액정 필름을 붙이는 데는 그렇게 떨려 하면서 왜 콘돔을 끼지 않고 섹스를 하는가?'라는 부분은 당장 포스터로 만들어도 좋겠던데요?
피임이란 건 기본적으로 해야 하는 일인데 하지 않는 것을 아무렇지도 않게, 심지어 자랑처럼 말하는 게 어떻게 보면 무섭고 섬뜩한 이야기잖아요. 그러한 것들이 기괴한 인상으로 다가와 한번 표현해 봤던 거예요. 짝사랑의 경우도 제가 짝사랑을 많이 해 본 사람으로서 행위자의 입장에서는 짝사랑의 애틋한, 아름다운 명분이 있겠지만 상대방의 입장에서는 완전히 다르게 느껴지는 상황이기도 하니까요. 저도 어릴 적에는 짝사랑의 문제를 사람과 사람 사이의 관계보다는 어떤 의지의 문제처럼 여기는 잘못된 편견을 가지고 있었던 것 같아요. 그렇게 생각하는 게 폭력일 수도 있겠다는 생각이 들었죠.

책 전반에 흐르는 자기성찰적인 부분이 인상적이었습니다.

개인이 쓴 에세이는 '나', '내 세상', '내가 본 것들' 위주인데 당신의 경우에는 '행동하는 나'를 '지켜보고 생각하는 나'가 있었어요. 그렇다 보니 웃고 나면 자기성찰적이고 철학적인 농담이 되더군요.

제 성격 자체가 그런 것 같아요. 스스로 겁이 많다고 생각하는데요. 그래서 많이 돌아보려 하고요. 다들 아시겠지만 자신이 착하고 옳다고 생각하더라도 사실 안 그럴 때도 있죠. 모순적인 부분이 많더라고요. 자기성찰적인 부분은 제 성격에서 많이 기인한 것 같습니다. 또한 저는 직접적이기보다는 간접적으로 돌려 말하는 게 조금 더 세련됐다고 믿거든요.

자신의 글을 문학이라고 생각하나요?

글쎄요. 제게 문학은 시, 소설, 수필, 희곡…… 이런 것들인데 잘 모르겠어요. 문학이라든지 예술 같은 단어가 왠지 모를 거대함으로 다가오기도 해서요. 그래서 문학이라 말하기가 민망한 부분이 있어요. 그래도 수필의 한 갈래라고 본다면 문학이라 할 수도 있을 것 같네요.

우리 민족은 풍자와 해학의 민족이라고들 하잖아요. 코미디언이나 방송 작가가 풍자와 해학의 정서를 맡고 있는 게 아닐까요? 실제 소설가 중에 그런 정서로 작품을 쓰시는 분이 현재로선 아주 많지는 않은 것 같아요. 성석제, 박민규 소설 정도가 떠오르는데요.

앗, 제가 박민규 작가님을 참 좋아합니다. 풍자와 해학의 정서가 너무나 좋아요. 제가 고향이 충청도인데 어렸을 때 어르신들이 지나가는 말로 하시는 농담들이 참 대단하다고 생각했어요. 그런 제 고향의 풍자와 해학을 많이 보고 들으면서 자란 것이죠. 굉장히 재미있는 분들이 많았어요.

풍자와 해학이 누군가에게는 재미있을 수도 있지만 다른 누군가에게는 허용되지 못할 수도 있죠. 그 선을 어디에 어떻게 두는지 궁금합니다.

선이라 한다면 수위일 수도 있겠고, 여러 가지 의미가 있겠네요. 풍자뿐만 아니라 코미디를 만들 때도 해당되는 이야기지만, 우선 웃기려는 의도를 들키지 않아야 한다고 생각해요. 덧붙여 가장 조심하는 부분이라면 어떤 사안에 대해 웃기기 위해 풍자를 하는 것인지, 내 생각을 전달하기 위해 풍자를 이용하는 것인지 할 때 전자여야 한다고 생각합니다. 후자로 가는 것을 많이 경계하려 합니다. 저도 사람이다 보니 어떠한 사안에 대해 감정이 생긴다거나 생각이 생기기 마련이고 그때 코미디를 도구로 사용하려 할 때가 있거든요. 코미디가 목적이 되어야지 도구가 되어서는 안 된다고 생각해요.

처음 코미디를 업으로 삼아야겠다고 생각한 때는 언제였나요?

군대 말년 시기였어요. 학점도 좋지 않고 공부도 재미없고 취업도 힘들고…… 의욕이 없던 상황에서 도피하다시피 군대에 갔거든요. 오히려 저는 군대에서 재미있는 사람들을 많이 만났어요. 지금의 매니저 형도 군대에서 만났죠. 어느 날 군대 사람들과 술 마시면서 농담하면서 웃고 있는데 너무 행복하더라고요. 아, 내가 이런 걸 좋아하는구나, 내가 이런 걸 잘하지, 코미디를 업으로 삼아야겠다고 술김에 생각했죠.

독자로서는 어떤 책을 좋아해요?

소설은 아까 말한 박민규 작가님의 작품을 좋아하고, 드라마 「서울의 달」, 「유나의 거리」 등을 쓰신 김운경 작가님과 장진 감독님 희곡집이랑 영화 시나리오를 읽기도 했어요. 드라마 「추적자」, 「황금의 제국」을 쓴 박경수 작가님 글도 좋아하고요.

희곡을 즐겨 읽나요?

대사에 힘이 있어서 읽는 재미가 있어요. 그런데 영향을 가장 많이 받은 건 아마 박민규 작가님일 거예요. 고등학생 때 『삼미 슈퍼스타즈의 마지막 팬클럽』을 처음 읽어 봤는데 너무 재미있어서 거의 30~40번 완독했던 것 같아요. 직접 찾아가서 책에 사인도 받았어요. 나중에 꼭 다시 뵙고 싶네요. 중학생 때에는 『무궁화 꽃이 피었습니다』 같은 책들을 굉장히 몰입해서 읽었던 기억도 나네요. 무라카미 하루키의 『1Q84』와 같은 장편들도 좋아합니다. 또 어릴 적부터 만화 마니아이기도 했어요.

그럼 인생의 만화를 꼽는다면요?

윤태호 작가님의 『야후』. 1990~2000년대에 걸친 현대사를 주인공과 그 주변 인물들을 통해 보여 주는 작품이에요. 가상의 현재가 배경인데 굉장히 재미있게 읽었습니다. 최근에는 웹툰 「곱게 자란 자식」을 보는데 일제강점기 시대를 배경으로 하는 작품입니다. 소재와 스토리 모두 너무 좋고요, 제가 작가님도 좋아해서 전에 인터뷰도 한 적이 있어요. 최규석 작가님의 『송곳』도 있겠네요. 이외에도 너무 많아서 꼽기가 참 힘드네요. 만화 이야기는 끝이 없어요.

농담의 영감은 어디서 얻나요? 저는 요즘 운전할 때 글감이 많이 떠오르는데, 주차하는 순간 바로 잊어버려요. 기억하는 노하우가 있나요?

항상 노력하기는 하지만 며칠 동안 하나도 안 나올 때도 있고 어떤 날은 앉은 자리에서 갑자기 열 몇 개씩 나올 때도 있어요. 또 컨디션의 영향이 있기도 하고요. 극장에서 좋은 생각이 많이 나는 편이에요. 극장은 강제로 집중할 수밖에 없는 환경이잖아요. 마사지 받을 때도 자주 생각나고요. 그런데 잊어버리기는 저도 똑같아요. 극장의 경우 따로 써 놓을 수가 없으니까 잊지 않으려고 계속 되뇌다가 나와서 막상 적으려고 하면 생각 안 나는 경우가 많죠. 그렇게 놓친 것들 중 세상을 뒤집을 만한 것들도 많았을 텐데…….

스탠드 업 코미디 공연 준비할 때 대본을 완벽하게 미리 짜 놓나요?

다른 분들이 어떻게 하시는지 잘 모르겠지만 저는 순발력이 부족하거든요. 그래서 최대한 완벽하게 어미나 조사 하나까지 준비해서 올라가려고 하는 편입니다.

사람을 웃게 한다는 게 어려운 일이기도 하고 욕심이 나는 일이기도 합니다. 간혹 웃기기 위해 무리를 하다가 논란이 생기는 경우도 많죠. 그런 부분을 신경 쓰나요?

굉장히 신경 쓰고 있습니다. 다른 코미디언분들도 다 그러실 거라 생각하지만 저는 유독 더 엄격한 편이에요. 코미디언은 웃음을 만든다는 미명 아래 더 큰 폭력이나 잘못을 저지를 수 있는 직업이라고 생각합니다. 따라서 항상 조심해야 한다고 생각하고 있습니다. 잘하고 있는지는 잘 모르겠어요. 정답이 있는 문제가 아니잖아요. 가치관이 시대나 상황에 따라 바뀌기도 하고 각자의 생각이 다르기도 하니까요. 결국은 고민을 거듭하는 수밖에 없는 것 같아요. 고민을 정말 많이 하는 편입니다.

폭력적인 농담을 지양한다고 했는데, 어떤 농담을 폭력적이라고 생각하세요?

장르를 정해 놓은 건 아니에요. 딱히 재미도 없고 무례하고 기분 나쁜 것들은 안 하려고 해요.

무표정이 트레이드마크인데 자신의 농담에 웃고 싶었던 적은 없나요?
2년에 한 번 정도? 이야기해 놓고 어떻게 이런 생각을 했나, 할 때가 있긴 있어요. 원래 잘 안 웃는 편이기도 하지만요, 충청도에서 자라서 그런지 웃지 않으면서 하는 농담에 익숙해진 탓도 있는 것 같아요.

만약 유병재의 클론이 있다면?
그 친구는 다른 일을 했으면 좋겠네요. 예를 든다면 돈을 번다든가 사랑을 한다든가 다른 일 위주로요. 저는 지금처럼 하면서 분업을 하는 거죠. 제 입으로 하기 힘든 말을 그 친구에게 시키고 싶군요.

배우
배종옥

연기는
나의 힘

사진 ⓒ 김성곤
2018년

단 한 작품으로도 배우가 될 수 있다. 그러나 배우로서의 삶을 지속하는 것은 이정표 없는 길을 끝없이 걷는 일과 같다. 그리고 그 걸음걸음이 시대 자체가 되는 배우가 있다. 한 시절을 넘어, 동시대의 배우가 된 배종옥이 그렇듯이.

늘 작품에 둘러싸여 사는 삶은 어떤가요?
얼마 전 「빈센트 반 고흐」라는 뮤지컬을 봤어요. 공연을 보고 후배와 그런 이야기를 했어요. 드라마, 영화, 뮤지컬…… 이런 게 없으면 사람들은 무슨 재미로 살까? 책도 그렇고 좋은 작품을 보면 한동안 기분이 좋아요.

에세이 『배우는 삶 배우의 삶』에서도 좋아하는 작품을 엿볼 수 있었어요. 직접 쓴 첫 책이죠?
갑자기, 어떻게 하다 보니까 쓰게 됐어요.

책 이야기 하니까 갑자기 부끄러워하네요.(웃음)
얼렁뚱땅 썼어요. 계속 미루고 싶고, 안 한다고 그랬는데도 빨리 쓰자고, 이러면 못 쓴다고 해서 후다닥 쓰느라 엉망진창이 됐지요. 하지만 안 그랬으면 절대 못 썼을 것 같아요. 이게 안 된다, 저게 안 된다 하면서 계속 미뤘겠죠.

많은 작품을 했지만, 책을 쓰는 건 또 다르지 않나요. 독자들도 배우 배종옥을 가깝게 느끼게 되고요. 아마 인터뷰 등을 통해서 단편적으로나마 이미 했었을 이야기일 테지만 한 권의 책은 다를 것 같아요. 뭔가를 고민하고, 찾고, 잘하고 싶다는 감정은 보편적인 거니까요.

작가가 아니니까 쓰고 싶은 걸 막 썼어요. 쓰다 보니까 중간에 할 말이 없는 거예요. 그래서 외국 배우들을 빗대어서 내가 좋아하는 연기관을 이야기를 하기도 했죠. 앞부분은 술술 써졌어요. 과거를 회상하면서 쓰니까 또 재미있더라고요.

책을 통해 여러 새로운 면을 알게 되었는데요. 당시 연극학사에게 국어 교사 자격증을 주었다는 건 처음 알았거든요. 그 점으로 연기 전공에 대한 가족의 반대를 설득했다고요?

그때는 그랬어요. 국어 교사 자격증을 줬어요. 동기 중에 국어 선생님 쪽으로 나간 사람은 없었던 것 같지만.

연극 전공인데 국어과의 자격을 준다는 것은 그에 준하는 소양을 인정한 것 아닌가요?

그 무렵에는 그렇게 생각했던 것 같아요. 희곡을 분석하면서 연극을 공연하니까요.

영화 시나리오, 드라마 대본을 모두 '책'라고 부르잖아요. 많은 희곡을 읽어 오셨을 텐데, 일반 독자가 희곡을 읽기는 쉽지 않아요. 배우는 다른가요?

희곡을 책처럼 읽기는 굉장히 어렵죠. 저도 공연을 위한 희곡을 읽는 걸 좋아하는 거지, 그냥 읽으라고 하면 관심 있는 부분만 읽다가 덮을 때가 많아요. 특히 고전 희곡, 셰익스피어 이런 건 한 장도 읽기 힘들어요. 하지만 제가 연기할 희곡을 읽으면 상상이 돼요. 머릿속에 영상이 자연스럽게 나와요. 먼저 제 캐릭터가 보이고 다음에는 전체적인 인물도가 그려지죠. 배우 생활을 한 지 30년이 넘었으니까요. 그러다 보면 정말 가슴 뛰는 캐릭터들이 있어요. 어머, 이거 너무 좋다,

이거 나 정말 하고 싶다, 이런 캐릭터를 만났을 때 너무나, 상당히 설레죠.

어떤 작품의 인물을 만났을 때 설렘을 느꼈나요?
제가 가장 사랑했던 작품인 「거짓말」. 처음부터 너무나 하고 싶었죠. 그리고 「바보 같은 사랑」.

질문을 던지는 작품을 좋아한다고 했는데, 에세이를 통해 독자들에게 던지고 싶은 질문은 무엇이었어요?
"저는 이렇게 배우 생활을 하고 있어요. 당신들은 어떻게 살고 계신가요?"

말을 걸기 위한 책이군요.
정확히 그런 느낌이에요. 예전에는 기자를 두고 '불가근 불가원(不可近 不可遠)'이라고 했어요. 저는 인터뷰하면서 사적인 이야기 하는 걸 정말 싫어했거든요. 그런데 어느 순긴 내가 좋아하는 외국 배우를 보면서, 이 사람은 작품을 안 할 때 뭐 할까를 궁금해하는 나를 발견했어요. 나를 좋아하는 사람은 나에 대해서도 알고 싶을 거라는 생각이 들었어요. 저는 워낙 어려서부터 연기를 하다 보니까, 사적인 생활은 별로 보여 주고 싶지 않았어요. 연기로 내 작품에 대해서만 이야기했는데 이 책으로 진짜 내 이야기를 한 거죠.

처음 배우의 길에 들어서게 된 계기가 와일더의 「우리 읍내」, 그리고 로르카의 「피의 결혼」이라고요. 이 두 작품이 지금의 당신을 만들었네요.
진짜 운명 같은 거예요. 고등학교 때 「우리 읍내」를 무대에 올리자고 결정했고, 그러다 「피의 결혼」이라는 작품을 봤죠. 그 작품을 이해한

건 아니었어요. 홀딱 반해서, 나도 저 무대에 서고 싶다, 이런 막연한
동경을 했던 거죠. 동경을 했는데 어떻게 내가 배우가 되어 있네.

대학 시절 베케트의 부조리극 덕분일까요? 에세이에 솔직히
이해가 되지 않는다고 적은 걸 보고 웃었는데요.

굉장히 열정 있는 교수님이 계셨어요. 우리나라에 번역도 안 된 단막
연작을 직접 번역해서 학생들에게 준 거예요. "절묘하지 않니? 너희
이런 표현에 대해서 알아? 정말 이건 베케트가 아니면 할 수 없어!"
이러시는데 나는 도저히 이해가 안 됐어요. 나는 이해되는 걸 잘하는
것 같아요. 이해가 안 되는 건 죽어도 못 해. 얼굴에 표시가 나요,
모르는 건 모른다고. 타고난 배우는 아닌 것 같아요. 타고난 배우들은
몰라도 모르는 것처럼 안 보여요. "너 이거 무슨 얘기인지 알아?"
하면 "그냥 하는 거지, 뭐." 이러거든. 지금도 부조리극이 매력 있다는
생각을 안 해요. 의미를 찾을 수는 있지만 내가 좋아하는 장르는 아닌
것 같아요.

좋아하는 장르는 무엇인가요?

저는 인간의 이야기가 재미있어요. 인간이기 때문에 벗어날 수 없고,
인간이기 때문에 벗어날 수 있는데도 그 안에서 지지고 볶고 하는,
그냥 그 인간의 삶이 재미있는 것 같아요.

인생의 책으로 말한 작품이 딱 그런 작품이네요. 스탕달의
『적과 흑』과 레마르크의 『개선문』이죠.

『적과 흑』은 처음에는 지루해서 도통 읽을 수가 없는 거예요. 하지만
어느 기점을 지나니까 책을 놓을 수가 없었어요. 심장이 막 뛰면서
멈춰지지가 않는 거죠. 작가가 심혈을 기울여서 썼다는 느낌이
오더라고요. 마지막에 남자가 죽으러 가는 과정의 사건들은, 정말

심장이 멈추는 것 같은 그런 느낌을 받았어요. 호흡을 가다듬으면서 읽었죠.『개선문』은 페이지가 줄어드는 게 아까워서 하루 열 장씩 읽었어요. 딱 열 장만 읽고 덮어 놓고, 다음 날 들어와서 열 장 읽고.

좋은 책은 아껴 읽는군요? 헤어지기 싫어서죠?
너무 재미있고 아까워서. 그걸 다 읽으면 더 이상 그걸 만회할 수 있는 책이 없을 것 같고. 그렇게 곱씹으며 보게 되는 책이 있어요.

또 어떤 책을 각별히 아끼나요?
마르셀 에메의『벽으로 드나드는 남자』. 그런데 표제작인「벽으로 드나드는 남자」보다 그 안에 실린 다른 단편이 아주 좋았어요.「칠십 리 장화」라는 단편인데, 저는 그 이야기가 그렇게 좋아요. 장 지오노의『나무를 심는 사람』도 아주 좋아해요.

긴 필모그래피를 보면 소설이 원작인 작품에 유독 많이 출연했어요. 이유기 있나요?
작품에 대한 욕심이 있었던 것 같아요. 좋은 작품, 내가 하고 싶은 작품, 이런 거에 꽤나 집착했어요. 그러다 보니까 어떻게 그렇게 된 것 같아요.

지금은 시간이 흘러 사람들의 기억이 좀 흐려졌지만,『젊은 날의 초상』,『깊은 슬픔』,『걸어서 하늘까지』,『그대 아직도 꿈꾸고 있는가』등은 당시 최고 인기 소설이었어요.
그런 인기와 상관없이 작품을 봤는데, 작품이 너무 좋았어요. 그렇게 하다 보니까 제가 문학 원작을 많이 했더라고요. 드라마「왕룽일가」도 베스트셀러인 박영한 작가의『왕룽일가』가 원작이거든요. 박완서 원작의「그대 아직도 꿈꾸고 있는가」는 아침 드라마였는데, 정말 좋은 작품이라서 선택했고요.

문학작품을 원작으로 한 작품은 연기할 때 어떤 장점이 있나요?
아무래도 드라마 스토리가 탄탄하죠. 제가 최근에 한 「그와 그녀의 목요일」이라는 연극도 프랑스 작품에서 모티브를 가져온 거예요. 창작극보다는 아무래도 구조가 탄탄해지더라고요. 제가 좋아하는 이윤기 감독의 「내가 살았던 집」도 그래요. 구조도 이야기도 아주 탄탄해요. 박완서 작가의 『그대 아직도 꿈꾸고 있는가』에 대해 말하자면 문학적으로 어떤 가치가 있는지는 제가 잘 알지 못해요. 하지만 드라마로서 가치는 높다고 생각해요. 일상 생활을 하는 사람들의 치열한 삶, 각자의 인간적인 부분들을 굉장히 치열하게 잘 썼거든요. 그 작품, 참 좋았어요.

원작이 있는 작품이 영상화되면, 캐스팅이나 연기에 대한 이야기가 더 많아지잖아요? 부담스럽게 느껴진 적은 없나요?
저는 그 두 작품이 별개라고 생각해요. 구조도 같고 이야기도 같지만, 드라마로 작품화되면 그건 또 드라마의 영역으로 온 것이죠. 예를 들면 「프라하의 봄」 같은 경우는 영화도 좋았고, 원작인 『참을 수 없는 존재의 가벼움』도 좋았어요. 어떤 부분은 색깔이 다르게 표현된 것도 있어요. 저는 영화의 엔딩이 소설보다 더 좋았어요. 그 장면의 아이디어에 놀랐죠. 그로 인해 영화가 하나의 완성된 작품이 되었다고 봐요.

각색 또한 창작이죠. 「순수의 시대」처럼 차분히 따라가는 것도, 다른 노선을 취하는 것도 각각 의미가 있다는 말씀이시군요. 원작이 있는 작품이라면, 원작을 꼭 찾아보는 편인가요?
보통 저는 제가 소설을 재미있게 본 게 영화로 나올 때 영화를

선택하는 것 같아요. 원작이 있는 영화의 경우에는, 책은 어떨까
궁금한 경우만 찾아봐요. 「리스본행 야간열차」는 영화가 좀 별로였던
것 같아요. 언어적인 측면을 다뤄야 하는데, 영화에서는 그걸 다루지
않다 보니 좀 가볍다는 느낌이었어요. 그건 책을 먼저 보고 나중에
영화를 찾아 봤거든요.

　　　　　노희경 작가와의 작업은 두 분에게 모두 의미가 남다를 것
　　　　　같은데요. 새로운 작품을 시작한다고요?
「라이브」라는 드라마예요. 지금 찍고 있어요. 3월이면 볼 수 있을
거예요. 지구대 대원들의 이야기. 거기서 저는 여성과 아동, 성범죄
등을 다루는 경찰이에요.

　　　　　노희경 작가의 대본을 가장 처음으로 만나는 독자이기도 하죠.
　　　　　대본을 받을 때마다 어떤가요?
설레죠. 정말 좋은 작가의 작품은 대본 나오는 게 너무 설레요. 김수현
선생님 대본도 그랬어요. 「내 남자의 여자」 할 때. 다음 대본은 어떻게
될까 너무 기대가 되었었죠. 김 선생님 같은 경우는 '어떻게 이렇게
말을 쓰시지?' 하고 막 감탄이 절로 나온 적이 있었고, 노 작가는
'작가는 역시 작가야, 이런 상황을 어떻게 이렇게 그리지?' 이럴 때가
많아요. 노 작가의 대본은 너무 좋아서 '나 이거 잘해야 하는데.', '내가
뭘 놓치면 어떻게 하지?' 이런 부담이 많이 생기죠.

　　　　　늘 대본에 충실하신 편인가요? 뛰어난 작가일수록 자기만의
　　　　　색깔로 인정받지만 또 어떤 부분은 작위적이라고 비판받기도
　　　　　하는데요.
작위적이라고 하는 부분을 저는 창의적이라고 여겨요. 이성적으로는
절대 생각할 수 없는, 그런 것들이 창의적인 거라고 생각하거든요.

작가의 역량이죠. 모든 작가는 배우가 대본 그대로 말하길 원해요. 사람이니까 어쩔 수 없이 실수하는 건 이해하지만, 막 너무 다르게 한다면 내가 작가라도 싫을 것 같아요. 저는 옛날에 토씨 하나 틀리는 것도 싫어했어요.

하지만 평소에 내가 쓰지 않는 말을 연기로 표현하기란 쉽지 않죠?

맞아요. 이제 그건 배우의 영역이 되죠. 그걸 자연스럽게 하는 게 배우예요. 언젠가 젊은 배우에게 이야기한 적이 있어요. "맨날 네 말투로 연기 하면 너는 언제 변해?" 작가가 써 준 말투를 내가 이해하고, 그 말투를 그 말투답게 했을 때 내가 나를 변화시킬 수 있는 거죠. 맨날 내가 편한 말투로 하다 보면 나는 그냥 계속 나의 반복일 뿐이잖아요. 저는 그냥 작가의 뜻을 따르는 게 더 편한 것 같아요. 그래야 다른 역할을 하는 거지, 어떻게 맨날 나만 해요?

편한 걸 취하다 보면 이제 내가 아닌 다른 연기를 못 하게 된다는 뜻인가요? 대본이 매번 도전이 되겠군요.

맨날 하는 그거에서 멈추면 안 되니까, 그러기 위해서 진통을 겪어요. 작품 들어가기 전 몇 달은 많이 힘들죠. 변화하고 싶지 않고. 익숙한 게 좋고. 내가 변화하려고 노력함에도 어쩔 수 없이 나라는 걸 알거든요. 그런데 변화하려는 시도조차도 하지 않는다면 그건 진짜 그냥 나잖아요. 그냥 나로만 계속하다가 안 된 배우가 많아요. 젊어서는 주목을 받지만 대중에게 늘 똑같은 것만 보여 줘서 도태되는 배우가 많죠.

작품에 대한 이해가 극대화되는 무대가 연극이라고 표현한 적이 있죠? "한 권의 책을 통째로 이해하고 그걸 표현해야 하는

일이다."라고요. 완전한 이해가 요구되나요?

작가가 왜 이렇게 썼을까, 이 인물은 무슨 말을 하고 싶어 하는 걸까. 나는 이 인물을 통해서 뭘 해야 할까. 이런 고민이 필요해요. 연극은 공연하기 두 달 전부터 똑같은 걸 반복하잖아요. 공연 시작하고 두 달 동안 또 반복하고. 그래서 처음에는 두 달 내리 똑같은 공연을 한다는 걸 굉장히 지루해하고 못 견뎠어요. 그런데 공연을 하면서 똑같은 말을 해도, 그때그때 다르다는 걸 알게 됐어요. 그걸 알면서부터 그 지루함으로부터 벗어난 것 같아요.

드라마와 다른 재미를 찾은 거네요.

드라마만 하는 배우들은 익숙하지 않죠. 반복해야 한다는 게 꽤 싫증나는 작업이거든요. 오히려 연극 하는 배우가 드라마 하면 회마다 다른 대사를 외워야 해서 힘들다고 말하더라고요.

남성 배우가 연극 「에쿠우스」의 앨런에 집착하듯이, 여성 배우에게는 「욕망이라는 이름의 전차」의 블랑시가 특별하다고 해요. 왜 블랑시가 특별한 역할인가요?

모든 여성 배우들이 해 보고 싶어 하는 역할이에요. 여배우가 할 수 있는, 빛나는 역할들이 연극에 많지 않아요. 「벚꽃 동산」의 미나 정도? 몇 개 없어요. 특히 나이 든 여배우가 할 역할은 더 없죠. 그렇다 보니 꼭 해 보고 싶다는 욕심이 생기는 배역이에요. 요즘같이 이런 불황에는 고전을 잘 선택하지 않거든요. 저는 아주 다행스럽게도 「욕망이라는 이름의 전차」를 하게 된 거죠. 그때 안 했으면 못 했을 것 같아요. 지금은 하라고 해도 힘이 달려서 안 돼요. 체력적으로 굉장히 힘들어요. 2시간 20분의 연극을 처음부터 끝까지 끌고 가는 게 쉽지가 않아요.

그때 해야만 하는 역할이었던 거네요.

네, 그때 해야만 하는 역할이었죠. 어렵고 두렵지만, 배우가 되려면 넘어야 하거든요. 내가 편한 것만 하면 배우가 안 돼요. "배종옥이 어떻게 그걸 해?"를 넘어야, "배종옥이 그걸 했구나."가 되는 거예요.

랄프 왈도 에머슨 『자연』의 한 대목을 읽고, 인생의 고민과 질문이 해소가 되는 느낌이었다고 했죠. 어떤 질문에 대한 답이었나요?

그때 30대 중반이었는데, 나는 앞으로 어떤 배우가 되지? 하고 굉장히 큰 고민에 빠져 있었어요. 30대 초반에 이혼을 하고, 30대 중반을 넘으면서 배우로 사는 삶에 대한 심각한 고민을 했던 거죠. 그런데 그 책이 이렇게 말하는 거죠. 산에 올라가면 계곡에 펼쳐져 있는 양이 쫙 보일 거야. 어느 날, 네 눈앞에 모든 문제가 해결되어 있을 거라는 메시지였어요.

그리고 그건 원래 그 자리에 있었던 거라고 하죠.

원래 거기 있는데, 그걸 모르고 우리는 매일 산을 오르는 거죠. 내가 노력한다면 언젠가 산에 오를 수 있다는 게 제게는 큰 희망처럼 느껴졌어요. 저는 그런 단순함이 있어요. 누군가의 한마디나 책의 한 문장이 저를 크게 변화시켜요. 어떤 책에서는 주인공이 "배부른 돼지가 되느니 나는 저 별빛을 따라 그곳에 갈 거야."라고 해요. 그걸 읽고 저는 미국에 공부하러 갔어요. 책의 글귀가 저에게 희망과 용기를 주고 이정표가 되어 준 거죠. 그러고 돌아와서 작품 안에 다시 빠져 들었어요. 「바보 같은 사랑」, 「질투는 나의 힘」, 「천하일색 박정금」이 그 무렵이었어요. 돈을 벌 수 있는 작품보다는 내가 하고 싶고, 그 안에서 내가 뭔가 찾을 수 있는 작품들을 찾아서 제 길을 갈 수 있었어요.

그 길에서 올 봄에는 영화 「환절기」도 만나게 되었네요. 이 작품은 만화가 원작이죠.

잔잔한 일상을 그리고 있다는 게 가장 좋았어요. 보통 퀴어 영화는 당사자들의 이야기에 집중하는데, 우리 영화는 그걸 바라보는 엄마의 시각이 있어요. 내 아들이 남자를 좋아하죠. 내 자식이 동성을 사랑한다면 나는 어떨까 하는 시선이 있어요. 또 40대 여배우가 출연할 수 있는 작품이 없잖아요. 영화 보러 가면 여성 배우 하나 겨우 나오는데, 그건 또 여성의 이야기가 아니죠. 맨날 남자들 싸우는 똑같은 이야기만 해요.

지금은 어떤 꿈을 꾸나요?

좋은 배우가 되는 게 제 꿈이에요. 좋은 작품 하고 싶고, 작품 안에서 더 각광받고 싶고, 인정받고 싶고, 그게 제 꿈이죠. 이제 좀 재미있는 캐릭터를 하고 싶어요. 진지한 역할을 너무 많이 해서 그런지 안 들어오더라고요. 장진 감독이랑 한 「꽃의 비밀」 같은 게 참 좋았어요. 얼마 전 재공연 가능하냐고 연락이 왔는데 노희경 작가 작품을 해야 해서 못 한다고 했어요. 저는 제가 갖고 있는 무거움, 진지함, 이런 걸 작품을 통해서 좀 털고 싶은데, 이제 털 기회가 오겠죠? 10년 전부터 이야기하고 있는데.

뮤지션, 작가
요조

매일 읽는
삶

사진 ⓒ장현석
2018년

뮤지션 요조는 어느 날 아주 작은 서점 '책방 무사'를 열었고, 그렇게 서점 주인이라는 또 다른 직업이 생겼다. 매일의 독서를 기록한 책 『눈이 아닌 것으로도 읽은 기분』은 서점에서 보낸 그의 일상을 기록한 노트이기도 하다.

요조가 언젠가 책을 쓸 거라는 기대는 모두가 가지고 있었죠. 언제 책을 쓸까 하는 것보다 어떤 책을 쓸까 더 궁금했어요.

준비하던 다른 책이 있었는데, 갑작스럽게 이 책(『눈이 아닌 것으로도 읽은 기분』)을 제안받았어요. 일상 속에서 일기를 쓰듯이 오늘은 이런 책을 봤다고 여럿이 쓰는 프로젝트라고 했어요. 처음에는 그렇게 부담스럽지는 않았어요.

책방 무사에서 매일 하는 일이기 때문인가요?

매일 책 만지는 일을 하는 사람의 입장에서 항상 하는 일을 조금 더 성실하게 하면 되겠다고 생각했어요. 한 줄이든, 몇 장이든 마음대로 자유롭게 써도 된다고 해서 편한 마음으로 6개월 동안 해 보겠다고 했어요. '헬 게이트'가 열릴 줄은 미처 몰랐죠.(웃음) 마감에 쫓기면서 초조하기도 했지만 완성하고 나니 그 뿌듯함은 이루 말할 수 없었어요. 하지만 글이라는 게 위험하기도 한 거라 걱정이 뒤따르기도 했죠. 너무 솔직하게 쓴 것은 아닐까, 좀 걸러서 써야 했던 건 아니었을까 생각이 들기도 해요. 하지만 이제 나와 버린 걸 어쩌겠어요?

주변에 앤 카슨의 『남편의 아름다움』을 추천했더니 반응이 안 좋았다는 부분에서 공감했어요. 아마 주변에 책을 좋아한다고 알려진 사람이라면 거의 겪어 본 일일 거예요. 『남편의 아름다움』은 제게도 참 특별하고 좋은 책이지만요.

정말 좋은 책이죠. 지금도 다시 읽고 있어요. 익숙한 형식이 아니다 보니 주변 반응이 좋지 않았던 것 같아요. 하지만 어떤 사람들은 열렬하게 좋아하더라고요.

이 책에서 신간을 많이 볼 수 있었어요. 저 역시 매체에서 매달 신간 소개를 맡고 있어서인지 익숙한 책이 많았고요. 그럼에도 책을 시작할 때 꼭 다루고자 했던 책이 있었나요?

시기와 상관없이 꼭 넣고 싶은 책들이 더러 있기는 했어요. 그래서 일부러 다시 읽은 책들도 많았고요. 김영갑 작가의 『그 섬에 내가 있었네』나 김소연 시인의 책들이 그래요. 말하자면, 책도 책이지만 책을 통해 내가 하고 싶은 이야기가 있는 경우라면 꼭 넣었어요. 제게는 각별한 책이거든요.

어떤 점에서 각별한가요?

김소연 시인은 이미 워낙 많은 사랑을 받고 있는 시인이죠. 저에게는 이야기하고 싶은 마음을 이끌어 내는 사람이에요. 『그 섬에 내가 있었네』는 제게 제주를 알려 주고 나아가 제주도에 살게 된 결정적인 계기가 된 책이었어요. 주변에 정말 많이 추천했어요. 제주도에 살다 보니 저한테 어디를 가면 좋을지 물어보시는 분들이 많은데, 항상 추천하는 곳이 김영갑 갤러리예요. 좋은 책이기도 하지만 그 책이 제 인생을 어떻게 이끌었는지, 그런 부분을 이야기하고 싶은 욕심이 있었어요.

당신의 인터뷰는 이번이 세 번째예요. 첫 번째는 정성일 감독의 영화 「카페 느와르」의 배우로 만났죠. 두 번째에는 책방 무사의 주인으로, 오늘은 작가이자 독자죠. 정말 다채로운 삶 아닌가요?

정말 그런 것 같아요. 8년 전만 해도 책방을 하게 될 줄 저도 몰랐어요. 그냥 술 먹다 한번 수면 위로 올라왔다 다시 숨어 들어가는 막연한 꿈이었죠. 지금도 그런 꿈들이 많아요. 그중 하나가 이렇게 현실이 될 줄은 알 수 없었죠. 얼마 전에는 비공개로 일기처럼 사용하는 SNS에 "어쩌다가 내가 서점을 하고 있나." 쓰기도 했어요. 책방을 하는 게 햇수로는 이제 4년 차인데 지금도 신기하게 느껴질 때가 많아요. 벌써 4년이나 된 것도 신기하고요.

새삼스러운 질문을 할게요. 서점을 열게 된 결정적인 계기는 무엇이었나요?
저에게는 '죽음'이라는 것이 항상 결정적인 계기로 작용해요. 현실적인 잣대로 가늠하고 재고하다가 죽음이라는 게 떠오르기 시작하면 거기에서 판가름이 나는 것 같아요.

죽기 전에 해 보고 싶은 일인가를 생각하게 된다는 의미인가요?
이렇게 머뭇거리다가 죽을 수도 있어, 10년 뒤에 하겠다고 마음먹고 9년째에 죽을 수도 있어. 이런 생각들이요. 대단한 생각이 아니고, 아마 다른 사람도 할 테지만 제게는 죽음에 대한 생각이 결정적인 힘이 있는 것 같아요.

큰 결정을 해야 할 때는 스스로에게 물어보면 되겠네요?
항상 그것 때문에 이렇게 됐어요. 내가 왜 이렇게 됐지? 자문하면서 돌이켜 생각해 보면 다 그것 때문이에요. 그래서 가끔은 그 생각에서 자유로워지고 싶을 때도 있고요. 하지만 어쩔 수 없죠.

첫 서점인 서울 북촌의 책방 무사는 참 작고 귀여웠어요. 어떻게 발견했나요?

집에서 1분 거리였죠. 처음에는 물어 물어서 땅값이 싸다는 곳을 찾아다녔는데 그렇게 한 달가량 헤매다 나름대로 내린 결론이 결국은 다 똑같다는 거예요. 싸면 싼 이유가 있고 비싸면 비싼 이유가 있는 거죠. 싼 값을 지불하면, 감당해야 하는 부분이 분명히 있는데 그것을 내가 감당할 수 있는가에 대한 문제였어요. 북촌이 아무래도 비싼 동네이다 보니 꿈도 꾸지 않았는데 막바지에 그냥 결심을 했어요. 나머지 부분에서 아끼자는 생각으로.

> 지금도 그 서점이 눈에 선하네요. 제주에서도 그만큼 마음에 드는 공간을 찾았나요?

굉장히 오래 걸렸어요. 제주도에서 산 지 3년 정도 되는데 그동안 계속 자리를 물색했어요. 제주도에서는 부동산으로는 해결되지 않는 신비로운 세계가 있더라고요. 괜찮은 자리는 부동산을 통하기보다는 알음알음 전해져요. 가격도 제각각이고요. 정말 마음에 든다 싶은 공간을 겨우 찾았는데 책방을 만들기 위한 공사도 만만치 않았어요. 전문 인력을 안 쓰고 친한 사람들과 작업을 했거든요. 그러다 보니 굉장히 오래 걸렸죠.

> 서울에서 운영할 때와 차이가 있나요?

몇 년간의 경험으로 얻은 게 없는 건 아니지만 또 그렇게 대단한 것들은 아니에요. 말하자면 무엇이든 세상일은 쉽게 짐작할 수 없다는 것을 깨달았어요. 서울에서도 제주에서도 예상하지 못하는 일들이 참 많아요. 주말이니 손님이 많지 않을까? 바람이 많이 부는 날이니 손님이 없겠구나, 하는 기대 내지는 예상 같은 것들이 빗나가고는 하죠. 그래서 깨달았어요. 기대하면 안 된다는 걸. 짐작할 수 없다는 걸.

> 독립 서점을 4년 동안 유지하고 운영한다는 것이 현실적으로

쉽지 않죠? 많이 생기고 또 사라지기도 하니까요.

서글픈 지점이기도 해요. 저를 포함해 작은 서점을 여시는 분들은 분명 돈이 1순위가 아니었을 거예요. 그보다 이루고 싶은 꿈이 있었을 텐데 그 꿈을 유지하기 위해서는 결국 돈이 우선되어야 하는 아이러니가 발생하게 되는 거죠. 돈 때문에 시작한 게 아닌데 자꾸 돈에 연연하는 자신을 발견하게 되는 게 괴롭거든요. 저도 마찬가지고요. 너무 안타까운 사연들을 서점 단톡방을 통해 실시간으로 듣게 돼요.

여전히 읽고 싶은 책을 파나요? 4년 동안 어떻게 변했어요?

계속해서 변하고 있어요. 제 상태를 책이 반영하죠. 처음에는 페미니즘 책이 거의 없었는데 지금은 책방에서 페미니즘과 성소수자, 인권에 관한 책의 지분이 제일 커졌어요. 그런 식으로 지금의 제가 무엇에 관심을 갖고 있는지가 가장 중요해요. 그런 관심은 특정한 순간이나 장소에서 얻는다기보다는 매 순간 어디에서든지 저에게 오는 것 같아요. 곡을 만들 때 영감이 오는 것처럼 제가 움직이는 대로, 행동하는 대로 외요.

가장 많이 권한 페미니즘 도서는 무엇인가요?

『나쁜 페미니스트』, 『우리에겐 언어가 필요하다』, 『우리는 모두 페미니스트가 되어야 합니다』, 『2016 여성혐오 엔터테인먼트』.

책은 어떤 방식으로 진열하고 있어요?

저는 칼같이 장르별로 구분하지는 않아요. 그냥 단순하게 페미니즘, 인권에 대한 책을 모아 둔 곳과 시를 모아 둔 곳이 있고 그 외의 책들을 한데 모아 놓은 공간이 있어요. 저만의 비밀 큐레이션 비법이 있다면 그 사이사이 인기 있는 책을 한 권씩 꽂아 놓는 거예요. 그 책을 보다가 옆에 있는 책들도 볼 수 있게.

> 팟캐스트 「책, 이게 뭐라고」를 꾸준히 운영 중이죠. 서점과 팟캐스트를 하면서 많은 사람을 만났을 텐데 어떤 소중한 인연이 있나요?

서점을 통해서는 평범한 사람들과 가까워지는 경우가 더 많았어요. 타인이었던 사람이 이제는 정말 나에게 없어서는 안 되는 중요한 사람이 되는 일들이 지속적으로 일어나고 있어요. 그게 책방을 오래 하고 싶게 하는 결정적인 원동력인 것 같아요. 팟캐스트를 통해서는 작가님들을 많이 알게 되었죠. 장강명 작가님과 팟캐스트를 하고 있는데 너무 유익해서 어쩔 줄을 모르겠어요. 『동사의 맛』을 쓰신 김정선 작가님과 김민식 피디님이 기억에 남아요. 책도 책이지만 작가님이 보여 주신 인성의 힘이 무엇인지 느꼈던 시간이었어요. 녹음하면서 울기도 했고요. 김정선 작가님은 너무 좋아서 그 뒤에 저희끼리 회식할 때도 연락드려요.

> 예전에 서점에 자신이 상주해 있어야 책이 팔린다고 했던 말이 인상 깊었어요. 지금도 그런가요?

서울 서점에서는 밖에서도 제가 훤히 들여다보였잖아요. 동물원의 원숭이가 된 적도 많았거든요. 제가 불쾌해하거나 말거나 사진기부터 들이대는 사람들이 많았어요. 제주에서는 그런 일을 피하고 싶어서 책방과 제 공간을 분리했어요. 책이 진열된 공간에는 제가 없고 계산을 하기 위해서 더 들어와야 제가 있는 공간이 나오죠. 가끔 저에게 책방이 너무 많아진다고 우려하는 말씀을 하시는 분들도 있지만 책방이 많아지는 건 좋은 일이라고 생각해요. 유지하는 게 고난의 길이라 걱정이 되는 거죠. 운영은 참 힘든 일이에요. 그리고 그 부분에서는 저는 제 스스로가 많은 혜택을 누리고 있는 입장이라고 생각하고요.

서점 운영이 일종의 감정 노동이라는 표현도 있더라고요.
한 권의 책을 팔기 위해 10분 이상의 대화를 할 때도 있다고
들었어요.

엄청나요. 서점을 운영하는 주인장들끼리 넋두리를 할 때가 있는데
제발 책 추천해 달라는 말 좀 안 했으면 좋겠다는 말을 많이 해요.
책을 추천해 달라는 마음을 이해 못 하는 것은 아닌데, 정말 밑도
끝도 없는 경우가 많기 때문에 그래요. 추천을 하려면 제가 상대에
대해 어느 정도 파악을 해야 하잖아요. 그때부터 묻기 시작하는 거죠.
어떤 장르 좋아하세요? 요즘 고민 있으세요? 무슨 점쟁이처럼. 그런데
절박하게 책을 찾는 사람은 진짜 대화가 되어서 말 그대로 놀라운
인연이 시작돼요. 제 책방에서 저와 친구가 된 사람들은 다 그런
식으로 인연이 된 사람들이에요. 그래서 저는 언제나 그런 대화와
인연을 기대하고 질문을 던지지만, 맥 빠지는 경우가 태반이라 점점
포기하게 되는 것 같아요.

책 제목이 '눈이 아닌 것으로도 읽은 기분'이죠. 책에도
등장하는 문장이고요.

정이현 작가의 『낭만적 사랑과 사회』를 읽고 쓴 리뷰에 썼어요.
그 책에 등장하는 인물들이 다 여성이고 여성의 인생을 다룬
이야기들이어서 그런지 지금 나 역시 여성으로서, 직관적으로 눈이
아닌 것으로도 이야기를 읽어 내고 있는 기분이 들었어요. 쓰고 나니
제목으로도 적당한 것 같아서 그렇게 제목이 되었네요.

책을 읽다 보면 몸으로 전달되는 느낌을 받을 때가 있어요. 마치
내가 정말 그 안에 있는 것같이 신체적으로 느껴지는 경험들.
좋은 제목이에요.

점점 제목 짓기가 어려워지는 것 같아요. 책방을 하고 책 만드는

일에 가까이 있다 보니 책에서 제목이 갖고 있는 위력이 얼마나 큰지 지켜보게 되잖아요. 그런 걸 봐서 그런지 '더 잘 지어야 해.', 그런 강박이 있는 것 같기도 해요.(웃음)

   책에 실린 사진도 참 예뻐요. 일상적이고 따뜻해서 꼭 작가의 시선이 닿는 곳을 보는 것 같더군요.
촬영한 곳이 실제로 책방 언저리예요. 책을 쓸 때 마침 공사 중이었어서, 공사하다가 찍고, 나무판자 위에 올려놓고 찍고 그랬어요. 저에겐 의미 있는 사진들이에요.

   다음에는 어떤 책으로 만나게 될까요?
책방을 오픈하고 쓴 책방에 대한 기록들이 있어서 그것들을 묶어 책으로 낼 것 같아요. 원래는 그 책이 먼저였죠. 최근에는 다른 매체에서 '내 인생의 책' 원고를 청탁받아서 다시 읽어 보고 있는 책이 있어요. 읽은 책을 다시 읽는 경험이 좋다는 걸 알고는 있었지만 여러 가지로 정말 좋더라고요. 좋아서 좋은 것도 있고 안 좋아서 좋은 것도 있고. 내가 왜 이걸 몰랐지? 왜 그때는 보지 못했을까? 했던 것들도 이번에 느끼고 있어요.

뮤지션(GOT7 멤버), 배우
박진영

미완의 독서

사진 ⓒ 목정욱
2018년

GOT7의 멤버이자 배우로도 활동 중인 진영은 아주 느리게 책을 읽는다. 그 시간만큼은 책과 자기 자신만이 있는 세상이 된다. 손에 책을 든 건 나중이었지만, 문학을 읽기 시작한 후로 책을 놓은 적이 없는 진영과 일요일 오후에 나눈 말들.

문학잡지인 《릿터》 인터뷰 제안을 받았을 때 어땠어요?
처음에는 하루만 생각해 보겠다고 했어요.

하루 동안 무슨 생각을 했어요?
패션 매거진 인터뷰와는 다르게 느껴졌어요. 문학잡지 인터뷰라니, 하고 싶긴 하지만 제가 잘 어울릴지 모르겠다는 생각이 들어서 생각할 시간을 달라고 했어요. 고민을 하면서 《릿터》를 읽었죠. 좋은 글도 많고, 인터뷰를 한 분들도 저보다 생각이 깊은 어른분들이시더라고요. 그러다 문득 저는 스물다섯 살이고, 누가 봐도 어린 나이니까 완성된 모습이 아니더라도 독자분들이 이해해 주실 거라는 생각이 들었어요. 지금은 부족해도 과정이겠거니, 하고요. 욕심이 났어요.

책을 읽는 나이는 다양하니까요. 어떤 면에서 욕심이 났어요?
저도 책을 좋아하니까, 발이라도 담가 보고 싶었어요. 《릿터》에 실리는 것만으로도 너무 좋을 것 같았어요. 어쩐지 이 자리에 있는 게 죄송스럽긴 하지만요.

저와는 1년 전에 처음 만났는데요. 연기와 무대 활동에 대해 주로 이야기하다가, 인터뷰가 끝난 후 책 얘기를 한참 했었죠. 제가 추천한 책을 메모해 가기도 했고요. 그 후로 어떤 책을 읽었을지 궁금했어요.

천천히 무엇인가를 읽고 있어요. 책을 빨리 읽지 못하거든요. 읽고 싶을 때 읽고, 읽다가 피곤하면 그냥 자기도 하고요. 그렇게 잠든 적이 많아요. 읽다가 잠들면 책장이 덮이잖아요? 그러면 어디까지 읽었는지 기억이 안 나서 다시 읽고는 해요.

그때 무라카미 하루키의 『태엽 감는 새 연대기』를 읽고 있었죠. 그 책이 1994년에 첫 출간됐는데, 진영이 1994년생이에요. 다시 한번 하루키의 긴 생명력에 대해 생각했답니다. 그 후로도 하루키 책은 몇 권을 더 읽었어요. 특히 『TV 피플』이 떠오르네요. 매력이 있어요.

얼마 전 라디오에 게스트로 나온 GOT7의 멤버들이 요즘 책을 많이 읽는다고 이야기하던데요? 진영의 영향인가요?
그건 아니에요. 멤버들에게 영향을 줬다면 진작에 줬겠죠?(웃음) 책을 읽는 건 자신의 의지가 있어야 하기 때문에, 누군가에게 영향을 받더라도 본인의 의지가 없으면 힘든 것 같아요. 멤버 중에서는 유겸이가 책을 많이 읽어요. 어느 때부터 읽기 시작하더라고요. 아마도 유겸이가 음악을 더 진지하게 생각하면서, 가사를 잘 쓰고 싶어서 책을 읽는 것 같아요. 뭔가를 깨달았겠죠.
음악과 문학은 분명 연결되어 있는 부분이 있다고 생각해요. 그래서 음악을 하려면, 특히 가사를 쓰기 위해서는 언젠가 책을 읽을 수밖에 없는 것 같아요. 가사는 노래의 반을 차지하기도 하니까요.

어린 시절부터 책을 좋아했어요? 어떤 책을 읽었어요?
어렸을 때요? 책을 잘 안 읽었어요.

국어를 좋아하는 학생은 아니었나 봐요?

수학을 좋아했어요. 지금이라면 국어를 너무 재미있게 공부할 수 있을 것 같은데 그때는 참 안 맞았어요. 수학은 공식을 알면 되지만 문학은 답이 정해지지 않으니까, 그게 어렵게 느껴졌어요. 어릴 적에 본 책은 예순세 권으로 된 『만화 삼국지』가 기억에 남아요. 만화로 되어 있으니까 잘 읽히기도 했고요. 『황태자비 납치사건』이라는 책을 읽었던 기억도 나네요. 삼국지에 대한 기억이 더 크긴 하지만요. 조자룡을 좋아했어요. 아기를 안고 수천 명의 군사들을 뚫고 간 게 너무 멋있어 보였어요. 의리를 지킬 줄 아는 관우도 멋지고요.

언제부터 책을 읽기 시작했어요? 계기가 있었나요?

인생을 잘 살기 위해서라고 답한 적도 있지만 그건 조금 거창한 것 같고요. 연습과 활동만 반복하다 보니 바보가 되는 것 같았어요. 어떤 사안에 대해 이야기를 들어도 무슨 말인지 이해를 못 하니까 스스로가 멍청이 같더라고요. 이러다가는 내가 진짜 텅 빈 수레가 될 것 같다는 생각이 강하게 들었어요. 그때 회사 분께서 책을 읽어 보라고 권히 셨어요. 말씀해 주신 책은 따로 없었지만 소설책을 읽어 보라고 하셨어요. 그렇게 책을 읽기 시작했죠.

그래서 어떤 책을 읽기 시작했어요?

책은 다 어렵게 느껴지던 때라 첫 시작으로 사랑에 대한 소설을 읽어야겠다고 생각했어요. 지금보다 어리기도 했고, 감수성이 풍부하던 때였으니까요. 그래서 기욤 뮈소의 책들을 읽기 시작했죠. 『구해줘』, 『종이 여자』 등 사랑 이야기를 읽다 보니 다른 이야기도 읽고 싶어졌어요. 그때부터 다양한 책들을 찾아보기 시작했어요. 고전도 읽어 보고요. 그때그때 읽고 싶은 책이 있는데, 요즘은 사회에 대한 이야기에 관심이 생겨서 한강의 『소년이 온다』를 읽고 있어요. 삶을 이해하기 위해선 그 시대의 사회상을 알아야 한다는 말이 있더라고요. 읽다 보니 굉장히 섬세하더라고요. 표현, 묘사뿐만 아니라 감정선이 굉장히 촘촘하게 연결되어 있어서 읽다 보면 마음이 아파요. 한국인이라면 꼭 읽어 봐야 할 책인 것 같아요.

책을 사는 습관이 있어요? 그때그때 한 권씩 산다거나, 한 번에 잔뜩 산다거나.

저는 한 권씩 사는 편이에요. 하지만 집에 아직 못 읽은 책들도 많은데 계속 사도 되나 싶긴 해요. 예전에 팬분들에게 선물받은 책도 많거든요. 읽고 싶은 책이 있으면 사지만, 많이 사지는 않으려고 해요. 온라인 서점에서 메일로 보내 주는 '이 달의 책' 추천을 봐요. 소식을 받는 것 같아서 챙겨 봐요. 좋아하는 배우가 읽었다고 하는 책들도 살펴보고, 고전은 추천을 받아서 읽는 경우가 많아요. 예전에는 헌책방에 가는 걸 참 좋아했는데 시간이 없으니까 잘 못 가게 되더라고요. 아무래도 온라인으로 책을 사게 되니까요.

책을 소유하고 싶은 욕심은 없나요?

물론 있어요. 하지만 어차피 책은 계속 나오고, 또 사면 되니까. 이제 더 이상 나오지 않는 옛날 책들은 더 탐이 나죠. 그래도 우선 갖고 있는 것보다 읽는다는 것에 의미를 두는 것 같아요.

해외 일정에 가져간 책을 다 읽으면 그 책은 두고 오나요?

가져 와야죠.(웃음) 조금 다르긴 하지만 카페에서 책을 읽고 난 후에 그 책에 이름을 써서 그대로 두고 오고 싶은 로망이 있어요. 예전에 책이 많은 어느 카페에 갔는데, 사람들이 자신이 읽은 책을 꽂아 두고 가는 코너가 있었어요. 이름을 적었는지는 모르지만요.

'북 크로싱'이라고 하지요. 누군지 알 수 없는 타인과 책과 책으로 이어지는.
너무 좋아 보였어요. 저도 해 보고 싶은데요, 일단 회사 주변은 절대 아닐 거예요.

어떤 이름을 쓸 건가요? 본명인 박진영?
'어떤 아이'라고요. 제 이름인 박진영은 너무 유명한 분의 이름이기도 하니까 사람들이 피식 웃고 말 것 같아서요. 어떤 아이라고 쓰면, 잠깐 생각하지 않을까요? 어떤 아이일지, 왜 이 책을 두고 갔을지. 두고 가고 싶은 책은 아직 정하지 않았지만요.

동시대 작가의 작품보다 고전을 선호하는 편인가요?
그렇진 않아요. 다만 좋은 음악을 판단할 줄 아는 귀를 가진 사람이 있듯이 좋은 글을 판단할 수 있는 눈을 가진 사람이 있을 텐데요. 저는 그런 눈이 없어요. 고전은 이미 살아남은 책이고, 오랜 시간 살아남은 책은 그럴 만한 가치가 있겠죠. 그렇다 보니 고전을 좀 더 읽는 것 같아요. 동시대 책은 잘 쓴 책인지, 좋은 책인지 선뜻 판단이 안 되니까 현대 책보다는 고전을 조금 더 찾게 되는 건 있어요.

책을 읽다 보면 취향이나 안목이 조금씩 생기지 않나요?
맞아요. 그러다 보면 영화든 책이든 정말 좋은 작품이라 지금 보고 싶지 않은 것들이 있는 것 같아요. 그런 작품은 아껴 뒀다가 여유 있을 때 한 번에 몰아서 보고 싶어요. 영화도 일정이 있을 때는 30분씩 끊어 보는 경우도 생기는데, 힘들더라고요. 대작이라 불리는 작품들은 손을 못 대겠어요. 띄엄띄엄 보다 보면 기억도 안 나고요. 비행 중에는 시간이 많으니까 제게는 비행기 안이 최고의 독서실이에요. 비행기 특유의 소리도 집중하는 데 효과가 있는 것 같아요.

곧 GOT7의 월드투어가 시작돼요. 여러 나라를 갈 텐데,
비행기에서 어떤 책을 읽을 예정인가요?
제가 좋아하는 배우 히스 레저가 읽은 책이기도 한데요. 플로베르의
『감정 교육』이라는 소설이에요. 「아이 엠 히스 레저」라는 다큐멘터리
영화에 그 책이 나오는 걸 보고 그가 어떤 생각을 가지고 그 책을
읽었을지 알고 싶어졌어요.

언젠가 책을 직접 써 보고 싶다는 생각이 들 때도 있어요?
어릴 적에는 그런 생각이 들기도 했어요. 하지만 책을 읽다 보니까
쉬운 일이 아니라는 걸 뼈저리게 느끼게 됐어요. 글 쓰는 직업은 정말
멋지다고 생각해요. 저는 읽는 건 재미있지만 쓰는 일엔 소질이 없는
것 같아요.

누구나 자신의 이야기는 쓸 수 있잖아요?.
그렇죠. 박정민 배우님이 쓴 『쓸 만한 인간』을 읽었는데 너무 위트 있게
잘 쓰셨더라고요. 그분만이 가진 재치가 책 속에 녹아 있었어요. 만약
저도 글을 쓰는 작업을 할 수 있게 된다면, 그렇게 써 보고 싶다는
생각은 한 적 있어요.

그때가 되면 지금의 당신을 어떻게 적을 건가요?
파도로 따진다면 올라가고 있는 때 같아요. GOT7으로도 잘되고 있고
제 나이에 비해 부족함 없이 잘 지내고 있으니까요. 아주 행복해요.
그런데 이따금씩 공허한 건 있어요. 잘되면 잘될수록 공허함이 생기는
건 사실인 것 같아요. 팬들께 감사드리고 너무 행복하지만 이 행복이
영원하지 않을 거라는 걸 아니까, 지금 가지고 있는 게 영원히 내 손에
잡혀 있지 않을 거라는 걸 아니까 공허한 것 같아요. 그래서 욕심을
버리려 해요.

짐 캐리가 그런 얘길 했대요. 모든 사람이 성공하고 잘되었으면 좋겠다고, 그래서 그게 다가 아니라는 걸 알았으면 좋겠다고요. 모든 사람들은 성공과 부를 위해서 열심히 일하며 나아가지만 그걸 다 가져본 사람은 그게 다가 아니라고 말하더라고요. 저는 그렇게 많이 가진 건 아니지만, 조금씩 진정한 행복이 무엇인지에 대해 고민하고 있어요. 행복하니까 오히려 더 행복을 찾고 있는 것 같다고 하면 전달이 될까요? 행복하면 그 행복함을 즐겨야 하는데 그걸 못 하는 것 같아요. 그래서 진짜 행복이라는 건 뭘까 고민하는 거죠. 제 삶에서 제가 겪고 있는 느낌을 말하는 거예요.

지금 고민하는 '행복이 무엇인가?'라는 질문에 대한 답이 문학 속에 다양한 형태로 담겨 있죠.

맞아요. 모든 사람들이 구하는 삶의 진리이기도 하니까요. 돈으로 느낄 수 있는 행복에도 한계가 있다고 하더라고요. 또 다른 행복이 있다는 거겠죠. 그래서 요즘은 생각이 좀 많은 시기예요. 일단 저는 가수이기 때문에 제 음악과 무대를 잘해야 한다고 생각해요.

GOT7의 모든 멤버들이 작사 작곡에 참여 하고 있죠? 당신이 직접 쓴 가사를 팬들이 콘서트에서 슬로건으로 만든 걸 봤어요. 어떤 기분이었나요?

부끄러울 뿐이에요. 일단 제가 최근에 쓴 곡은 팬분들에 대한 이야기였어요. 자연스럽게 썼던 것 같아요. 우리끼리 아는 이야기니까요. 처음 트랙을 들었을 때 너무 벅차올랐어요. 따뜻한 노래를 쓰고 싶었고, 그 느낌을 지키면서 쓰다 보니 점차 팬 송이 되었어요. 앞으로 더 잘해야죠. JB 형이 작사를 잘하는 것 같아요. 마크 형은 외국인인데 한국어 가사를 센스 있게 잘 써요.

　　　　가장 따뜻하면서도 고마운 존재로 팬을 떠올렸군요.
　　　　밀접하면서 굉장히 뜨겁죠.
그렇죠. 일단 제가 아이돌이라는 직업을 가지고 있으니까, 팬과의 거리가 가장 가까운 연예인인 거죠. 떼려야 뗄 수 없는 관계이기 때문에 더욱 감사함이 있죠.

　　　　최근에 떠오른 영감이 있나요? 어떤 가사를 썼어요?
저는 '영감'이란 존재를 못 믿는 사람이에요. 저에겐 안 오니까요.(웃음) 저는 영감을 받아서 한 번에 쓸 수 있는 천재 타입은 아니고, 트랙을 듣고 나서야 뭔가를 쓸 수 있는 사람이라 쓰면서 방향이 생겨요. 최근에 쓴 것 중에선 수평선에 관한 게 있어요. 수평선 위로 해가 뜨고 지고, 그게 너무 아름다운데 잡고 싶어도 잡히지는 않는 것에 관한 이야기요. 또 어린 시절의 나에게 쓴 가사도 있고요.

　　　　뭐라고 썼나요?
내 삶의 히어로는 나였다는 이야기요. 마치 슈퍼맨처럼요. 그리고 그때의 청춘에게 언젠가 다시 만나자는 말을 전하는 거예요.

　　　　직접 말했듯이 음악과 문학은 다른 듯하면서도 닮은 부분이 많아요. 이야기를 들려준다는 면에서도 그렇죠. 최근 앨범엔 어떤 스토리를 담았나요?
자신감과 전진이요. 이전 앨범들이 고민에 관한 것이었다면, 이번 앨범에서는 전진을 이야기했어요. 무언가를 고민했다면 그것을 발판으로 앞으로 나아가야 하는데, 그 나아감의 시작점이 이번 앨범인 것 같아요. 기승전결에서 '기승전'에만 머물러 있는 게 아니라 서서히 결말에 다가가는 기분으로요. 저희가 추구하는 음악성대로 잡혀 나가고 있는 것 같아요. 사실 처음엔 우리가 어떤 음악을 하는 그룹인지에 대한 고민이 컸는데 이제야 GOT7의 색깔을 알게 된 것 같아요. 이번 타이틀곡 「LOOK」이 GOT7의 스타일인 걸 깨달았어요.

다른 사람과 나누고 싶은 인생의 책 세 권이 있나요?
다자이 오사무의 『인간 실격』, 생텍쥐페리의 『어린 왕자』, 그리고 한강의 『소년이 온다』를 말하고 싶어요.

『인간 실격』은 여전히 인생의 책이군요.
안정감을 주는 책이에요. 주인공이 굉장히 복잡해하고 힘들어하는데 그게 인간의 보편적 감정이기도 해서 오히려 모순적으로 안정감이 느껴져요. 결말쯤에 누군가(마담)가 요조는 '천사 같은 아이'였다고 말해요. 약을 하고 술을 마셨을지언정, 누군가에게는 천사 같은 사람이었던 거죠. 저는 세상이 보기 나름이라고 생각해요. 좋게 보면 좋고 나쁘게 보면 나쁜 게 세상이라고요. 책 속의 요조가 바라본 세상은 정말 힘들고 부정적이라 약으로 견딜 수밖에 없는 곳이에요. 그런 세상에서 살아남으려면 그런 미친 사람이 되어야 하는 건데 다른 사람이 봤을 때는 그게 순수하게 보일 수도 있다는 그 시각이 참 좋았어요.

당신에게도 요조가 순수한 사람인가요?
자신만 생각하지 않고 다른 사람의 눈치를 보는 모습이 순수하다고 생각했어요. 자기만을 생각하는 사람이 순수하지 않다는 건 아니지만, 그래도 다른 사람의 눈치를 본다는 건 생각을 하고 있다는 거니까요. 책을 읽으면서 반성이 되기도 했어요. 작가가 자기 자신을 투영해서 쓴 소설로 알고 있는데, 이렇게 대단한 작가도 이만큼의 괴로움과 고민이 있었다는 생각이 드니까 저 스스로를 돌아보게 되더라고요.

그동안 이 인터뷰 코너에서 인생의 책을 물었을 때 가장 많이 나온 책이 『데미안』과 『인간 실격』이었죠. 사람들이 왜 『인간 실격』에 매혹되는 것 같나요?

이 책은 뭔가 낙서 같아요.

추상미술을 보는 것 같다는 의미인가요?

네. 저는 그런 복잡성에 매혹된 것 같아요. 『인간 실격』하면 눈이 아플 정도로 낙서처럼 그려진 감정들이 보여요. 처음에는 사진 세 장으로 시작되는 일인데 표정으로 유추해 나가는 것도, 복잡하게 시작해서 은은하게 끝나는 것도 좋았어요. 읽으면서 눈물 날 뻔했어요.

여러 번 반복해서 읽는 책도 있나요?

읽은 책이 많지 않으니까, 되도록 시간이 나면 새 책을 읽으려고 해요. 하지만 『인간 실격』만은 다시 읽었어요. 『데미안』은 아직 안 읽어 봤는데 어떤 분이 그 책을 주시면서 1년에 한 번씩 읽으면 그때마다 보이는 게 달라진다고 하더라고요. 안 보이던 게 보인다고요. 언젠가 읽으려고요. 다른 말인데, 저도 책을 빨리 읽고 싶어요. 빨리 읽는 사람들이 너무 부러워요. 책을 읽을 시간이 없다는 건 변명인 것 같아요. 적어도 저에겐 그래요. 대기시간이나 비행기 타는 시간이나 분명 책 읽을 시간은 있어요. 그래서 책을 읽을 시간이 부족하다는 말은 하기가 부끄러워요.

그럼 '한 달에 소화할 수 있는 책이 정해져 있다.'는 말은 어떤가요?

그건 좋네요. 제가 이해가 좀 느려요. 문장을 읽으면 그 장면이 그려지는 게 좀 느린 거죠. 책을 많이 읽은 사람들은 책을 읽으면 바로 내용이 머릿속에 연상된다면서요? 저는 한 문장 읽고 그림을 그려

보고 다음 문장으로 넘어가야 하거든요. 그래서인지 저는 미스터리 소설은 잘 맞지 않는 것 같아요. 그림이 잘 안 그려지더라고요. 그렇게 읽다 보니 속도를 잘 못 따라가는 것 같아요. 저는 혼자 있는 걸 좋아하는데, 혼자 있지 말아라, 생각 많이 하지 말아라, 요즘 시대에 안 맞는다는 말을 너무 많이 들어서 한때는 그게 스트레스였어요. 제게 너무 진지하다고 하는 사람도 있죠. 원래 자기 계발서를 잘 읽지 않는데 『혼자 있는 시간의 힘』이라는 책은 그런 제게 위안이 되더군요. 내가 문제가 있나 싶어서 자괴감에 싸여 있던 때에 그 책을 읽게 됐어요. 밀란 쿤데라의 『느림』도 좋았어요. 정말 말 그대로 '느림'. 빠른 현시대를 살아야 하는 사람들에게 느리게 살아야 한다고 말하는 책 같았어요. 제가 엄청 느리거든요.

　　　　　책을 읽으면서 아쉬움을 느낄 때도 있나요?
책 읽는 습관을 일찍 들여놓으면 더 좋을 것 같아요. 자주 읽지 않더라도 한두 장이라도 책을 읽는 습관이요. 이순재 선생님은 주무시기 진에 꼭 책 몇 장을 읽는다고 하시더라고요. 그만큼 책은 삶의 양분이 되는 것 같아요. 책이 감각을 발달시켜 주기도 하죠. 새 책에서 나는 냄새인 후각, 책을 넘길 때의 촉각도 있고, 보는 시각도 있죠. 생각도 하게 되고요. 사람의 감각을 여러 가지로 일깨워 주는 면이 있는 것 같아요.

　　　　　어떤 책이 좋은 책이라고 생각하나요?
좋은 책은 자신에게 맞는 책인 것 같아요. 사람들이 좋다고 하는 책보다는 내가 읽고 느껴서 좋으면 그게 좋은 책이죠.

　　　　　책을 통해 자기 자신을 들여다보는 것이죠.
맞아요. 가능해요. 그런 책을 안다면요.

뮤지션, 배우,
번역가, 작가
혜림

모두가
다른 말들

사진 ⓒ 신선해
2018년

혜림은 요즘 언어 사이에서 대부분의 시간을 보낸다. 한국어와 영어, 중국어까지 그녀의 삶은 다양한 언어로 채워져 있고, 이제 그 언어의 힘을 좀 더 키우려 한다. 번역가 '우혜림'으로 이름을 올린 것도 올해 일이다.

어릴 때부터 책을 좋아했나요?
저는 홍콩에서 자랐는데요, 책 냄새를 좋아했어요. 서점에 가거나 교과서를 새로 살 때면 꼭 책 냄새를 맡곤 했는데 부모님께서도 그런 저를 참 신기하다고 하셨죠. 읽지도 않는데 냄새만 맡는다고요. 어렸을 때는 『Girls in Love』같이 그 나이에 재미있게 읽을 수 있는 칙릿 소설을 읽었어요. 영어 공부에 도움이 될 것 같아서 원서를 많이 봤어요. 아버지께서 가끔 한국에서 책을 사다 주셨고요.

칙릿의 매력이 있잖아요. 트렌디하면서 잘 읽히기도 하고요. 근처에 도서관도 있었나요?
제 나이에 맞게 공감대가 형성되는 책들이었어요.(웃음) 도서관은 없었어요. 저는 도서관보다는 서점에 가서 책 보는 걸 좋아해요. 새 책 욕심이 있기도 하고요. 한자를 잘 읽지는 못해서 영어로 된 책만 보곤 했어요.
그렇게 홍콩에서 14년 정도 살았어요. 한국에서 태어났고 부모님도 한국인인데 아버지 회사 일로 홍콩에서 생활하면서 방학 때만 한국에 오곤 했어요. JYP 오디션도 홍콩에서 봤죠.

지금 학생 신분이죠? 무엇을 공부하고 있어요?
한국외대 EICC에 들어갔어요. 새로 생긴 학과인데 'English for International Conferences & Communication'의 약자예요.

한국어로는 '국제회의 통번역 커뮤니케이션학과'고 이중전공을
중국외교통상으로 하고 있지만 영어와 한국어 통번역을 주로
공부하고 있어요.

대학에 가는 일이 오랜 꿈이었나요?
나이에 맞게 갔다면 2011년에 입학했어야 했는데, 당시에는 원더걸스
활동으로 미국에 있었어요. 그때부터 대학을 가고 싶은 마음이
있었지만 시기가 안 맞아서 가지 못했어요. 하지만 언제나 마음에
품고 있었어요. 회사에서는 때가 되면 가게 될 거라는 대답을 들었죠.
원더걸스가 해체된 후 그 시기가 왔고, 마침 학교에도 영어특기자
전형이 생겼어요. 여러 가지가 잘 맞았어요.

**요즘 케이팝 아티스트는 점점 더 학교에 가지 않는 추세니까,
정반대의 길을 선택한 거네요. 왜 대학교에 진학하고 싶었어요?**
사실 주변에서는 진학을 말리는 사람이 더 많았어요. 차라리 지금
하는 엔터테인먼트 일에 집중하고 투자하라고 했죠. 하지만 학교에서
정말 많은 걸 배우고 있어요. 원더걸스 활동 중에 제게 개별적으로
들어왔던 일은 영어나 중국어 진행 같은, 대부분 언어에 관련된
일이었어요. 어느 날 그런 생각이 들더라고요. 내가 원더걸스를 평생
할 게 아니고, 언제까지나 사람들이 원더걸스라는 이유로 나를 찾지는
않겠구나. 그래서 대학에 진학해 같은 관심사를 가진 친구들을
만나고 좋은 교수님들께 체계적으로 배우고 싶다는 생각을 했어요.
스스로 실력 있는 사람, 내면이 채워진 사람이 되고 싶었어요. 사실
2011년 즈음에 통번역 독학을 하기도 했는데 한계가 있더라고요. 더욱
체계적인 교육을 받고 싶었죠.

학교는 기대만큼 재미있나요?

네! 기대했던 만큼이에요. 이하도 이상도 아닌 딱 제가 생각했던 그 정도라 만족하면서 잘 다니고 있어요.

처음 학교에 가던 날 기억해요?
굉장히 설레었어요. 어떤 친구들이 있을까, 교수님들은 어떤 분들일까? 기대하는 마음으로 갔죠. 학교가 작다는 이야기를 들었는데, 가 보니 있을 건 다 있어요. 너무 만족스러워요.

수강 신청도 처음 해 봤겠군요?
지금도 스트레스 받고 있어요. 2학년 수강 신청이 8월 6일인데 너무 치열해요. 지난 학기 수강 신청 때는 며칠 전부터 폭풍 클릭하는 꿈을 꿀 정도였어요. 트라우마로 남아서 머리가 아파요.(웃음)

케이팝 팬들이 콘서트 티케팅을 그렇게 하곤 하죠.(웃음) 다음 학기에 꼭 듣고 싶은 수업이 있나요?
맞아요. 예전에는 몰랐는데 수강 신청을 하면서 팬들의 그 느낌을 알게 됐어요. 저는 무조건 전공 수업이요. 필수 교양 학점을 빨리 채우고 전공에 집중하고 싶어요. 필수 교양 중에서는 철학과 동물복지 수업을 어서 들어야 해요. 무엇 하나 중요하지 않은 게 없더라고요. 첫 학기에는 Writing, Presentation 수업을 들었고 교양도 많이 들었어요. Discussion & Debate와 국제회의에 관련된 수업도 있었고요. 이번 전공 수업으로는 영한, 한영 번역 수업과 Public Speaking, 통번역 이론을 수강할 거예요.

평범한 학생의 삶이군요.
예전에 입학했다면 이렇게까지 열심히 하지 않았을 거예요. 제가 지금 열심히 하는 이유는 강요하는 사람이 없기 때문이에요. 사회생활을

10년 정도 한 후에 제가 원해서 대학을 오게 됐고, 공부를 해야겠다는 목표도 확실히 있으니 열심히 할 수밖에 없어요. 일을 해 봐서 그런지 학교 과제나 공부가 바쁘고 힘들긴 해도 오히려 일종의 휴식처럼 느껴져요. 그래서 더 재미있게 할 수 있는 것 같아요.

    입학 면접에서는 어떤 질문을 받았어요?

공통 질문이 어려웠어요. 민본주의와 민주주의의 차이점과 공통점에 대해 말하는 거였는데 어떻게 대답했었는지 잘 기억이 안 나네요. 그런데 이 질문에 만족스럽게 답하지 못한 것보다 EICC가 무엇의 약자인지 말하지 못한 게 더 창피했어요. 기본이 안 된 모습을 보인 것 같아서요. 알고 보니 같은 실수를 한 친구들이 많았더라고요.

    다양한 언어를 사용하며 자랐잖아요? 읽고 쓰고 말하는 데
    어떤 언어가 가장 편한가요?

중국어, 광둥어는 듣거나 말하는 데 익숙하고, 쓰고 읽는 것은 영어랑 한국어가 편해요. 영어와 한국어 중에서 어느 한쪽을 특별히 선호하지는 않아요. 책도 반반씩 읽는 편이고 소요되는 시간도 비슷해요. 너무 좋은 책은 영어로 읽고 나서 한국어로 읽어 보기도 해요.

    같은 책을 영어와 한국어로 읽었을 때 많이 다른가요?

조금씩 달라요. 원본이 있으면 역시 원본을 읽는 게 가장 정확한 느낌이 들어요. 영미 문학은 원서로 읽고, 다른 언어권의 책은 주로 한국어 번역본을 먼저 읽는 편이에요. 구하기 쉬워서 그렇기도 하고요. 번역도 비슷한데, 한영보다는 영한이 조금 더 흥미로워요.

    최근 번역가로 이름을 올렸는데요. 어떤 작품을 번역했어요?

네, 첫 책이고 영한 번역이에요. 안네 프랑크에 대한 이야기를
번역했어요. 초등학교 2학년 때 처음 읽고 좋아하게 됐던 책이 『안네의
일기』였어요. 번역 제의가 들어왔을 때 원래 좋아하던 콘텐츠를
번역하게 돼서 더 좋았죠. 10대에서 20대의 독자층을 생각하며
번역을 시작했어요.

이미 여러 번 읽은 책이지만 자신의 언어로 다시 쓰기 위해 읽을
때는 조금 다르게 느껴졌을 것 같아요. 어떤 안네를 만났어요?
사랑스럽고 행복하고 창작력이 풍부한 소녀예요. 숫자 대신 글자를
좋아하는 것에 공감이 가기도 했고요. 할 수만 있다면 글로 목걸이를
만들고 싶다고 할 정도로 글을 좋아하고 상상력이 넘치는 아이죠.
하루하루를 즐길 줄 아는 아이이기도 하고요. 그의 박물관이
암스테르담에 있다고 들었는데 꼭 한번 가 보고 싶어요. 번역
작업을 할 땐 안네의 상황에 더 몰입하려고 박물관 사진이나 영상도
찾아보고는 했어요. 안네 프랑크가 나오지는 않지만 당시 시대 배경을
더 알고 싶다는 생각에 영화 「피아니스트」를 보기도 했고요.

작업하면서 어떤 부분을 가장 고민했어요?
번역에는 정답이 없으니까 그 점이 어려워요. 원본을 훼손하지
않되 독자의 이해와 공감을 얻을 수 있어야 하니까요. 단어 하나를
선택하는 것도요. 의외로 색깔 번역이 어려웠어요. 색깔뿐만 아니라
영어로 표기된 고유명사를 옮길 때 고민이 되더라고요. 안네가 숨어
있던 곳도 '은신처'라 할지 '단칸방'이라 할지 고민했는데요. 대부분
이렇게 작은 단어가 어려웠어요.

그런 경우 작가가 생존해 있다면 번역가들이 직접 작가에게
질문하는 경우가 드물게 있다고 합니다. 안네는 세상에 없지만,

만약 안네를 만날 수 있다면 어떤 걸 물어보고 싶나요?
자신의 일기를 한 줄로 말한다면 뭐라고 정의하고 싶은지 묻고 싶어요. 그 점에 대해서도 묻고 싶어졌어요. 비밀스러운 일기가 출판되었는데 고치고 싶은 곳은 없는지 하는 것들이요. 처음 번역 제안이 왔을 땐 고료를 떠나서 무조건 해야겠다고는 생각했어요. 아직 처음이다 보니 여러 사람에게 보여 주면서 도움을 받았던 것 같아요. 책이 나왔을 때 옮긴이로 제 이름이 쓰여 있을 때 너무 뿌듯하더라고요. 사비로 구입해서 한 권씩 주곤 했어요.

번역 작업에도 매력을 느끼고 있나요?
어려운 부분도 많았지만 재미있었어요. 엔터테인먼트와는 완전히 다른 분야인데, 하는 내내 행복했고 안네 프랑크에 몰입하면서 그의 소울메이트가 된 기분이었어요. 번역을 하면서 영어로도 여러 번 읽게 되니 영어 공부도 한국어 공부도 많이 되었고 표현도 많이 늘었어요. 그래서 힘든 것보다는 열정적으로 번역에 임했던 기억이 나네요. 전에는 제게 통역과 번역 중 어느 쪽에 흥미가 더 생길지 몰랐는데, 해 보니까 번역 쪽에 더 관심이 가요.

번역해 보고 싶은 다른 작품이 있나요?
소설보다 에세이를 좋아해서 에세이 번역을 해 보고 싶어요. 아이들 동화책 번역도 하고 싶고요. 동화책은 직접 쓰고 싶기도 해요. 사실 문학의 매력을 잘 몰랐어요. 왜 그렇게 어렵게 생각하고 표현하는지 이해하지 못했는데 이번 번역을 하면서 문학의 상상력이 갖는 매력을 알게 됐어요.

에세이는 어떤 작품을 좋아하시나요?
공지영 작가의 『딸에게 주는 레시피』요. 인생의 지혜를 배울 수 있는 책을 좋아해요. 매번 읽으면 비슷하면서도 똑같이 않음을 느껴요.
읽으면서 마음의 위로를 받기도 하고 갈증을 풀기도 해요. 가장
최근에 읽은 책은 전승환 작가의 『행복해지는 연습을 해요』예요.
행복에도 연습이 필요하다고 생각해요. 또 래리 킹이 쓴 『How to
Talk to Anyone, Anytime, Anywhere』을 좋아하는데, 제목 그대로
다른 사람을 만났을 때 어떻게 말할지에 대한 아흔두 가지 팁이 담겨
있어요. 명함을 받는 방법부터 정말 다양하고 재미있는 내용들이었고,
여러 번 읽었어요. 사사키 후미오의 『나는 단순하게 살기로 했다』는
처음에 원서로 읽었어요. 집에 쌓여 있던 물건들을 다 버리고 나서
행복해하고 만족스러워하는 저자를 보면서 저도 뭔가를 버릴 수 있는
용기를 얻었어요. 요즘은 다시 물건이 쌓이기 시작하니 그 책을 다시
읽어야겠네요.

좋아하는 소설이 있어요?
『할머니가 미안하다고 전해달랬어요』는 안네 프랑크 번역 작업을
하다가 참고했던 소설이네요. 소설이 표현력을 빌려 보고 싶었거든요.
굉장히 터프하고 상상력이 풍부한 할머니가 기억에 남아요. 번역을
하다 보니 소설을 더 다양하게 읽어야겠다는 생각이 많이 들어서,
요즘은 소설에 관심을 두고 있어요.

여전히 가사를 쓰고 있어요?
틈틈이 쓰고 있긴 해요. 트와이스의 「날 바라바라봐」로 한 곡
나왔는데, 그 이후로는 계속 탈락되고 있어요. 곧 다른 곡이 나오겠죠?

배우
김태우

질문하는
책

사진 ⓒ장원석
2018년

데뷔 후 지금까지 멈추지 않고 필모그래피를 쌓아 올리고 있는 배우 김태우. 그의 꾸준함과 성실함 뒤에는 조금씩 커져 가는 그의 책장이 있다. 시대에 맞게, 질문에 맞춰 고르고 읽은 책이다. 촬영 후 집으로 돌아가면 어김없이 책장 앞에 선다.

어린 시절부터 책을 좋아했나요?
그렇진 않았어요. 지금도 많이 읽는다고 하긴 부끄럽네요. 가끔 화제가 되는 책들을 찾아보는 정도가 아닐까 해요. 김영하 작가의 작품을 많이 읽었죠. 최근에는 『82년생 김지영』이 영화화되고 정유미 씨가 캐스팅 됐다는 소식을 듣고 나서 원작을 찾아 읽기 시작했어요. 반 정도 읽었는데 결말이 궁금하네요.

화제가 되는 책을 찾아보는 건 타인이 읽는 책에 관심이 있다는 말도 되겠네요.
말하자면 그런 것 같네요. 서점에 가는 걸 싫어하지도 않고요. 저는 어릴 땐 책을 별로 안 읽다가 오히려 대학에 가서 읽기 시작한 것 같아요.

계기가 있었나요?
기숙사에서 살았어요. 룸메이트가 독문학과였는데, 시를 읽더라고요. 그전까지 시라는 건 교과서에서 본 게 전부였거든요. 그 친구 따라서 읽어 보니까 재미있었어요. 대학생이었으니 약간의 허영심도 있었겠죠. 제가 연극영화과에 다녔으니까 아무래도 책을 많이 읽을 수밖에 없었어요. 작법에 관한 책도 읽었고요.

어떤 시를 읽었어요?

그 당시 대학생들이 좋아하는 시였죠. 기형도, 유하, 장정일……
그렇게 읽다가 말도 안 되는 시도 써 봤고요. 저는 읽은 책을 과감하게
정리하는 편이에요. 버리는 책들이 가치가 없다거나 그런 것은 아니고,
정리를 해야만 하는 시기와 이유가 있는 법이니까요. 그냥 쌓아 두는
것을 참을 수가 없거든요. 그런데 대학 때 처음 읽었던 기형도, 유하의
시집은 20년 넘게 지난 지금도 여전히 책장에 남아 있어요. 제게
남다른 의미가 있는 책이라 그렇겠죠.

직접 쓴 시가 아직 남아 있나요?

말도 안 되는 시였죠.(웃음) 하지만 시가 어려운 것만은 아니고 읽고
쓰는 재미가 있다는 걸 그 친구 덕분에 알게 되었어요. 돌이켜 보면
가장 책을 많이 읽었던 때였어요.

당시 읽었던 책 중에 가장 기억에 남는 책은 무엇인가요?

『문학과 예술의 사회사』예요. 예술사를 당시 시대적 배경과 함께
제시하는데, 제 인생 책 중 하나라고 말할 수 있어요. 전공과 관련도
깊기도 했고요. 인생의 책이라고 하니『총, 균, 쇠』도 떠오르네요.
『총, 균, 쇠』역시 무기 발전을 시대와 함께 설명한다는 점에서
흥미로웠어요.

삶과 사회의 이면을 들여다보는 책을 좋아하는 편인가요?

딱히 그랬던 것 같지는 않아요. 사람들이 무슨 책을 읽는지 관심이
가는 것이지 특별히 선호하는 장르가 있는 건 아니에요. 지금도 서점에
가면 베스트셀러 코너에 무슨 책이 있는지 둘러봐요.

그럼에도 좀 더 흥미가 가는 책이 있죠.

저자가 자기 자신에 관해 쓴 책을 좋아해요. 소설 역시 나름의

재미가 있지만 자신에 대해 말하는 에세이처럼 자전적 요소가 많이 들어간 책이 취향이라고 할 수 있겠네요. 소설로 예를 든다면 다자이 오사무의 『인간 실격』 같은 책이죠. 소설이지만 실제 작가의 삶을 배경으로 하는 작품이니까요. 영화의 경우에도 실화를 기반으로 하는 작품을 더 재미있게 보는 편이에요.

최근에는 웹툰을 원작으로 한 작품도 많아지고 있죠. 웹툰도 즐겨 보나요?

저는 카카오톡을 오늘 처음 깔았어요.(웃음) 웹툰은 한 번도 본 적이 없어요. 대본도 마찬가지예요. 요즘 젊은 배우들은 대본을 태블릿 PC로 보기도 하는데 저는 활자로 봐 왔던 세대라 그런지 인쇄된 종이로 봐야 머리에 들어오는 기분이 들어요. 40년 넘게 그렇게 해 왔으니 일종의 습관이기도 하겠지요. 그래도 지금은 조금 발전해서 작품을 고를 때는 모니터로 보고 그중 원하는 것만 프린트해서 읽죠. 아직까지는 활자로 보는 게 확실히 편해요.

대본이나 책을 분석하면서 보는 편인가요? 아니면 흐름에 맡기는 편인가요?

어릴 때에는 수학을 좋아했거든요. 아마 연기를 하지 않았다면 이과로 진학했을 거예요. 연기자에게 이성과 감성 모두 필요하겠지만 제 개인적인 의견으로는 이성보다 감성이 많은 게 조금 더 좋은 것 같아요. 배우가 문과에 가까운 느낌인 것도 이 때문인 것 같고요. 그런데 저는 감성적이라기보다는 이성적인 편이에요. 이성적이면 아무래도 보다 안정적인 연기를 보이기가 쉽죠. 연기를 꾸준히 고민하고 작품과 인물을 이성적으로 분석하려 하니까 발전 가능성도 있고요.

그런 분석에 책과 문학의 도움을 받나요?

연기라는 게 결국 어떤 인물을 입체적으로 만드는 일이잖아요. 예를 들어 내가 살인을 저지르는 역할을 맡았다고 해서 그걸 직접적으로 경험할 수는 없죠. 그래서도 안 되고요. 야구 선수를 연기하기 위해 야구 선수가 될 수는 없는 것처럼 말이죠. 결국 직접경험이 부족한 영역에서는 상상력으로 인물을 만들어 낼 수밖에 없는데 이때 간접경험이 필요해요. 간접경험으로는 책과 여행을 대체할 만한 것이 아직 없다고 생각해요. 하지만 이런 간접경험 없이도 본능적으로, 감성적으로 연기를 해내는 배우가 있죠. 연기자로서 본능적으로 연기를 하는 능력은 중요하기도 하고, 저로서는 부러운 재능이에요.

쉬지 않고 작품활동을 해 오고 있는데 어떤 캐릭터에 매력을 느끼나요?

좋은 캐릭터에 대한 정의는 제각각 다르겠지만 기본적으로 자신이 해 보지 않았던 역, 악역이라 할지라도 당위성이 있는 인물이죠. 좋은 작품 안에서 자기 스토리와 사연이 있는 캐릭터에 매력을 느껴요.

책에서 그런 캐릭터를 찾는다면요?

희곡에서 찾는다면 『햄릿』의 작품 속 캐릭터와 안톤 체호프의 『갈매기』의 트레플레프가 되겠네요. 이 인물들은 남자 배우라면 누구나 죽기 전에 해 보고 싶은 역일 거예요. 한국 소설 중에서는 설경구 선배 주연으로 영화화되었던 『살인자의 기억법』도 떠오르네요. 그 주인공도 배우에게는 욕심이 나는 캐릭터죠. 『인간 실격』의 요조도 처음에는 비현실적이라고 생각했는데, 작가의 삶과 겹치는 부분이 있다는 걸 알게 된 순간부터는 정말 흥미롭게 느껴졌어요. 이중적인 인물이기도 하고요.

「징비록」의 선조 역할을 비롯해 최근 사극 출연이 많았는데, 역사서 같은 자료를 찾아보는 편인가요?

요즘 사극은 퓨전 사극이 많아서 사실 허구에 가까워요. 시대 상황만 가져오고 인물은 실존 인물이 아닌 경우가 많아요. 하지만 「징비록」의 선조 같은 경우는 완벽한 고증을 바탕으로 해야 하는 작품이었기에 조금 달랐어요. 촬영 전후로 선조에 대한 자료를 많이 찾고 공부했어요. 우리가 아는 선조는 나라를 버리고 혼자만 도망간 왕인데 저는 선조를 연기해야 하는 사람으로서 선조를 더 입체적으로 알아야겠다고 생각했거든요. 최근에는 선조를 다른 시각에서 바라보는 책들이 많아요. 비겁하게 피했으나 만약 그때 선조가 잡혔다면 조선이 끝날 수 있었다는 주장인 거죠. 이렇게 고증을 바탕으로 하는 작품을 할 때는 책을 구해서 다 찾아보는 편이에요.

선조에게 당위성을 부여하는 작업이라고 할 수 있겠네요.

네, 맞아요. 그리고 선조에 대한 그런 관점이 제게는 굉장히 좋았어요. 사람들은 선조를 욕할지언정 서는 선조를 연기해야 하니까요. 저에게만큼은 선조가 당위성 있는 인물이어야 하는 거죠. 실제로 그런 것들이 연기하는 데 있어 큰 도움이 되기도 해요.

재미를 위해 선택하지는 않는군요?

재미는 없죠. 저도 『문학과 예술의 사회사』는 처음 과제를 해야 해서 읽게 됐던 책이었고 과제가 아니었다면 아마 읽지 않았을 거예요. 읽다 보니 빠져들게 됐던 거죠. 『총, 균, 쇠』도 마찬가지고요. '재미'라는 게 다르잖아요. 작년에 박찬욱 감독님을 만났는데 「리틀 드러머 걸」의 연출을 고민하시던 중이었어요. 동명의 원작 소설이 너무 재미있는데 마침 그 작품이 들어와서 고민이 많다고 했거든요. 그래서 당장 다음 날 사서 읽어 봤는데 저는 앞에만 좀 읽고 못 읽겠더라고요. 모든 책에 읽자마자 빠져드는 편은 아닌 것 같아요. 그 책이 아직도 책꽂이에 꽂혀 있어요. 그걸 볼 때마다 봐야 하는데, 봐야 하는데…… 생각만 하고 있어요.

읽다가 포기하는 걸 두려워하진 않나요?

그래서 더 편하게 읽을 수 있는 것 같기도 해요. 사기 전에도 이거 사면 다 읽을 수 있을까, 이런 걱정을 하진 않아요. 독서에 대한 조언도 그렇게 해요. 최근 가장 인상적인 책은 유시민 작가의 『어떻게 살 것인가』였어요. 나온 지 한참 된 책인데 제가 좀 늦게 읽었죠. 이 책은 제가 다른 사람에게 선물하기도 했어요. 선물한 사람에게도 중간 중간 안 맞는 얘기가 나오면 넘기면서 읽으라고 했어요. 물론 저는 그 책 전체를 재미있게 읽었지만요.

어떤 면이 인상적이었나요?

영화든 책이든 제 생각을 하게끔 하는 작품들을 좋아해요. 그 작품이 저를 건드리는 거죠. 『어떻게 살 것인가』가 저에겐 그런 책이었어요. 책의 초반부에 크라잉넛에 대한 이야기가 나와요. 하고 싶은 것들을 하면서 산다는 이야기예요. 저 자신에 대해 생각하게 되더라고요. 나는 어떻게 살았지? 어렸을 적부터 연기자가 되고 싶어 했고 이렇게 연기자가 되었는데 지금 어떻지? 연기를 안 하는 시간에는 어떻게 살고 있지? 이런 물음이 계속 생겨나는 책이었어요.

책이 질문을 던진 것이군요. 답도 찾았나요?

당연한 일일 수 있지만 이런 생각을 하게 되니까 다음 날부터 제 생활이 달라졌어요. 어느 순간 연기를 너무 일로만 생각하지 않았나 싶더라고요. 어떻게 보면 연기라는 게 놀이잖아요? 사람을 흉내 내고 묘사하는 놀이요. 이걸 하고 싶어서 배우를 꿈꿨고 좋은 연기를 하려고 공부했던 건데, 언젠가부터 본질적인 것들을 잊고 잘해야 하는 '일'로만 여기고 있었어요. 당연히 프로니까 잘해야 맞지만, 연기를 보는 타인의 관점에서만 생각하고 있더라고요. 사실 내가 좋아서 하는 게 기본인데 말이에요. 그런 걸 생각하게끔 하는 책이었어요.

출연작인 영화 「접속」이 떠오르네요. 영화의 모티브가 된 PC통신은 당시 새로운 세대의 출현과도 같았습니다. 현재는 영화나 드라마마저 스마트폰으로 보는 모바일 시대가 되었고요. 시나리오 등에서도 변화를 느끼나요?

촬영 현장에서 가장 달라진 점은 편집 컷과 카메라 수가 확연하게 많아졌다는 거예요. 이런 기술적인 변화는 필름에서 디지털로 넘어오면서 이루어진 것 같은데요, 컷이 많아지다 보니 호흡도 빨라지고 씬도 많아지고 대사도 짧아졌어요. 「징비록」을 하면서도 느꼈지만 지금은 사극이더라도 확실히 대사를 빨리해야 해요. 그래야 시청자를 잡을 수 있으니까요. 기본적으로 긴 호흡의 드라마나 영화가 없어지는 추세인 것 같아요. 이제는 예전과 같은 호흡이면 대중들이 지루하다고 느끼는 것 같아요.

항상 신작이 기다려지는 작가는 누구인가요?

노희경 작가님을 좋아해요. 최근은 「시크릿 마더」를 썼던 황예진 작가님의 작품도 기대가 많이 되고요. 무엇보다 앞으로 저를 써 주실 작가님들이 기대가 되네요.(웃음)

예전에 노희경 작가의 「거짓말」로 신인상을 수상하기도 했죠. 어떤 작품으로 기억하나요?

제가 신인 때였는데 당시 MBC 미니시리즈 주연 제안이 들어온 상태였어요. 노희경 작가님이 장편으로는 신인이었고 「거짓말」이 첫 작품이었죠. 그런 상황에서 제가 「거짓말」을 하겠다고 했어요. 몸이 불편한 역할이라 두세 달을 혼자 연습했어요. 그 정도로 작품이 정말 좋았어요. 상을 탄 건 정말 의외였어요. 주인공이 배종옥 선배와 이성재 형이었는데, 성재 형과 제가 신인상을 공동 수상했어요. 너무 놀랐죠. 더욱이 그때는 공동 수상이 거의 없던 시절이었거든요. 지금도 좋은 작품으로 기억하고 있습니다.

  홍상수 감독의 영화에 자주 출연했는데 미리 시나리오를 주지 않고 그날그날 대본을 주는 걸로 유명한데요. 그런 방식은 어떤가요?

감독님 머리에는 다 들어 있는 거예요. 다만 그날 찍을 신을 그날 아침의 기운이나 그런 것들을 받아서 쓰는 거죠. 술자리에서 나온 말이 그 캐릭터와 맞다 싶으면 그걸 쓰는 편이에요. 세밀한 부분은 수정이 되기도 하지만요.

  이성적으로 연기하는 편이라고 했는데, 그러면 캐릭터에 대해 분석하고 고민하는 시간이 부족하지 않나요?

첫 작품이었던 「여자는 남자의 미래다」를 할 때 같은 이유로 걱정이 많이 되었죠. 감독님과 시간을 많이 보낸다고 해도 대본을 아침에 주시니까요. 당시의 저는 대본을 너무 본다고 현장에서 감독님이 대본을 뺏을 정도였거든요. 그런데 막상 촬영을 하니 잘되더라고요. 연기하는 게 정말 재미있었어요. 거꾸로 제가 대본을 안 보고 해야 하는 체질이라는 걸 깨달았어요. 고현정 배우가 저보고 천재라고 할 정도였어요.(웃음) 그래서인지 이후로 연기하는 방식이 약간 바뀌기도 했어요. 전에는 대본을 많이 봤다면 이후로는 생각을 많이 하는 편으로요. 신과 신 사이가 어떻게 이어질까 상상하기도 하고요.

지금까지 출연한 작품 중에 가장 문학적이라 생각하는 작품은 어떤 건가요?

「건축무한육면각체의 비밀」이라는 작품이에요.

이상의 시에 비밀이 숨겨져 있다는 내용의 소설 원작이죠? 영화화되면서 기대작으로 불렸던 것으로 기억해요. 하지만 흥행 성적은 좋지 않았어요. 어떤 점이 아쉬운가요?

그 작품을 쓴 장용민 작가가 직접 각색도 하고 각본도 썼죠. 만약 그 작품을 지금 한다면 더 좋을 것 같아요. 문학작품으로서도 너무 재미있는 이야기인데 당시에는 기술적으로 부족한 지점들이 있어서 표현이 안 돼 아쉬움이 남아요. CG 같은 게 지금과는 비교도 안 되죠. 시대를 잘 못 만난 것 같기도 해요. 시나리오로만 본다면 절 정말 놀라게 했던 작품이에요. 갈수록 제 캐릭터보다는 좋은 작품에 참여하고 싶은 마음이 커져요. 「공동경비구역 JSA」는 시사회 때 처음 보고 나서 이런 좋은 작품에 참여하게 되어서 정말 감사하다고 생각했어요.

영화, 드라마, 연극은 각각 감독의 예술, 작가의 예술, 배우의 예술이라 표현되기도 하는데 어떤 표현에 가장 동의하시나요?

보통 연극은 배우의 예술, 영화는 감독의 예술, 드라마는 작가의 예술이라고 일컬어지고는 하는데 기본적으로 일리 있는 표현이에요. 하지만 요즘 시대에는 그것들이 통합되어야 한다고 생각해요. 배우 입장에서 보자면 작가, 감독이 상상했던 것보다 더욱 입체적인 인물을 가져오는 일을 해야 할 테고요. 전공이기도 해서 그런지 본능적으로는 연극에 끌려요. 지난주에도 대학로에서 연극을 한 편 보고 굉장히 압도됐어요. 좋은 연극을 볼 때면, 나오면서 슬쩍 무대를 밟아 봐요. 연극을 통해 얻는 희열이나 땀 같은 것들은 도저히 설명할 수가 없어요. 직접 관객과 마주하는 데에서 오는 감각, 라이브를 한다는 데에서 오는 긴장감 같은 것들이요. 두려우면서도 말로 형용할 수 없죠.

어떤 작품을 추천하고 싶나요?

좋은 작품이 별로 없어요. 그만큼 좋은 작품을 만나기가 쉽지 않아요. 예전부터 사실주의보다는 실용극 쪽을 좋아했어요.「햄릿」은 새로운 해석이 들어간 작품이 좋죠. 그럼에도 고전을 따라오지 못하는 부분들이 있기도 하죠.「세일즈맨의 죽음」같은 작품은 여전히 원작을 훼손하지 않은 고전으로 보고 싶어요. 사실 원작이든 변형을 가한 작품이든 좋은 작품이 좋죠. 좋은 작품이 무엇인가 하는 물음에 정답은 없지만, 굳이 말하자면 완성도가 높은 작품이라고 할 수 있어요. 제가 늘 기다리는 작품도 그런 거죠. 완성도가 높은 좋은 작품. 그만큼 저 역시도 누군가에게 좋은 사람이 되어야겠죠.

배우
최희서

움직이는
삶에서

사진 ⓒ 김참
2018년

최희서의 본명인 '문경'은 글이 아름답다는 뜻이다. 직접 선택한 이름 역시 문학의 손이 닿아 있었다. 일본과 미국에서 어린 시절을 보내며 책에 의지한 시간은 배우 최희서가 끝없이 확장하는 동력이 되었다. 어디로, 어디까지 뻗어 나갈까 이 배우는. 책과 눈을 맞춰 오며 깊어진 그의 눈동자를 보면 누구나 같은 질문을 떠올리게 된다.

어린 시절을 여러 나라에서 보냈어요. 그 경험이 독서에도 영향을 주었나요?

일본과 미국에서 어린 시절을 보냈어요. 그래서 지금은 일본 문학은 일본어로, 영문학은 영어로 읽는 것을 선호해요. 어머니가 책을 많이 읽으세요. 어머니 영향을 많이 받았는지, 어렸을 때 책을 굉장히 많이 읽는 아이였어요. 일본에 세계문학전집과 위인전 시리즈를 가져갔고, 그 책들을 반복해서 읽었어요. 집에서는 국어로 책을 읽고 밖에서는 일본어로 말하고 수업을 받아야 했던 어린 시절이었죠.

다양한 언어와 함께 성장하면서 생긴 독서 습관도 있나요?

예를 들어 가즈오 이시구로의 소설은 영어로 읽으면서 국내 시인의 시집은 한국어로 읽는 거죠. 한강의 『채식주의자』는 영어로 먼저 읽었어요. 맨부커상을 수상한 번역이 궁금했거든요. 영어로 읽은 후 한국어로도 읽었는데 번역했을 때 생기는, 번역으로는 전달될 수 없는 특유의 뉘앙스를 잘 살린 번역이라는 생각이 들었어요. 나중에 알고 보니 그 번역가분도 굉장히 유명한 분이시더라고요. 저도 비교문학에 관심이 많아서 학교 수업을 들은 적 있었는데 생각보다 너무 어려워서 한 학기밖에 듣지 못했어요.(웃음)

『채식주의자』를 두 언어로 직접 느껴 보니 결이 다르던가요?

한국어로 읽었을 때 상대적으로 수식어가 많은 느낌이 드는데, 이 작품의 경우에는 그렇지 않았어요. 간결한 표현들이 아님에도 불구하고 작가의 뉘앙스를 잘 살린 느낌이었죠. 그 메마른 감각을 잘 살린 것 같아요. 그런데 제가 영어로 읽은 다음 한국어로 읽었던 거라 순서가 바뀌었다면 또 어땠을지는 모르겠어요. 상을 받았다고 하니 더 좋게 읽은 부분도 없지 않아 있는 것 같기도 하고요.

　　　　　영어로 읽는 걸 유독 선호하는 작가가 있나요?
레이먼드 카버요. 너무나 미국적인 허무함에 대한 이야기라 번역했을 때 느낌이 달라지는 부분이 있더라고요. 카버의 작품은 유독 지역의 특색이 많이 들어간 것 같아요. 그래서 카버 작품은 영어로 읽는 걸 좋아해요. 고전문학은 번역이 잘되어 있지만 카버는 상대적으로 번역이 적고 그래서 뉘앙스를 살리기 더 어려운 것 같아요.

　　　　무라카미 하루키가 레이먼드 카버의 일본어 번역을 맡기도
　　　　했죠. 하루키는 모국어가 아닌 영어로 쓰고 번역을 하면서
　　　　자기만의 문체를 만들었다고 말하기도 했어요.
하루키가 번역한 카버를 따로 읽어 본 적 없지만 왠지 한국어 번역과는 많이 다른 느낌일 것 같긴 하네요. 하루키에 대해 하고 싶은 이야기가 많아요. 저는 하루키의 소설 중에 장편보다 단편을 더 좋아하고, 최근작보다 옛날 작품들을 더 좋아해요. 하루키 같은 경우 워낙 한국어 번역이 잘되어 있잖아요. 그럼에도 일본만의 특유한 정서가 느껴지기는 해요.

　　　　다양한 언어의 결을 느낄 수 있는 건 독자로서 너무 부러운
　　　　일이죠. 어린 시절에는 이방인 혹은 타자로서 힘든 시간을
　　　　보냈을 텐데요. 그 시간을 보상받는 선물 같은 걸까요?

그 점은 감사하게 생각해요. 항상 두통이 심했어요. 어려서부터 집에서 사용하는 언어, 밖에서 사용하는 언어가 달라서 그랬던 것 같아요. 중학교 3학년 때 미국에 가게 되었는데, 발음도 그렇고 언어를 습득하는 속도가 생각보다 나지 않아 고생을 했어요. 고등학교 올라가는 여름방학 때 영어 선생님이 레이먼드 카버의 단편소설을 추천하셨어요. 지금 생각해 보면 그 나이에 이해할 수 있는 정서는 아니었지만 꽤 재미있게 읽었어요. 심오한 소설이지만 문체와 문장 자체는 단순한 작품이라 그랬던 것 같아요. 여러모로 카버는 기억에 남는 작가예요.

　　　　　　《릿터》도 종종 읽는다면서요?
어머니와 함께 재미있게 읽어요. 한 번에 읽기보다는 나눠서 읽는 편이에요. 문학작품뿐만 아니라 인터뷰와 칼럼도 있다 보니 나누어 읽는 게 재미있어요. 원래도 책을 한 번에 읽는 편은 아니에요. 영화도 집에서 볼 때는 많이 끊어서 봐요. 한 번에 몰입해서 보기보다 조금씩 느끼며 보고 싶은 마음이 있어요. 그래서 넷플릭스에서 재미있는 드라마를 보더라도 정주행을 하지 않아요. 예를 들어 10부작이라면, 정말 아끼면서 한 편씩 끊어 보는 거죠. 제 나름의 감상 방식이에요.

　　　　　그렇다면 동시에 여러 책을 읽기도 하겠군요? 지금은 무엇을
　　　　　읽고 있어요?
네, 동시에 여러 권 읽기도 해요. 시집은 특히 그렇고요. 한국 시집, 해외 시집 가리지 않고 다양하게 읽는 편이에요. 최근에는 얼마 전 돌아가신 허수경 시인의 산문을 읽고 있어요. 사실 허수경 시인을 전에는 미처 몰랐는데 올해 초 다른 시인님의 글을 보고 허수경 시인의 글을 읽고 싶다는 생각에 산문집 『그대는 할말을 어디에 두고 왔는가』를 사게 됐어요. 그 책을 읽고 있던 중에 시인께서

돌아가셨다는 소식을 들었어요. 그래서인지 마음이 더 아팠어요.
글을 읽고 있는 중에 돌아가셨다는 이야기를 들으니 마음이 참
이상하더라고요.

『그대는 할말을 어디에 두고 왔는가』는 오래전 출간된
에세이의 개정판이죠. 작가께서 재출간을 원했다고 하죠.
허수경 시인의 '걸어본다' 시리즈인 『너 없이 걸었다』도 읽었어요.
이방인으로서의 정서가 낯이 익어서 책이 더 좋았어요. 뮌스터에서
된장찌개 먹고 싶다고 생각하며 맥주 마시는 느낌이 뭔지 알 것
같았어요. 또 고고학을 공부하셔서 그런지 죽음, 폐허, 남겨진 것들에
대해 많은 이야기를 하는데 저도 그런 생각을 많이 하는 편이거든요.
마음이 아프지만 공감이 가서 계속 읽게 되는 책이었어요.

읽은 책을 버리지 못하고 쌓아 두는 편인가요?

쌓아 두는 편이에요. 저는 책이 쌓여 있는 모습이 그렇게 보기 싫지는
않다고 생각하는데 어머니께서는 정리 좀 하라고 하시죠. 만약 제 집이
있다면 거실에 큰 책장을 두고 싶어요.

어떤 방식으로 책을 꽂아요?

꼼꼼하지는 않지만 장르별로 나누어서 정리하긴 해요. 시집, 철학,
시나리오, 연기론 등등…… 그 안에서 다시 가나다순으로 정리할
정도는 못 돼요. 대본도 마찬가지로 셰익스피어, 근현대, 국내 등으로
나누어져 있어요.

셰익스피어에게 온전히 한 칸을 내주었군요. 항상
셰익스피어의 작품을 좋아한다고 말해 왔고요.

영국에 있는 드라마 스쿨에 진학하고 싶어서 한동안 셰익스피어

연기를 준비했던 적이 있어요. 사극 연기, 현대극 연기를 달리하듯이 '셰익스피어 액팅'이 따로 있어요. 발음도 조심해야 하고 발성도 조심해야 하는 그들만의, 그러니까 영국의 규칙이 있어요. 굉장한 자부심이죠. 셰익스피어 컴퍼니 배우들은 그런 언어를 너무나 자연스럽게 구사해요. 리어나도 디캐프리오와 클레어 데인즈가 나온 「로미오와 줄리엣」도 원문 그대로 쓴 건데 그들이 자연스럽게 연기하려고 노력을 하잖아요. 그와 같이 운율을 살리는 연기를 해야 해요. 그런데 그게 굉장히 어려워요. 어떻게 보면 '오그라드는' 연기일 수 있는데 그렇지 않게 표현하기 위해서는 대사들이 마치 내 말인 것처럼 체득해야 하니까요.

특별히 애착을 갖는 작품이 있어요?

희극 쪽으로는 「십이야」를 좋아하고 비극 중에서는 「타이터스 앤드로니커스」를 좋아해요. 「타이터스 앤드로니커스」는 좋아하는 선배가 배역을 맡아서 본 적이 있는데 좋은 의미로 충격적으로 관람한 작품 중 하나예요.

한때 당신이 열광한 책이 있나요?

아주 어렸을 때는 『빨강 머리 앤』을 좋아했어요. 좀 더 자란 후에는 『토지』를 아주 좋아했어요. 일본에서 서울에 돌아왔던 중학교 때 어머니가 읽던 『토지』를 같이 읽게 되었고 읽다 보니 오기가 생겨서 결국 전권을 다 읽었어요. 어떻게 보면 학교를 가지 않아도 될 정도로 산 교육을 받았던 것 같아요.(웃음) 어머니와 함께 박경리 작가의 대하소설을 읽었던 그 여름방학은 아직도 기억에 생생하게 남아 있거든요.

최희서라는 예명도 『토지』의 '서희'와 관련이 있다면서요?

제 본명이 '문경'인데 글이 아름답다는 뜻이에요. 그런데 오디션 갈 때마다 이름이 학교 선생님 같다는 이야기를 많이 들었고, 배역을 좀처럼 따지 못해서 예명이 필요하다고 생각했어요. 작명소에서 받아 온 이름 중 희서가 있었어요. 그러니까 이름은 작명소에서 지어 준 것이지만, 최서희와 비슷해서 결국 희서를 선택한 거죠.

참 매력적인 인물이죠. 강인하면서도 고독한 여성이에요. 저도 중학교 때 『토지』를 읽었다가 몇 년 전 다시 읽었는데, 인물들의 다양한 가치관과 선택이 만든 인생이 새삼 눈에 들어오더라고요.

요즘 주목받는 여성 캐릭터와 닮았다는 생각도 들어요. 박경리 작가께서 굉장히 현대적인 여성상을 그린 것 같아요. 전권을 사서 다시 읽고 싶다는 생각이 드는 작품 중 하나예요. 토지를 읽은 후에는 대하소설에 빠져서 최명희 작가의 『혼불』도 읽고 그랬어요. 그러다 갑자기 미국을 가게 돼서 그때부터는 영어로 책을 읽어야 했어요.

지금과는 달리 해외에서 한국 책을 구하는 게 쉽지 않았을 텐데요. 책을 좋아한 만큼 다시 모국어로 된 글을 그리워하는 시간이었을 것 같네요.

그랬어요. 국내 대학에 진학할 계획으로 고등학교 때부터 국어 과외를 받았는데 그 선생님에게도 많은 영향을 받았어요. 입시를 위한 것이긴 했지만 그보다도 많은 걸 가르쳐 준 분이었죠. 제게 『자기 앞의 생』을 선물해 주었는데 그 책도 저에게 좋은 영향을 많이 주었어요. 미국에 있으면서 좋았던 점들도 있어요. 처음으로 셰익스피어를 영어로 배울 수 있었고 미국 단편소설도 읽기 시작했으니까요. 처음 배운 작품은 『오셀로』였어요.

인생에서 가장 많은 책을 읽었던 시기는 언제였나요?
초등학교, 중학교 때인 것 같아요. 고등학교 때는 학업 때문에 그렇게 많은 책을 읽지 못했어요. 지금은 운동을 좋아하지만 어렸을 적에는 움직이는 걸 싫어해서 집에 누워서 책 읽는 걸 가장 좋아했죠. 이제는 되도록이면 앉아서 읽으려고 해요. 자기 전에 엎드려 책을 읽는 나만의 시간은 여전히 좋긴 하지만요.

지금까지 말한 책들이 최희서의 인생의 책인가요?
제가 많은 영향을 받은 책들이죠. 그중 『빨강 머리 앤』은 제게 용기를 준 것 같아요. 어딘가에 속하지 못한다고 생각했던 앤이 새로운 곳에서 친구들을 만나 어려움 속에서도 호기심을 잃지 않는 모습 자체가 어린 제게 용기가 됐어요. 요즘에는 시와 에세이를 주로 읽고 있어요. 거의 10년 동안 소설을 많이 읽지 못했네요. 대본을 볼 때면 언제든 인물에 이입해서 읽게 되는데 동시에 또 다른 소설을 읽기엔 힘에 부치더라고요. 쉴 때가 아니면 잘 읽히지 않아요.

소설 속 인물이 연기 몰입을 방해하나요?
좀 그런 것 같아요. 그래서 에세이, 수필을 더 많이 읽는 것 같아요. 소설가 중에서는 김애란 작가를 좋아해요. 그래서인지 『바깥은 여름』은 더욱 읽기 힘들었어요. 아마 배우라서 다른 분들보다 조금 더 몰입해서 읽어서 그랬던 것 같아요. 『82년생 김지영』도 마찬가지로 힘들었어요.

관객들과 만나 좋은 평을 얻은 작품은 문학과 관련된 영화라는 공통점이 있었어요. 「박열」에서도 「동주」에서도 중요한 여성 캐릭터를 맡았죠. 예전에는 뮤즈처럼 영감을 주고 사라지는 역할이 많았다면 그와 반대로 한 사람의 인생이 주체적으로 드러나요.

「동주」에서는 허구의 역할이었지만 「박열」의 후미코는 실존 인물이고 본인이 남긴 자서전이 있는 분이었어요. 실제로 주체적인 인물이었고 그런 기록을 감독님과 작가님이 십분 활용하시다 보니 자연스럽게 주체적인 캐릭터가 되었죠. 일본 개봉이 확정되었는데 일본에서의 제목은 「가네코 후미코와 박열」이에요. 일본인인 가네코 후미코가 중요한 인물이기에 그랬던 것도 있겠지만 제 생각에는 그런 일본 여성이 있었다는 사실 자체가 일본에 더 새롭게 와닿았던 것 같아요.

    만약 가네코 후미코를 실제로 만난다면 묻고 싶은 게 있나요?
그분이 쓰신 글은 일본어로도 한국어로도 읽었고 재판 기록도 읽었어요. 자서전은 일인칭이고 재판 기록은 삼인칭이라 그녀의 삶을 다각도로 볼 수 있었죠. 그야말로 언행일치의 삶이었어요. 최근에 건국훈장 추서를 받았는데 그 소감을 여쭈어보고 싶네요. 실제로 영화 「박열」을 보신 팬들께서 마치 제가 받은 것처럼 소식을 알려 주시더라고요. 그녀가 이 소식을 들었다면 어떤 말을 할지 궁금해요.

    청룡영화제에서 신인여우상을 수상을 했을 때에도 후미코의 대사를 인용했었죠? 떨리는 순간에도 자연스럽게 인물의 말이 나온다는 건, 역할이 깊이 내면화되지 않고서는 어려운 일이죠.
대본 작업에도 꽤 많이 참여를 했어요. 후미코의 마지막 대사 "산다는 것은 그저 움직이는 것만을 뜻하지 않는다. 나의 의지에 따라 움직인다면 그것이 비록 죽음을 향한 것이더라도 그것은 삶의 부정이 아니다. 긍정이다."*는 제가 자서전에서 읽고 감독님께 부탁드려 넣었거든요. 후미코는 제게 단순히 연기한 인물을 넘어서, 같이 만들고 같이 고민하고 오랜 시간 생각한 인물이었어요. 이런 기회가 앞으로 다시 올지 모를 정도로 소중한 경험이었어요.

* 이준익 감독, 「박열」(2017).

직접 각색이나 번역을 하고 싶은 생각은 없나요?
사실 번역은 20대 중후반에 아르바이트로 꽤 했어요. 번역료가 아주 적지만요. 그중 가장 어려웠던 번역이 생각나는데 판소리로 개작한 「로미오와 줄리엣」을 영어로 재번역하는 일이었어요. 판소리를 영국에서 공연하게 되었는데 영어로 띄울 자막이 필요했던 거예요. 그런데 영국 사람들은 모두 「로미오와 줄리엣」을 알고, 셰익스피어의 언어를 알고 있거든요. 한 행에 다섯 어절이 들어가고 한 어절에도 운율이 있고 이를 지켜야 하는 셰익스피어의 문법이 있어요. 이러한 문법을 지키면서 번역을 하기로 결심했어요. 결국 원문에 판소리를 접목시키면서 운율까지 살려야 하는 상황이었죠. 최선을 다하긴 했지만 너무 힘들었던 기억이 있어요.

'셰익스피어 덕후'만이 할 수 있는 번역이었군요. 배우들은 캐릭터가 좋아서 작품을 선택했다는 이야기들을 많이 하는데 당신에게 '좋은 캐릭터'란 무엇인가요?
기본적으로 문학작품의 모든 캐릭터들은 매력적이라고 생각해요. 제가 생각하는 매력 있는 캐릭터는 끝에서 처음을 돌아봤을 때 변화와 성장을 겪은 인물인데, 문학작품의 캐릭터는 성장을 하잖아요. 그게 매력인 것 같아요. 하지만 시나리오에서는 아쉽게도 제가 맡은 캐릭터들 모두가 내적인 성장과 발전을 할 가능성이 크지 않아요. 시나리오의 목적은 어느 정도 엔터테인먼트에 있기 때문에 모든 캐릭터가 매력 있을 수는 없는 것 같아요.

그에 대해선 어떻게 생각하나요?
특히 주연이 아닌 조연이라면 그의 기능이 있는 거죠. 그 기능을 다하면 치고 빠져야 하는 역할들이 있는 거예요. 한 신이 나오더라도 인물의 이야기가 있고 그 인물이 이 변화를 겪고, 죽든 도망치든 살아남든 어떤 성장이 있다면 좋겠지만 그런 캐릭터를 시나리오에서 찾기는 어려운 것 같아요. 저도 시나리오가 너무 좋아서 찾아보면 사실 문학작품을 원작으로 하는 경우가 꽤 많았어요.

문학에서 만난 가장 매력적인 캐릭터는 누구였나요?
물론 최서희이기도 하고요. 굉장히 오랜만에 『제인 에어』를 읽었는데 제인 에어의 캐릭터가 너무 좋더라고요. 한국어판 세계문학전집으로 처음 읽고 영어를 배운 후 원서를 읽었는데 원서에서 인물에 대한 묘사가 더욱 생생하게 살아 있어 너무 좋았어요. 왜 제인 에어라는 인물이 몇 번이고 영화화가 되었는지 알 수 있을 정도로 말이죠. 굉장히 매력적인 인물이에요.

최근 본 인상적인 문학 원작 작품이 있나요?
영국 감독들이 문학작품을 활용한 영화를 잘 만들어요. 그중 주디 덴치 주연의 「필로미나의 기적」이라는 영화를 굉장히 좋아해요. 또 줄리언 반스의 『예감은 틀리지 않는다』를 원작으로 한 「The Sense of an Ending」도 좋았고요. 구조나 캐릭터들이 문학적이라 좋았어요. 최근에 본 영화 「퍼스트맨」도 소설이 원작이라 들었는데 확실히 모든 캐릭터들이 매력적이었어요. 특히 클레어 포이가 연기한 암스트롱의 아내 자넷 암스트롱 역할이 기억에 남아요.

조금씩 글을 쓰고 있다면서요?
네, 누구에게 보여 주기 위한 글은 아니에요. 음, 시도 써요. 부끄럽네요.(웃음) 아무에게도 보여 주지 않는 시와 일기 같은 것들이요. 그리고 시나리오도 조금 쓰다 만 게 있는데 얼마 전부터 다시 쓰기 시작했어요. 시나리오 작법이 따로 있다고는 들었는데 그냥 무시하고 쓰고 있어요. 글 쓰는 건 좋아하는 편이에요.

시간은 배우 편이라고 이야기를 하죠. 그럼에도 지금 당장 하고
싶은 작품이 있어요?

지금 나이에 연기할 수 있는 배역들과 지금 하기에는 부족함이 있는
배역이 확실히 구분되어 있는 것 같아요. 제가 20대 초반에 뷔히너의
「보이체크」라는 작품을 한 적 있어요. 스물한 살에 보이체크의
아내인 마리를 연기했는데 아기가 있으면서 불륜을 저지르는 젊은
엄마 역이에요. 극 중 아기를 안고 본인의 죄책감에 대해 이야기하는
장면이 있었는데 실제로 아기를 가진 후에 그 연기를 하면 너무 다를
것 같다는 생각이 들어요. 특히 고전 같은 경우에는 어린 나이에 잘
모르면서 한 역할들이 많았던 것 같은데 지금이라면 그때와는 다른
결이 나올 수 있을 것 같다는 생각을 해요.
지금 할 수 있다면 할리우드에서 영화로 제작된 적도 있는 「어거스트:
가족의 초상」이라는 연극을 하고 싶어요. 해체된 가족이 다시 만나고
또다시 해체되는 이야기예요. 정신적으로 힘든 엄마와 그런 엄마를
등한시했던 딸들이 다시 시골집에 돌아와서 생기는 이야기인데 그중
큰딸 역할을 해 보고 싶어요.

지금 잠시 휴식 중이죠? 연기해야 할 인물에 간섭받지 않고,
자유롭게 책을 읽는 즐거움을 누리고 있나요?

그랬었는데요, 이제 다음 작품을 준비하고 있어요. 스티븐 킹의
『미저리』같은 작품이에요. 제가 오래전에 종영한 드라마 작품의 광팬
역할이고, 그 작품이 다시 만들어지면서 드라마의 작가를 납치하는
이야기죠. 지금 남자 배우를 캐스팅 중이에요.

배우
이영진

마음의
처방전

사진 ⓒ woosanghee
2019년

영화를 찍을 때에는 잠시 쉬지만, 작품이 끝나면 다시 익숙한 책의 세계로 돌아온다. 자신의 목소리를 내는 것을 두려워하지 않는 이영진의 세계에는 필연적으로 만난 많은 책이 존재했다. '마음의 상비약'부터 '숙제', '총알'. 그가 책을 부르는 이름은 이토록 다양하다.

어린 시절에도 책을 좋아하는 아이였나요?
그렇진 않았어요. 초등학교 6학년부터 중학교까지 특별활동으로 신문사설반에 들어갔어요. 어렸을 적에는 사설을 많이 읽었어요. 정치에 대한 이야기가 대부분이라 그걸 다 이해할 수는 없었지만 읽고 토의하는 과정을 반복했어요. 꼭 하고 싶었다기보다는 특별히 원하는 다른 부가 없었죠.

사설로 읽는 훈련을 한 셈이네요.
그때의 활동이 활자에 대한 거부감을 덜어 준 것 같아요. 중학교 때부터는 학교에서 권히는 필독서가 있었는데 친구들이 읽기 싫어했던 반면에 저는 그다지 싫지 않았거든요. 취미가 독서라고 하면 고리타분한 사람으로 취급하는 분위기가 있었지만요.

그런 분위기가 영향을 주었나요?
열일곱 살에 데뷔를 했어요. 현장에서 책을 읽고 있으면 이미지를 연출하려고 독서하는 사람처럼 보일 것 같아 더 숨어서 읽었던 것 같아요. 연예계 활동이 워낙 불규칙하게 이뤄지다 보니 심리적인 안정감을 얻기 위해 책을 읽는 사람이 저뿐만이 아닐 거라고 생각해요.

데뷔 후부터 지금까지 꾸준히 작품 활동을 이어 오고 있죠. 때때로 책에 의지하기도 했나요?

운이 좋았어요. 책도 도움이 되었죠. 책 덕분에 작품이 끝나고 다음 작품 들어가기 전까지의 공백기를 불안해하거나 조바심 내지 않고 잘 넘기는 편이에요. 작품에 들어가면 책을 볼 정신이 없지만, 작품이 끝나면 다음 작품 들어가기 전까지 미뤄 놨던 책을 숙제하듯 읽어요.

그럴 때 책은 어떤 역할을 해요?
영화 「여고괴담 두번째 이야기」 이후 10년 동안 비슷한 장르, 비슷한 캐릭터를 연기해 왔어요. 배역에 대한 목마름이 있을 수밖에 없었는데 그런 면을 소설을 읽으며 해소할 수 있었어요. 문학작품에서 여러 캐릭터들을 경험하는 것이 그때그때의 목마름을 해소하는 데 도움이 됐던 거죠. 그래서 연기하고 싶은 역할이 뭐냐는 질문을 받으면 소설 속 인물들이 먼저 떠올라요. 현실에 없는, 영화로도 만들어지지 않은 캐릭터들이 많기도 하고 여성 캐릭터도 다양하니까. 영화에서도 이런 캐릭터가 많았으면 좋겠다는 바람도 커져요.

문학에는 영화보다 강하고 생생한 여성 서사와 여성 캐릭터가 더 많죠.
맞아요. 제가 『1Q84』를 굉장히 좋아하는데 거기 등장하는 아오마메가 인상 깊었어요. 벌써 오래전인데도 여전히 그 정도로 매력 있는 여성 캐릭터들은 책 속에만 존재하는 것 같아요. 최근에는 『진실의 10미터 앞』이라는 책을 재미있게 봤는데 여성 기자의 시선에서 사건이 그려져요. 그 책 덕분에 기자라는 직업에 매력을 느꼈어요.

문학에서 또 어떤 흥미로운 여성 캐릭터를 만났나요?
최근의 관심사 중 하나가 안락사인데 은모든 작가의 『안락』이라는 책을 읽었어요. 한 할머니가 스스로 자신의 삶을 마감할 때를 정해 두고 주변을 정리하는 과정, 그리고 가족과의 관계를 그린 소설이에요.

길지 않은 작품이고 그런 상황을 겪어 본 적 없음에도 소설 속 상황을 상상하고 이입하며 봤어요.
『돌이킬 수 없는 약속』이라는 일본 소설도 떠오르네요. 한 할머니가 일본 갱으로부터 벗어나려고 하는 한 남자를 도와주는 조건으로, 자신의 딸을 성폭행하고 죽인 두 남자가 출소하면 그들을 죽여 달라는 조건을 내걸어요. 선량하지만 복수심이 강한, 이중적인 캐릭터가 신선했어요. 알고 있다 여기지만 쉽게 잊기도 하는 이면의 심리를 마주하게 되어 흥미로웠어요.

장르를 가리진 않나요?

장르를 가리진 않지만 취향은 생겼어요. 일본 소설을 좋아하는 편이에요. 모두가 그렇겠지만 하루키의 영향을 많이 받았어요.(웃음)

개인적인 삶을 그린 사소설이 있고 사회적인 문제를 다루는 사회파 소설도 있죠. 잘 알려진 일본 소설 중에서도 어느 쪽을 더 좋아해요?

예전에는 전자였어요. 그때는 후자의 책들은 읽어도 이해가 잘 안 되고 공감하기도 어려웠어요. 그런데 이제는 후자의 이야기들도 제가 이해할 수 있는 범위에서는 읽게 돼요. 에세이도 많이 읽는 편이에요. 저만의 습관이기도 한데, 만약 소설 두 권을 읽었다면 에세이를 꼭 한 권은 읽어야 해요.

어떻게 생긴 습관이에요?

하루키를 읽으면서 생긴 습관인 것 같아요. 읽으면 허무해지고는 했었거든요. 하루키 책을 읽고 나면 다른 즐거운 책이나 만화책을 섞어 읽는다는 사람들이 있더라고요. 저도 하루키를 읽은 후에는 에세이처럼 비교적 가벼운 책들을 찾게 됐어요. 하루키의 책 중에서는

『댄스 댄스 댄스』를 가장 재미있게 읽었고 『세계의 끝과 하드보일드 원더랜드』도 좋아했어요. 『노르웨이의 숲』은 별로 재미없었는데, 『해변의 카프카』를 만나니까 앞의 것을 다 잊을 정도로 너무 재미있더라고요. 『1Q84』 이후로는 이 작품을 제일 좋아하게 됐어요.

작가가 무척 기뻐할 것 같아요. 신작이 항상 최고라고 말해주는 독자라니. 하루키의 초기작은 1980년대에 쓰였지만, 그 무렵 태어난 사람들에게도 자신들의 이야기를 마주하는 듯한 경험을 주죠.

보통 책을 좋아하는 사람들은 좋아하는 작가가 있으면 연대기처럼 작가의 책을 찾아 읽던데, 전 작가에 따라 어떤 작품은 좋고 어떤 건 아니더라고요. 신경숙 작가의 『기차는 7시에 떠나네』, 에쿠니 가오리의 『낙하하는 저녁』은 좋아했는데 그 작가들의 다른 작품은 저랑 안 맞았어요. 야마다 에이미도 좋아했고요. 『공주님』을 재미있게 읽었어요. 꾸준히 좋아하는 작가를 고른다면 역시 하루키인 것 같네요.

이제 취향에 맞는 책을 잘 고르게 되었나요?

예전보다 실패율이 낮아지긴 했어요. 전에 실패율이 80퍼센트였다면 이제는 20퍼센트 정도? 그런데 실패율이 높았을 때는 가끔 성공할 때의 기쁨이 굉장히 컸어요. 지금은 실패율이 적어진 만큼 기쁜 경험도 적어졌어요.

그러다가도 여전히 번쩍하는 섬광처럼 좋은 책들이 나타나지 않나요?

오지은의 『익숙한 새벽 세시』가 그랬어요. 작가와 친분이 있어서 처음엔 가벼운 마음으로 읽었다가, 정말 진부한 표현이지만 이 책

하나로 울고 웃고 위로받는 경험을 했어요. 입 밖으로 내는 순간 부끄러워지는 것들을 잘 포착했어요. 책에서도 '작은 마음'이라 표현되었는데요, 꺼내지 못한 채 속에서만 크게 소용돌이치는 감정들을 잘 잡아내고 위로해 준 책이에요. 요즘도 마음이 허할 때면 그 책을 다시 보게 돼요.

영화화될 경우 참여하고 싶은 작품이 있어요?

은모든 작가의 『안락』요. 가족 이야기인 것도 사람 사는 이야기인 것도 좋아요. 읽는 내내 할머니의 얼굴이 굉장히 보고 싶었어요. 죽음을 기다리는 게 아니라 준비해 가는 사람의 표정이 어떨지 궁금하기도 했고요. 그래서 만약 이런 작품이 영화로 만들어진다면 스토리보다는 사람의 표정 때문일 거라는 생각이 들었어요. 책은 손녀의 시점에서 그려지는데 저는 주인공인 손녀딸을 연기해 보고 싶어요. 저희 외할머니가 돌아가셨을 때 엄마가 무척 힘들어하셨어요. 제게 엄마가 그렇듯 외할머니는 엄마의 엄마였던 거죠. 아직도 그때의 엄마의 표정이 남아 있어요. 그런 개인적인 경험과 겹치면서 오래 여운이 남는 것 같아요.

인생을 어떻게 살지 고민이 될 때 길잡이가 되어 준 책도 있나요?

어떤 책들은 그런 답을 주기도 했어요. 유시민 작가의 『어떻게 살 것인가』와 『국가란 무엇인가』를 읽고 '나'라는 개인이 갖추어야 할 태도나 위치 같은 것들을 생각하게 됐어요. 최근 가장 큰 영향을 받은 건, 책은 아니지만 제가 출연한 「환상속의 그대」라는 영화예요. 그 작품을 하면서 처음으로 죽음을 현실처럼 느끼게 된 거죠. 모든 사람이 결국 죽는다는 걸 알고 있지만 자신과 주변 사람이 죽을 수 있다는 건 잊고 살잖아요. 그 작품을 하면서 죽음이 너무 근처에까지

왔다는 느낌이 들었어요.

  삶의 대한 태도에도 영향을 미쳤어요?
전에는 내가 죽으면 지구도 없어진다는 느낌이 컸어요. 지금은 내가 죽는 건 나만 죽는 거지만, 내 주변의 누군가가 죽는 건 나의 한 세계가 죽어 버리는 것 같아요. 그 사람과 나의 어떤 교집합까지 모두 죽어 버린다는 생각이 들어요. 그러다 보니 사람과의 관계를 꾸릴 때 내 태도를 이전보다 중요하게 여기게 되었어요.

  최근 2~3년 동안에는 여성주의 책이 많이 나왔습니다. 기억에 남는 책이 있나요?
출간된 모든 페미니즘 책을 다 읽은 건 아니지만 열 권 정도 읽고 느낀 점은 너무 허무하게도 하나였어요. '이걸 왜 내가 읽고 있어야 하지?'라는 생각이요. 이걸 모르는 사람이 읽고 알아야 하는 건데, 이 책을 읽는 사람들은 모두 이미 알고 있는 사람들일 거라는 생각이 들더라고요. 책을 읽지 않더라도 대한민국에 사는 모든 여성들은 페미니스트가 아닐 수 없다고 생각해요.

  개인적으로 더 가깝게 다가온 부분도 있었어요?
대한민국에 사는 여성이라면 여성혐오적인 부분에서 자유로울 수 없다고 생각해요. 머리부터 발끝까지 완전무결한 페미니스트라고 말하기 힘든 게 현실이겠죠. 이미 사회 곳곳에서 영향을 받았고 그 일부로 살아왔으니까요. 그런데 완벽한 페미니스트여야만 페미니스트라고 말할 수 있을 것 같은 사회적 압박감이 있었어요. 그래서 언제나 페미니스트는 지향성이 되고, 나는 페미니스트가 되고 싶은 사람이 되었어요. 누군가 제게 여성 자체를 상품화하는 직업을 가지고 있으면서 어떻게 페미니스트일 수 있냐고 묻는다면 정말 할 말이 없어요. 그저 옷이 좋고 그 옷을 구입하거나 즐기고자 하는 여성들에게 어떤 다리를 제공하는 사람이었던 건데 제가 여성혐오의 주체였다고 하면 할 말이 없죠. 그래서 그때부터는 "페미니스트가 되고 싶어요. 그게 옳다고 생각하거든요."라는 지향점을 말하게 되었어요. 그렇게 말하고 나니 좀 정리가 되는 것 같더라고요. 특히 페미니즘 책은 더 그런 것 같아요. 페미니즘을 먼저 안 사람들이 다른 사람들에게 나누어 주는 총알 같다는 생각을 해요.

그렇게 여성주의 책을 읽다가 평소 즐겨 보던 일본 소설을 읽으면 불편한 지점들이 들어오지 않나요?

책뿐만 아니라 살면서 불편한 것들이 너무 많아졌어요. 전으로 돌아갈 수도 없는데 이젠 억울한 생각까지 들어요. 총알이 장전되었지만 아직 전쟁터에도 못 나간 것 같아요.

새 작품을 기다리는 작가가 있나요?

『비하인드 도어』,『브레이크 다운』을 쓴 B. A. 패리스요, 그리고 김애란 작가의 작품은 꼭 챙겨 봐요. 김형경 작가의『좋은 이별』도 제가 좋아하는 책이에요. 다음 작품을 기다리고 있죠.

처음 읽은 김애란의 작품은 무엇이었어요?

서점에서 우연히 제목에 이끌려서 구입해서 읽은『비행운』으로 김애란 작가를 접했어요. 처음에는 가볍게 여행 가서 보면 좋을 거란 기대로 보게 되었는데 실상은 여러 가지 의미로 아주 두려운 책이어서 충격을 받았어요.『두근두근 내 인생』,『달려라 아비』등도 있었지만 여전히 가장 좋아하는 작품은『비행운』이에요.

김애란 소설의 어떤 면에 끌려요?

누구나 애써 마주하기 싫은 상황들에 대한 감정들이 있잖아요. 그런 상황과 감정이 덤덤하게 나열되어 있는데 마음에는 소용돌이가 쳐요. 특히 『비행운』에 수록된 단편 「벌레들」에 임신한 아내 이야기가 기억에 많이 남아요. 끔찍한 상황이 계속 겹쳐지는데 마지막에 양수가 터지고 나서는 좌절과 함께 더는 아무것도 할 수 없을 때 찾아오는 왠지 모를 안도감까지 동시에 느꼈어요.

언젠가 작가를 만난다면 묻고 싶은 게 있어요?
『비행운』의 「서른」에서 인상 깊은 구절이 있어요. "너는 자라 내가 되겠지⋯⋯ 겨우 내가 되겠지."* 훗날 「마흔」이라는 작품이 만들어진다면 같은 상황에서 학창 시절을 보내고 있는 그 친구들, 혹은 서른을 지나고 있는 친구들을 보며 작가는 이제 어떤 생각을 할까 궁금해요.

김형경 작가의 『좋은 이별』은 어떤 에세이로 기억하고 있어요?
제가 주변에 가장 많이 선물한 책이에요. 연인과의 이별로 힘들어하는 친구, 가족을 잃은 친구, 키우던 반려동물을 하늘나라로 보낸 친구 등등⋯⋯ 위로를 하고 싶을 때 어떤 말로 위로를 해야 할지 모르겠더라고요. 그럴 때면 이 책을 선물했어요. "시간이 지나면 괜찮아진다."라는 말을 믿지 않아요. 부재하는 시간이 길어지는데 어떻게 괜찮아지지? 하는 의문이 있기도 하고. 그런 점에서 이 책의 매력은 자신만의 '애도' 방법을 알게 해 준다는 것이 아닐까 싶어요. 여전히 성인은 슬픔을 감추는 것이 미덕이라는 정서가 우리나라엔 존재하잖아요. 제가 느낀 '관계'에 대한 상실감이나 박탈감을 인생 경험이 많은 언니가 알려 주는 듯한 그런 책이었어요. 김소연 시인의 『마음사전』과 더불어 제 마음을 위한 상비약이에요.

* 김애란, 「서른」, 『비행운』(문학과지성사, 2012).

좋은 이별이 존재할까요?
어떤 이별이든 좋을 수 없다고 생각해요. 이별은 흔적을 남기고, 흔적은 고스란히 상처로 돌아오는 것 같거든요. 전 익숙해진 이별이 제일 좋은 이별 같아요. 대상이 사람이건, 동물이건, 혹은 어떤 상황이건 이별한 상태가 익숙해진 이별. 그게 제일 좋은 이별 같아요.

작가
김하나

독서의
스펙트럼

사진 ⓒ 김태환
2019년

팟캐스트 「책읽아웃 – 김하나의 측면돌파」 진행자이자 카피라이터, 『말하기를 말하기』, 『여자 둘이 살고 있습니다』의 저자인 김하나에게 인생은 곧 스펙트럼을 넓히는 일이다. 프리즘을 통과한 무지갯빛처럼, 책은 그녀를 끊임없이 어디론가 데려간다. 읽지 않은 책과 가 보지 않은 길로.

어릴 적부터 책을 즐겨 읽었나요?

아이들이 책을 읽게 하려면 엄마 아빠의 책 읽는 모습을 아이가 많이 봐야 한다거나 집에 책이 많아야 한다고들 하잖아요. 저희 엄마는 방송에 그런 얘기가 나오면 다 거짓말이라고 하세요. 부모님께서 지금은 눈이 안 좋으셔서 독서량이 줄긴 했지만 젊을 적에는 전투적으로 책을 읽으셨어요. 그래서 오빠에게 책 읽는 재미를 붙여 주려고 책을 많이 사다 주셨는데, 정작 오빠는 안 읽고 제가 열광하면서 읽게 된 거죠. 그때 추리소설에 제가 빠졌는데, 애거사 크리스티를 너무 좋아해서 거의 다 읽었을 정도예요.

작고 빨간 해문출판사 전집 말이죠?

네, 맞아요. 새로운 책을 사면 질투가 나서 가장 먼저 읽고, 범인이 누군지 제일 먼저 알고 있어야 해요. 읽는 건 어릴 때부터 좋아했어요. 중고등학교 시절에도 여러 책을 읽긴 했지만, 대학 들어가서부터 다시 많이 읽게 됐어요.

부모님께서 책을 좋아하셨다면, 부모님의 서가를 탐하기도 했겠군요. 읽지 말라는 책도 읽고요.

그럼요. 그런 책들은 기운을 풍기고 있잖아요. 어린이판과 너무 다른 『아라비안 나이트』라거나. 괜히 일부러 안 보이는 곳에 슬쩍 넣어 두려

하는 책들. 저는 그런 걸 귀신같이 알아서 꺼내 봤어요. 저희 집에는
전집 같은 게 없어서, 친구 집에 있는 세계명작전집을 보면 신기하고
놀라웠어요. 일주일에 한 번씩 목욕탕 다녀오는 날이 '해운대서점'에
가는 날이었는데 한 권씩만 살 수 있었죠. 읽을거리가 풍부한 편은
아니었어요.

> 해운대서점에서 고른 책 중에 남달리 기억되는 책은
> 무엇인가요?

항상 추리소설이었어요. 저는 어렸을 때 동화책을 거의 안 읽었어요.
너무 유명한 책들도 안 읽은 것이 많아서 취직하고서 읽은 게
많아요. 그래서 뒤늦게 열광했던 게 『비밀의 화원』이에요. 세상에
이렇게 훌륭한 소설이 다 있다니 놀랐죠. 『버드나무에 부는 바람』도
좋아했고요.

> 좋은 책들은 세대를 막론하고 사람을 끌어당기죠.

정말 그런 것 같아요. 읽을 당시의 흡인력뿐만 아니라 지금 다시 읽어도
가슴을 뛰게 하는 책이니까요. 『비밀의 화원』을 너무 재미있게 읽어서
책장 잘 보이는 곳에 두었거든요. 저희 어머니도 제 집에서 그 책을
다시 읽으셨어요. 떠나실 시간이 됐는데도 그 책을 놓지 못하셨어요.
가시는 기차 안에서 마저 다 읽고, 이어서 그날 밤 아빠가 늦은
시각까지 다 읽으셨대요.(웃음)
우리나라에서는 책이라고 하는 게 여타 취미와 평등하지 않고 더
우위에 있는 있는 것으로 여겨지는 것 같아요. 책 좀 읽어라. 책도 안
읽냐? 이런 얘기를 음악이나 미술에 관해서는 별로 하지 않잖아요.
독서에 대한 그런 왜곡과 부채감이 오히려 사람들로 하여금 책
읽기를 숙제처럼 받아들이게 하는 것 같아요. 『보르헤스의 말』을
보면 "우리는 즐거움을 위해 책을 읽어야 해요."*라는 이야기가

* 호르헤 루이스 보르헤스, 윌리스 반스톤, 서창렬 옮김, 『보르헤스의 말』(마음산책, 2015).

나오는데, 정말 맞는 말이라 생각해요. 『쾌락독서』가 나왔을 때도 책 제목을 보면서 엄마와 함께 이거야말로 평생 우리가 해 온 말이라고 얘기했어요. 얄궂은 책도, 삼류 소설이라도 재미있어서 읽다 보면 점점 책 읽는 게 익숙해지잖아요. 그렇게 자기가 좋아하는 걸 찾아가게 되는 것 같아요.

대학 시절에는 어떤 책을 읽었어요?
잡다하게 읽었지만, 가장 기억에 남는 건 셰익스피어였어요. 도서관에 가면 초록색으로 제본된 얇은 셰익스피어 전집이 있었어요. 제인 오스틴과 셰익스피어는 거의 다 읽었어요.

카피라이터는 뛰어난 언어 감각을 가진 사람들이 하는, 언어의 마술사 같은 직업이라는 인상이 있지요. 독서 경험이 카피라이터로 일할 때 도움이 되었나요?
독서가 확실히 도움이 많이 된 것 같아요. 카피라이터에 대한 많은 오해가 있어요. 카페에서 라테를 한 잔 시켜 놓고 창밖을 쳐다보다 불현듯 영감에 사로잡혀 써 내리는 걸 카피라이터의 이미지로 생각들 하시는데, 전혀 아니에요. 현실은 회의실 안에서 갑론을박을 벌이는 것이죠. 공부해야 할 자료도 너무 많아요. 이야기해야 할 게 뭔지 제대로 숙지해야 하기 때문에 이해력이 굉장히 중요해요. 그때 독서력이 도움이 됐어요. 이야기의 맥락, 핵심을 파악하는 능력이 필요하니까요. 하지만 책을 많이 읽지 않고도 그런 것들을 잘하는 카피라이터들도 많이 있어요. 타고난 언어 감각이 있는 사람들이고 그 역시 훌륭한 재능이죠. 다만 저의 경우엔 공부의 과정에서 독서가 많은 도움이 됐어요. 확실히 우리나라는 레토릭에 대한 교육이 부족하다 보니 누군가에게 배운다기보다 혼자 책을 읽으면서 멋있는 문장을 눈여겨봤던 것 같아요. 파블로 네루다의 시를 읽으며 도치법의

멋에 대해 손뼉을 치기도 하고요. 좋은 구절을 받아쓰다 보면 이 문장이 왜 멋있는지 자연스럽게 습득이 되기도 해요. 문장의 힘, 말맛이란 게 있잖아요. 독서를 하며 그런 것을 은연중에 익혔던 것 같아요.

창작의 돌파구를 찾기 위해 책에 기댄 경험도 있나요? 가끔 저는 제목을 짓다 막히면 시집을 펼쳐 보고는 하거든요.
말씀을 들으니 시집을 봤다면 도움이 됐을 거란 생각이 드네요. 저희 아빠가 시를 쓰셨는데 그래서 아빠랑 시, 시인을 다 싫어했어요. 징글징글했어요. 왜냐하면 아빠와 제가 너무 닮았거든요.(웃음) 시인들은 너무 자신의 느낌과 순간 들에 집중하니까 곁에 있는 사람은 피곤해요. 그래서 시도 멀리했고 시집도 들춰 보지 않았어요. 시집을 보게 된 건 훨씬 훗날의 일인 것 같아요. 요즘도 시를 그렇게 많이 읽는 편은 아니에요. 예전에는 한국 시 특유의 축축한 느낌이 싫었어요. 그런데 요즘엔 재미있는 시집들도 많으니까요. 시라고 하는 게 없었다면 이 세상이 얼마나 팍팍할지 나이가 들어서야 느끼게 됐어요. 저는 시보다는 시적인 무언가를 좋아하는 것 같아요. 시적이라고 표현할 수밖에 없는 순간 같은 것.

당신에게 가장 시적으로 다가온 작품이 있다면요?
존 버거 글을 읽을 때 그런 생각이 많이 들어요. 책 입맛이 잡다한 편이라 자기 계발서나 사회과학서도 좋아하는 편이지만 이미지가 환기되는 글의 힘은 정말 강력한 것 같아요. 커서 읽은 동화책 중에서는 아스트리드 린드그렌의 『사자왕 형제의 모험』이 기억에 남아요. 이미지가 휘몰아치는 느낌이 들었거든요. 『카라마조프가의 형제들』을 읽으면 어둠에 짓눌리는 듯한 것처럼 어떤 책은 글을 통해서 다른 세계로 저를 잡아당기는 느낌이 들어요. 최근에는 데버라

리비의 에세이 『알고 싶지 않은 것들』이 그랬어요. 저는 이렇게 저를 강하게 사로잡는 힘을 느낄 때가 좋아요. 존 버거, 마이클 키멜만, 블라디미르 나보코프…… 제가 지금까지 글을 의미 전달과 의사소통 같은, 내 생각을 꺼내 놓는 수단이라 생각했다면 이런 사람들은 글로 무언가를 피워 올리는 느낌이 들어요. 마법 같다는 생각이 들 때가 있어요. 시적이라고 느껴요.

현재 진행 중인 팟캐스트 「김하나의 측면돌파」는 어떻게 시작하게 되었어요?

처음 의뢰가 왔을 때 마침 황선우 씨와 『여자 둘이 살고 있습니다』를 쓰고 있었으니 책이 출간됐을 때 황선우 작가를 초대해서 이야기하면 좋겠다고 생각했어요. 팟캐스트는 말을 하는 콘텐츠이다 보니 조금 부담스럽기도 했는데 그 부담을 떨치기 위해서 일부러 가볍게 마음을 먹으려 했어요. 해 봐야 이게 맞는지 아닌지도 알겠지, 하다 보면 늘겠지 싶어서 일단 해 보자는 마음으로요.

팟캐스트를 계속 이어 가실 생각인가요?

지금의 멤버 그대로만 간다면 머리가 하얗게 셀 때까지도 하고 싶어요. 카피라이터로서 명함을 받았을 때 그 직함이 굉장히 멋있게 느껴져서 머리가 하얗게 셀 때까지 카피라이터를 해야겠다는 생각을 했어요. 크리에이티브 디렉터에 대한 욕심도 없었고 계속 카피라이터이고 싶었어요. 그런데 일을 하다 보니까 미디어도 너무 많이 변했고 저도 점점 흥미를 잃게 되는 부분도 있더라고요. 제가 그 명함을 받았을 때 팟캐스트는 세상에 있지도 않았죠. 내가 하고 싶다고 해서 되는 게 아니고 앞으로 다른 여러 변화들이 일어날 수 있겠다는 생각을 해요. 오랜 시간 하고 싶은 마음 자체는 커요. 작가들을 만나고 함께 이야기를 나누고 깨닫게 되는 부분들이 많은데 그걸 또 다른

분들이 편집까지 해서 아카이빙을 해 주시잖아요. 즐겁고 재미있는
작업이에요.

뒤늦게 당신의 팟캐스트에 빠졌다는 청취자에게 '정주행' 말고
'역주행'을 하라고 조언하던데요?

첫 회를 아직도 다시 못 들었어요.(웃음) 자기 목소리를 들을 때의
이상한 느낌과 저의 딱딱한 로봇 진행 때문에 앞부분 조금 듣다가
도저히 못 듣고 꺼 버렸어요. 계속 로봇처럼 진행을 하다가 도대체
작가님이 나오셨던 게 조금 나아진 계기가 되었어요. 『힘 빼기의
기술』이라는 책을 제가 쓰고도 힘을 못 빼고 있다가 그 편부터
힘을 빼고 진행해 봤더니 훨씬 반응도 좋고 저도 이야기하기가 더
즐거워졌어요. 되도록 역주행하시는 것을 추천합니다.

책을 주제로 하는 팟캐스트를 진행하는 가장 큰 즐거움은
무엇인가요?

웬만하면 책을 다 읽고 가려고 노력해요. 너무 바쁠 때나 쉴 수
있을 때나 책을 읽는 편이에요. 책 읽는 것 자체가 엔터테인먼트인데
그걸 준비한다는 명분이 있으니까 일과 쉼이 같이 가는 것 같아서
좋았어요. 1시간 30분 정도 작가님과 이야기하고 나서 저희끼리
진행하는 '삼천포책방'을 역시 1시간 30분 정도 이어서 하는데, 시간이
길다 보니 집중력이 떨어져서 안 했으면 좋았을 말도 튀어나와 후회할
때도 많아요. 어제는 제가 다른 팟캐스트 「영혼의 노숙자」에 게스트로
나갔어요. 진행자인 셀럽 맷 님이 워낙 진행을 잘해 주시니까 나가서
기분 좋게 떠들기만 하면 됐어요. 그런데 저는 셀럽 맷 님이 굉장히
하이 텐션인 중에서도 다음 질문 생각하고 계시겠지 싶어서 대단하게
느껴지는 거예요.(웃음) 그렇게 계속 집중해서 이야기를 끌어 나가는
건 지금도 쉬운 일은 아닌 것 같아요. 저는 떨어도 안 떠는 것처럼

보이는 강점이 있는데, 덕분에 듣는 분들은 안정감이 느껴진다고
하지만 제 신경은 굉장히 '파르르'하고 있는 상태예요.

**누구든 팟캐스트의 손님으로 초대할 수 있다면 누구를
초대하고 싶어요?**
죽은 사람도 된다면 시인 비스와바 쉼보르스카. 절망적인 상황일 때
절망하기보다 희망 쪽으로 기울기를 만드는 사람들이 항상 대단해
보여요. 이분은 굉장히 많은 일을 겪었음에도 불구하고 어쩜 그런
시를 쓸 수 있는지 불가사의해요. 이분의 평소 말투와 성정을 느껴
보고도 싶고요. 살아 있는 사람 중에는 최근 책이 나오기도 하고
이슈화가 되기도 했으니 미셸 오바마. 저희 팟캐스트도 이슈가 되면
좋으니까요.(웃음) 세계적으로 흥행도 될뿐더러 워낙 말씀을 재미있게
잘하니까요.

팟캐스트를 하는 동안 책 읽는 취향도 바뀌었나요?
저는 지식을 확장하는 것도 엔터테인먼트라고 생각해요. 내가 기쁘고
즐거움을 느낄 수 있다면 두꺼운 책에도 곧잘 도전해요. 제대로
소화했는지 아닌지 몰라도 어쨌든 완독했다는 쾌감, 산이 저기 있으니
오른다는 것과 비슷한 성취감을 주기도 하잖아요.『우리 본성의
선한 천사』의 경우에는 하루에 150쪽씩 읽기로 했었어요. 때문에
일찍 출근해서 독서대에 책을 놓고 한 장씩 넘기고 있으면 마치
그곳이 예전에 글공부하던 사랑채 느낌이 들어서 좋았어요. 사람이
똑같이 앉아 있더라도 핸드폰을 볼 때와 책을 보고 있을 때의 느낌과
속도감이 다르잖아요. 한 장 한 장 넘길 때 느껴지는 시간이 좋아서
두꺼운 책도 좋아해요. 그러고 보니 책의 취향이 달라진 것 같기는
해요. 읽으며 새로 생기는 관심을 따라가는 편이에요.

작가와의 대화가 많으니, 한국문학을 더 읽게 되지 않나요?
맞아요. 앞서 말한 여러 이유들로 한국문학을 많이 읽는 편은 아니었는데, 팟캐스트를 하면서 좀 더 읽게 됐어요. 평소라면 집어 들지 않았을 법한 책들을 읽게 되기도 하는데 그게 너무 좋아요. 읽어 보지도 않은 채로 별로 안 좋을 거라고 생각했던 책인데 읽어 보면 거기서 받아들이게 되는 게 분명히 있거든요. 제 스펙트럼이 점점 더 넓어지고 있는 것 같아요. 제 모토가 인생은 레벨 업이 아니라 스펙트럼을 넓히는 것이라는 건데요. 버리는 독서 경험이란 건 없다는 생각이 들어요. 나와 잘 맞지 않는 책을 알게 된다 하더라도 그 경험이 저에게 계속 남으니까요.

그렇게 만나게 된 책 중 특히 행운이라고 느껴진 책이 있나요?
구병모 작가의 『아가미』를 읽기 시작했는데 4분의 1쯤 읽었을 때 다음 주 팟캐스트에 작가님을 초대했다는 이야기를 들었어요. 마침 빠져들던 중이라 잘됐다고 생각했죠. 이럴 때 일과 쉼이 같이 가는 느낌이에요.

애서가들이 좋아하는 책 중 하나가 『서재 결혼 시키기』인데요. 최근 출간한 책 『여자 둘이 살고 있습니다』에서 두 사람의 살림을 합치는 이야기가 나옵니다. 애서가인 두 분이 책을 합치는 과정은 어땠어요?
『서재 결혼 시키기』도 당연하다는 듯이 두 권이었습니다.(웃음) 두 권씩 있던 책들이 꽤 많았어요. 절판되었던 코니 윌리스의 『개는 말할 것도 없고』나 로버트 팔콘 스콧의 『남극일기』 같은 책이 나란히 두 권씩 있는 게 재미있더라고요. 여러 겹치는 취향이 있다는 것도 즐거웠어요. 그때 중복된 책 중 몇은 중고 서점에 팔아서 커피값으로 잘 썼어요. 『개는 말할 것도 없고』와 『남극일기』는 아직 두 권씩 가지고 있어요.

구하기 어려운 책이라 나중에 이 책을 좋아할 만한 사람에게 선물로 주는 것도 의미가 있을 것 같고 그냥 팔아 버리기엔 아깝더라고요.

『여자 둘이 살고 있습니다』에서 미니멀리스트로서의 면모를 유감없이 보여 주었는데요. 책은 어떤가요, 예외인가요?

책만은 주문을 많이 해서 쌓이거나 하는 것에 대해 서로 아무 말 하지 않겠다고 이미 합의하긴 했습니다. 그와는 별개로 올해부터 전자책 유저가 되었는데 나름의 또 다른 감각이라 재미있어요. '정리하는 사람'으로서 그 많은 책들이 이 안에 다 들어간다는 걸 생각하면 쾌감도 있고요. 하지만 아직은 책장 넘기는 것 자체가 취미 중 하나라 계속 같이 가는 것 같아요. 전자책을 읽으면 종이 책이 그리워지고요.

이달에는 어떤 책을 읽을 예정인가요?

지금은 듀나 작가 신간 『장르 세계를 떠도는 듀나의 탐사기』를 읽고 있어요. 다음에는 미셸 오바마의 『비커밍』을 읽으려고요.

배우, 작가
봉태규

행간의
진폭

사진 ⓒ장원석
2019년

봉태규의 영역은 연기에만 그치지 않는다. 우리가 사는 세상, 우리가 맺는 관계를 지켜보고 행동한다. 그 밝음과 어두움, 정의와 부조리함을 살피며 자신의 언어로 표현하는 것을 주저하지 않는다.

그 사이사이에 문학이 있다.

어린시절 읽은 책 중 지금도 선명하게 기억하는 것이 있나요?
사실은 책보다 만화를 즐겨 보던 아이였어요. 아주 어렸을 때 읽은 책 중 가장 깊은 인상으로 남아 있는 건 『아기 돼지 삼형제』예요. 저는 백일 무렵부터 가족들과 떨어져 살다가 일곱 살 때 도시로 올라왔거든요. 부모님께서는 맞벌이하시고 나이 차가 많이 나는 누나들은 학교에 가다 보니 거의 반나절은 혼자 있었어요. 시골에서만 살던 일곱 살 아이가 도시에 올라와 혼자 있는 시간은 너무 외로웠어요. 이야기할 사람도 없고, 밖은 어릴 때 지내던 시골과는 모든 게 다르다 보니 나가지도 못하겠고 집에만 있었죠. 몸도 자주 아팠어요. 그래서인지 『아기 돼지 삼형제』에서 아기들이 독립해서 혼자 집을 짓는다는 게 너무 멋있었어요. 굉장히 마음에 와닿았어요. 형들이 지은 집은 다 부서지고 결국 막내 집에 모인다는 게, 막내인 제게는 굉장한 위로가 되었어요.

형과 누나처럼 빨리 의젓해지고 싶은 마음이 있었던 거군요.
그 무렵에는 제 존재 자체가 좀 이상하게 느껴지곤 했거든요. 갑자기 누나들이 생겨 버린 기분이었어요. 존재는 알았지만 교류가 없다 보니 유대가 있을 수도 없는 상태였는데, 갑자기 가족이라니까 이상한 기분이 들었죠. 그래서 『아기 돼지 삼형제』에 이입했던 것 같아요. 커서 글을 써야겠다고 생각했을 때 가장 먼저 읽은 책은 『인간 실격』이었어요. 주인공에 이입해 읽었는데 그 인물이 갖고 있는 유약함이 기억에 남아요. 이러지도 저러지도 못하고 결국 극단적인 선택을 하게 되는 모습 같은 거죠. 생각해 보면 계속 그런 방식으로 책을 읽고 글을 써 왔던 것 같네요. 내가 처해 있는 상황을 떠올리거나 인물이 처한 상황에 이입하면서요.

> 만화책의 인물 중에도 같은 감정을 느낀 적이 있나요?

만화 『슬램덩크』를 좋아했는데 역시 농구라는 내용보다 인물들이 좋았어요. 알고 보면 저마다 결핍이 있는 인물들이죠. 완전치 않은 인물들이 나오는 게 좋았어요. 가장 잘하는 산왕고의 선수도, 그 팀의 에이스까지도 결핍이 있는 사람들이에요. 그런 지점을 보여 주는 게 좋아요. 또, 『이나중 탁구부』를 그린 작가 후루야 미노루의 『낮비』라는 만화가 있어요. 거기의 인물들도 결핍이 있는 인간들의 총집합이고, 찰스 부코스키의 『여자들』도 그렇고요. 대부분 결핍이 있는 인물들이 나오는 작품들을 좋아했던 것 같아요.

> 결은 다르지만 결핍이 있고 자신의 부족함을 아는 인물들이 나오는 작품이군요. 아웃사이더라고 읽을 수도 있고요.

그런 것 같아요. 자신의 한계를 미리 정해 버린 인물. 그래서 그냥 그대로 살게 되는 사람들이죠. 뭔가 더 해 보려는 의지를 가지려 하다가도 결국 무너져 버리는 사람들. 그런 모습들이 저랑 비슷하다고 생각했어요.

> 직접 쓴 첫 책 『개별적 자아』에서 '힙스터 감성'을 풍자한 에세이가 있었어요. 에코백을 들고 바지 밑단을 무심한 듯 접은 후에 무라카미 류의 에세이를 읽어야 한다고요.

조금 반어적인 의미였어요. 무라카미 하루키를 싫어하는 당시의 분위기에 놀랐던 기억이 있어요. 거의 폄하하는 것처럼 느껴졌어요.

저는 굉장히 좋아하는 작가고 소설도 좋아하고 에세이는 더 좋아해요.
그럼에도 하루키를 좋아한다고 하면 뭔가 묘하게 보는 시선이 있었죠.
그 이야기를 듣고 그냥 에라이, 하는 마음에 그렇게 써 버린 거예요.

같은 세대로서 그때를 기억하기에 공감되는 이야기예요.
하루키의 『상실의 시대』 대신 류의 『한없이 투명에 가까운
블루』를 말해야 '취향'이 있는 사람이라는 분위기가 있었죠.
하지만 20년 가까이 시간이 지난 지금은 더 이상 무라카미 류를
말하지 않죠. 여전히 하루키의 신작은 많은 사람들이 읽고요.
맞아요. 하루키처럼 이렇게 꾸준하게 글 작업을 하는 작가가 또
있을까요? 저는 그게 굉장히 중요하고 대단하다고 생각해요. 그리고
소설보다 에세이를 더 좋아하는데, 작가로서의 체면을 따지지
않는다는 점 때문이었어요. 글을 쓸 때도 그렇고 연재하는 방식이나
매체에 있어서도 그렇게 느껴졌어요. 물론 본인 나름의 기준이 있긴
하겠지만요. '작가'라는 건 좀 권위적인 느낌인데 그런 모습이 아니어서
더 좋았고 꾸준히 작업하는 것 역시 백번 박수 받아야 한다고
생각해요.

하루키의 작품 중에서는 무엇을 가장 아끼나요?
『여자 없는 남자들』이요. 정말 감탄하면서 읽었어요. 그리고 안자이
미즈마루와 함께한 에세이도 모두 좋아합니다.

가장 책을 많이 읽었던 때는 언제였나요?
원래는 독서량이 거의 없는 사람이었습니다. 굳이 책을 읽어야겠다고
생각하지도 않았고 크게 관심도 없었어요. 그러다 2013년 무렵에
무작정 글을 써야겠다고 생각하고는 닥치는 대로 읽기 시작했어요.
장르 구분 없이 손에 잡히는 건 모두 다요. 아이러니하게도 그동안

독서를 하지 않아서였는지 어떤 책이건 소화를 하는 데 전혀 문제가 되지 않았습니다. 그렇게 계속 읽었던 것 같아요. 하루키, 김승옥과 찰스 부코스키 작품들, 『호밀밭의 파수꾼』, 『골든 슬럼버』, 『누구』 등을 읽었어요. 아사이 료의 『누구』는 취업을 앞둔 청년의 이야기라, 일이 없을 때의 제 모습과도 같았기에 공감도 많이 되었었죠.

문학으로 감정을 치유하는 경험도 해 보았어요?
오히려 저는 글을 쓰면서 그런 감정을 해소하고, 스스로를 위로할 수 있었던 것 같아요. 글쓰기로 치유의 경험을 느꼈죠.

언젠가 연기해 보고 싶은 인물을 책 속에서 만난 적이 있어요?
『골든 슬럼버』에 나오는 록 이와사키라는 캐릭터가 가장 욕심이 나요. 이 책을 읽을 당시에 저는 무엇이든 이러지도 저러지도 못하는 상태였거든요. 그래서인지 자신의 상태를 '록이다.', '록이 아니다.' 이분법으로 확실하게 정리하는 그에게 많은 위로를 받았습니다. 영화나 드라마로 제작이 된다면 연기로 그 빚을 갚고 싶네요.

배우를 인터뷰하면 어떤 작품에 대해 물었을 때, '캐릭터가 매력이 있다.'는 말을 자주 듣게 되는데요. 당신에게는 어떤 캐릭터가 매력 있나요?
감정의 진폭이 있는 인물이에요. 연기를 할 때 특정한 한 장면이 있다면 반대로 일관적으로 가져가야 할 분위기라는 게 있어요. 예를 들어서 슬픈 일이 있었다, 그러면 다음 장면에도 그런 무드를 가져가야 하는 것이죠. 하지만 실제로 우리 삶은 그렇지 않아요. 제 아버지께서는 사고로 돌아가셨어요. 너무 급작스럽고, 너무나 큰일이었죠. 정말 슬픈 일이죠. 만약 작품 속이었다면 배우는 계속해서 슬픈 연기를 하겠지만 실제 저는 장례식장에서 많이 웃기도 했어요. 인물의 감정이 변화하는 건 굉장히 짧은 순간이거든요. 그게 진짜 우리의 삶이에요. 저는 그렇게 실제의, 다양한 감정을 가진 인물에게 매력을 느껴요.

지금까지 연기한 인물 중에서도 그런 인물이 있나요? 우선 드라마 「리턴」의 학범이 떠오르네요.

학범도 그랬죠. 다양한 감정이 있었어요. 가장 비슷한 인물로는 「가족의 탄생」의 경석이 그랬던 것 같아요. 경석은 실제로 되고 싶은 자신과 실제 자신 간의 괴리가 있는 인물이었어요. 강하지만 사실은 약한 인물이었죠.

새로운 작품을 늘 기대하는 작가가 있나요?

앞서 말한 하루키. 또 허지웅 작가의 글을 좋아해요. 글이 너무 매력적이에요. 그리고 한강 작가…… 너무 좋아요. 『채식주의자』는 무척 괴롭고 힘들게 읽었어요. 『소년이 온다』도 힘들었는데 동시에 정말 놀라웠어요. 글을 어떻게 그렇게 쓸 수 있는 걸까요. 미사여구가 화려하지 않은데 가슴에 남잖아요. 김승옥 작가도 정말 좋아하는데 그분 글을 좋아하는 이유도 같아요. 미사여구가 있지만 덜 화려하고 담백하고 단정해요. 그리고 여지를 남겨 두는 게 좋았어요. 힘들고 슬픈 게 있는 사람들에게 여지를 남겨 두는 지점이 너무 좋아요. 그래서 더 강하게, 세게 다가오는 것 같아요.

좋아하는 작가는 개인적 면모를 더 알아보기도 하나요?

한강 작가는 인터뷰를 다 찾아서 읽었는데 천재시더라고요. 너무 궁금했거든요. 아내인 하시시 박 작가가 임신했을 때였는데 대체 어떻게 하면 이런 사람으로 성장하는 거지? 싶어서 찾아봤어요. 한강 작가의 부모님께서 작가를 어떻게 키우셨는지 찾아봤는데 저는 안 되겠더라고요. 아예 결이 다르더라고요. 여러 가지가 겹쳐지고 겹쳐져서 하나의 명확한 점이 생겨야 하는 건데 이 점만을 바라보고 태어나지도 않은 아이에게 무언가를 기대하는 건 무책임하다고 생각해서 접었습니다.

직접 글을 쓰는 데 영향을 준 작품도 있었나요?
『엄청나게 시끄럽고 믿을 수 없게 가까운』을 쓴 조너선 사프란 포어는 책 자체를 디자인했다는 느낌이었어요. 단순히 글을 쓴 게 아니라 구성을 촘촘히 짰어요. 소설에서 단순히 글로 표현되는 영역 이상의 것들을 다 고려했어요. 사진도 그렇고요. 이렇게도 할 수 있구나, 놀라웠어요. 그리고 에세이로는 일본 배우 고바야시 사토미가 쓴 『사소한 행운』을 너무 재미있게 읽었어요.

'에세이는 합법적으로 다른 사람의 상황을 들여다보는 즐거움이 있다.'고도 썼었죠. 『사소한 행운』의 작가는 영화 「카모메 식당」의 주연을 맡은 배우입니다. 역시 배우가 직접 쓴 글이기 때문에 공감되는 면이 있었나요?
에세이는 그래야 한다고 봐요. 눈썹에 대한 에피소드에서 보듯 자신의 일상에 대해서 굉장히 솔직하잖아요. 거창한 게 아니어도 이렇게 재미있게 쓸 수 있다니. 처음 읽었을 때 정말 뒤통수를 맞은 기분이었어요.

『가정대백과사전』을 읽는 팟캐스트를 한 적이 있어요. 요즘에도 계속 읽고 있나요?
시즌이 지나서 이제는 접었어요. 원래는 더 오래하고 싶었는데 물리적으로 힘들어서요. 『가정대백과사전』은 정말 이렇게 두꺼워요. 같이 팟캐스트를 진행하는 승준 형이 헌책방에서 여러 권을 구입하고 출판사에 전화해 허락까지 받았어요. 출판사가 아직 남아 있더라고요.

전화했더니 어느 할아버지께서 받으셨어요. 접어서 아쉬워요. 그걸 보면 황당한 이야기가 정말 많아요.

그 시대의 상식이었던 거죠. 이제 시대가 바뀌었고, 그것을 보고 느끼는 우스꽝스러움과 차이는 거꾸로 지금의 상식에 질문을 건네기도 하고요. 그 팟캐스트는 그랬던 것 같아요. 돈을 빌리러 갈 때 '아녀자'가 취해야 될 자세, 남편이 직장에서 스트레스를 받고 왔을 때 '안사람'이 취해야 할 자세와 요리법 등등…… 정말 말도 안 되는 것들이 많아요. 사실 하고 싶은 이야기가 있었는데 직접적으로 드러내면 전달되기 이전에 많은 사람들이 지레짐작해 거부감이 생길 수 있으니 그걸 돌려서, 최대한 희석해서 이야기하고 싶었어요. 그래서 『가정대백과사전』을 읽었던 거예요.

얼마 전 두 번째 책 『우리 가족은 꽤나 진지합니다』를 냈습니다. 첫 책이 배우 봉태규의 내밀한 자기소개를 쓴 것이라면, 두 번째 책은 두 아이를 키우는 과정과 느낀 점을 썼어요. 두 책을 쓰면서 스스로 느낀 차이점이 있나요?

첫 번째 책을 쓸 때는 아무것도 몰랐던 것 같아요. 더 날것의 느낌이 강한 원고였어요. 그저 책이 나온다는 사실 자체가 엄청난 일이라고 생각했어요. 그래서 정신없이 뚝딱 책을 내게 됐던 거죠. 데뷔 영화 때도 그렇긴 했는데 책을 읽어 주는 사람이 조금 더 많았으면 좋겠다는 생각을 했어요. 책을 낸 것만으로도 의미 있는 일이긴 하지만 누군가 읽어 줬으면 하는 마음에 책을 낸 거니까요. 두 번째 책을 쓸 때는 다행히 편집 방향이나 기획 의도에 대해 생각할 수 있었어요. 첫 책 때는 하나의 주제로 글을 써 본 적도 없으니 그런 말 자체를 이해 못 했고 오히려 그런 것들이 절 가두는 거라고 생각했거든요. 두 번째 책을 낼 때는 조금 더 용기가 생겼던 것 같아요.

어떤 용기가 필요했어요?

'이런 이야기를 할 수 있을까?'에 대한 고민이 컸는데 덕분에 더 용기를 갖고 쓸 수 있었어요. 그리고 그때 둘째를 임신한 상태였고, 둘째가 딸이었고, 이런 여러 가지가 겹치기도 했고요. 나중에 시하나 본비가 커서 제가 쓴 책을 읽었을 때 지금의 상황이 어떤지를 알았으면 하는 마음이 있었어요. 단순히 우리 얘기를 쓴 게 아니라 우리들 얘기를 통해서 지금이 어떤 상황이었고 아빠가 하고자 했던 이야기가 이런 거였구나, 알 수 있었으면 좋겠다고 생각했어요.

『우리 가족은 꽤나 진지합니다』가 지금 이 시대의 『가족대백과사전』이 될 수도 있겠네요.

그렇게 되면 좋죠. 첫 번째 책은 주제 의식이 명확하지 않았고 그냥 내가 할 수 있는 이야기를 두서없이 한 거라면 이번 책은 명확한 주제 의식을 갖고 화두를 던지는 거고, 그런 화두를 많은 사람들과 공유하고 싶다는 생각이 분명했어요.

많은 인터뷰를 거절한 후에 《릿터》 인터뷰에 응하신 걸로 압니다. 무엇을 고민했나요?

인터뷰를 많이 거절했어요. 하고 싶은 말은 있지만, 인터뷰라는 게 그렇잖아요? 내 의도와 달리, 잘못 전달될 수 있는 여지가 있다고 생각해서 조심스러웠어요. 그래서 내가 직접 전달할 수 있는 강연만 하려고 했었죠. 하지만 보내 주신 《릿터》를 보고 해도 되겠다고 생각했어요. 원래 알고 있던 잡지이기도 했어요.

두 번째 책이 여성 독자에게 좋은 반응을 얻었어요. 남성 독자들은 어땠나요?

음…… 정말 적은 것 같아요. 강연할 때 남자 친구나 남편으로 추정되는 분들이 함께 오시는데, 정말 표정이 좋지 않아요.(웃음) 기본적으로 제가 하는 이야기를 믿지 않는 것 같아요. 불신이 그대로 느껴지는 얼굴을 하고 계시거든요. 그렇지만 한편으로는 제가 했던 팟캐스트로 시작해 책을 읽고, 강연까지 오신 분들도 있었어요. 그런 분들을 보면 뿌듯하죠.

북토크나 강연 등에서는 보기 힘든 불신이겠군요.
책에 쓴 것보다 강연에서는 더 직접적으로, 일부러 세게 이야기하는 편이에요. 제 강연에 오실 정도면 책에 쓰인 이야기보다 더 진보적인 이야기를 듣고 싶은 분들이 오는 거라고 생각해요. 그래서 더 대놓고 해요. 책은 이 시대에 살고 있는, 살아가야 할 여성과 그를 둘러싼 문제를 이야기하고 있지만 더 많은 공감을 얻기 위해 덜 직접적인 방법을 취한 게 있어요. 저에겐 그게 가족이었고요. 말하자면 주제는 같지만 돌려서 이야기한 거죠. 그런데 강연에서는 더 직접적으로 말해요. 이를테면 제 아내가 시하를 임신하고 일이 반 이상이 줄어든 이유는 여자이기 때문이다, 같은 임신 소식이 내게는 아무런 타격도 없는 이유는 남자이기 때문이다, 이런 식이에요. 책에서는 돌려서 말하다 보니 간혹 남성 독자들 중엔 제가 의도한 바를 다르게 해석하시는 분들도 있어요.

아내인 하시시 박 작가의 일이 줄어든 것에 대한 안타까움을 담은 글이 화제가 된 적이 있죠. 저도 패션 매거진 에디터로 일하기 때문에 업계의 많은 여성 포토그래퍼와 일을 합니다. 하지만 임신과 출산을 한 분은 굉장히 드물어요. 그 점을 다시 한번 생각하게 됐습니다.
하시시 박 작가의 작업은 결혼 전후로 많이 달라졌어요. 상황에 따라서 본인이 더 할 수 있는 쪽으로 선회했죠. 이건 한 개인이 혼자 감당할 수 있는 문제는 아닌 것 같아요.

아이들에게 읽어 주는 『신데렐라』, 『심청』 등에 대해서도 글을 썼는데요. 아이들과 읽으며 마음에 와닿은 책도 있었나요?

『아빠, 미안해하지 마세요!』가 기억에 남아요. 작가의 자전적 이야기라고 해요. 다른 아빠는 운동장을 막 뛰어가면서 놀아 주는데 장애를 가진 아빠는 휠체어를 타고 "아빠가 미안해, 아빠는 저렇게 못 놀아 주네." 그러면 딸이 "아니야 아빠. 아빠는 대신 ○○을 해 줄 수 있잖아." 하는 식으로 이야기가 진행돼요. 우리나라 동화가 지금은 많이 나아졌지만 기본적으로 모두 다 행복하고 좋은 모습만 나와야 한다는 생각이 있고 그리고 거기에는 신체가 건강한 사람이라는 전제가 있어요. 세상이라는 곳에 장애가 없는 사람들만 있는 것도 아니고 그런 사람들만이 행복하게 살거나 아닌 사람은 불행한 것도 아니잖아요. 그런데 동화는 너무 극단적으로 그런 모습들을 지워 버려요. 우리나라는 특히 더 그렇다고 생각해요. 저는 그런 시선이 천박하다고 보거든요. 하지만 그 동화를 읽기 전까지는 아예 생각해 본 적 없는 지점이었어요. 제가 생각하는 아름답고 좋은 것은 피부색이 달라도 상관없고 휠체어를 탄 아이가 있어도 상관없고 우리 동네에 특수 시설이 생겨도 상관없고 모든 아이들이 함께 놀 수 있는 놀이터가 있는 거예요. 사실 그게 정말 아름답고 이상적인 사회인 거잖아요. 그걸 보여 주는 동화를 우리나라에선 처음 봤던 것 같아요.

아이가 스무 살이 되면 권해 주고 싶은 책이 있나요?

『안자이 미즈마루 ─ 마음을 다해 대충 그린 그림』이라는 책이요. 스무 살쯤 되면 분명 여러 가지 고민이 있을 것 같아요. 그 책에 그런 말이 있어요. 잘 그린 그림은 어딜 가나 많은데 진심이 느껴지는 그림은 드물다고요. 다르게 말하면 잘하는 사람은 많겠지만 그런 거 말고,

잘하고 말고의 문제를 떠나 개인이 반짝반짝 빛나는 사람은 드물다는 이야기예요. 기억나는 에피소드가 있어요. 정기적으로 어떤 주제를 가지고 일러스트레이터들끼리 만나는데, 안자이 미즈마루는 네모와 빨간색 동그라미를 그려서 가지고 가요. 네모는 두부고 동그라미는 우메보시라고. 깜짝 놀랐어요. 아, 그림은 원래 이렇게 그려야 되는 거지. 연기든 뭐든, 사실 뭐든 그렇게 하는 게 맞겠구나. 일을 대하는 태도가 굉장히 멋있어요. 진지한데 힘은 빠져 있는 모습. 그런 게 굉장히 어렵잖아요. 저 역시 연기할 때 도움이 많이 됐어요.

세 번째 책도 준비하고 있나요?

막연하게 생각하고 있는 주제는 아버지. 살아 계실 때에는 진짜 싫었거든요. 돌아가시고 아이가 태어난 후 아버지를 이해하게 되었다는 이야기가 아니라, 아버지에 대한 글을 쓰면 제 스스로가 치유되는 게 있더라고요. 대화를 해 본 적도 싸워 본 적도 없어서 그렇게 글을 쓰고 있으면 대화하는 느낌이에요. 그때의 나와 혹은 그때의 아버지와. 막연하지만 언제가 써 보고 싶어요. 하시시 박 작가님의 사진이 들어간, 에세이와 픽션 중간 어디쯤의 사진집이 나올 수도 있을 것 같아요.

뮤지션, 배우
민서

하얗게 우울한
나의 책

사진 ⓒ곽기곤
2019년

스물셋의 뮤지션 민서는 아직 알 수 없는 세상과 자신의 감정에 대한 답을 책 안에서 찾아가는 중이다. 이 책인가, 저 책인가. 어떤 책은 채 끝내지 못하고, 어떤 책은 몇 번씩 다시 읽으면서. 시간과 책은 충분하니 독서는 느긋하게 이어진다.

어제도 서점에 갔었다고요. 서점에 가면 가장 먼저 어디로 향해요?

소설! 저는 무조건 소설이에요. 좋은 책이 많다는 걸 알지만 아직 에세이에 그렇게 큰 관심이 없어요. 저는 소설이 더 재미있어요. 에세이는 읽다 보면 재밌어질 때 끝나는 느낌이 들거든요. 소설도 단편소설보다 장편을 더 선호해요. 뭔가 계속 읽는 게 좋아서요.

책이 두꺼우면 두꺼울수록 좋아요?

네, 그렇기는 한데 또 너무 긴 책은 인내심을 필요로 하기도 하죠. 제가 읽은 책 중에 가장 두꺼운 책은 『1Q84』였어요. 못 읽을 줄 알았는데 정말 빨리 읽었어요. 너무 재미있었거든요. 하루키의 작품이어서 그랬을 수도 있어요.

살 책을 정해 두고 서점에 가는 편이에요?

아니에요. 서점에 가면 아무래도 매대에 놓인 책에 시선이 가죠. 한국 소설 먼저 구경하고 일본 소설도 둘러보고 에세이 쪽도 봐요. 끌리는 제목이 있으면 더 자세히 들여다보고요. 『죽고 싶지만 떡볶이는 먹고 싶어』 같은 책을 보면, '어떡해…… 이 사람도 떡볶이 좋아하나 봐.' 하면서……(웃음) 괜히 아는 척하고 그래요. 에세이는 제목과 일러스트가 예쁜 책이 많아서 한번 더 뒤적거리는 것 같아요. 하지만 주로 사는 건 소설이에요. 관심이 가는 책이 있으면 그 자리에

서서 조금 읽어 보고요. 제일 첫 장을 읽고 마음에 들면 사고, 아니면 안 사요. 서점에서 꽤 시간을 보내는 편이에요. 온라인으로 사면 좀 더 싸잖아요? 하지만 내용을 보지 못하니까 좀 두렵다고 해야 하나? 제가 직접 읽어 보고 느낌이 좋은 책을 골라 사는 편이에요.

그렇게 오래 머물면 사람들이 말 걸지 않아요?
아무도 없어요. 진짜 한 세 바퀴 돌아도 아무도 못 알아봐요.(웃음)

좋은 책은 주변에 권하기도 하나요?
주위에 책을 읽는 사람이 생각보다 많아요. 서로 읽은 책 중에 좋았던 걸 얘기하는 편이에요. 친구 집에 가면 책장에 부모님의 책부터 친구의 책까지 쭉 꽂혀 있잖아요. 그런 책장을 구경하면서 새로운 책을 발견하기도 하고요. 제가 추천한 책을 친구가 읽고 몇 달 뒤에 만나서 그 책 얘기를 하기도 하는데, 최근에는 무라카미 하루키의 『노르웨이의 숲』, 그 책 이야기를 제일 많이 했어요.

『노르웨이의 숲』는 1987년 작품이에요. 1996년생인 민서 씨 친구들에게도 여전히 의미 있는 책이 되고 있군요. 책의 주인공 '와타나베'와 비슷한 또래죠.
그만큼 오래 사랑받는 이유가 있는 것 같아요. 다들 좋아하더라고요.

어린 시절엔 어떤 책을 좋아했어요?
어렸을 때에는 책을 진짜 안 읽었어요. 아마 열아홉 살쯤 다시 읽었던 것 같아요. 음악을 시작하기 전인데, 저는 책도 안 좋아하고, 공부도 안 좋아했어요. 고등학교 때 직업학교에 가게 됐는데 월요일에는 학교에 가도 아무것도 안 했어요. 시간이 너무 남는 김에 집에 있는 책을 다시 읽어 볼까 하면서 집었던 책이 『나의 라임 오렌지나무』예요. 어릴

때 이미 읽었지만 기억이 안 나더라고요. 그런데 다시 읽으니까 너무 재미있었어요. 그때부터 소설을 조금씩 읽게 됐지만 제 취향에 맞는 책을 찾는 법을 몰랐어요. 조금 읽다가 그만두기도 하면서 찾아가고 있는 것 같아요.

스스로 생각하기에 어떤 취향인 것 같아요?
하얗게 우울한 게 좋아요. 어둡지는 않고, 밝지만 가라앉은 감정이나 슬픔이 느껴지는 책이 끌리는 것 같아요.

인스타그램을 보니 책을 읽다가 페이지를 찍어서 공유하기도 하더군요.
그 문장이 제게 의미 있게 다가올 때. 너무 좋아서 사람들이 알았으면 좋겠다 싶을 때. 이유는 여럿이에요. 마음에 드는 한 소절이 너무 좋아서 그때그때 찍어 놓은 것 같아요. 마음에 드는 구절을 만나면 밑줄 긋거나 스마트폰으로 찍어 두거나 해요. 책이 너무 좋아서 아끼고 싶을 땐 밑줄조차 긋지 않고요. 책을 아껴 보는 편은 아니어서 분명히 새 책인데 이틀 만에 젖어 있고 구겨져 있고 그래요. 그래서 누가 빌려 달라고 하면 빌려주기 민망해요.

최근에 SNS에 올린 구절은 이거였죠. "지은이는 선유도를 다 돌고 나서 대뜸 "언니, 언니가 죽으면 진짜 많이 슬플 것 같아요." 한다. 나는 그 말이 좋아서 "그래. 그럼 내 장례식장 와서 많이 울어." 하고 철딱서니 없는 소릴 한다. 결혼식은 소박하고 장례식은 시끌벅적했으면 좋겠다."*

네, 너무 좋았어요. 죽음을 당연하게 받아들이면서도…… 음, 설명하기 어려운데요. 슬픈 것을 슬프지 않게 말하는 부분이 되레 너무 슬픈 거예요. 외롭지 않다고 말하는 것 같지만 외로워 보여서, 그

* 김나연, 『모든 동물은 섹스 후 우울해진다』(문학테라피, 2018).

구절을 읽을 때 마음이 아팠어요.

　　　　오늘 만나기 전에, 당신에게 의미 있는 다섯 권을 미리 물어봤어요. 어떤 의미를 담아서 선택했어요?

제가 소설을 좋아하게 된 계기를 만들어 준 책이에요.『나의 라임 오렌지나무』와 한강 작가의『소년이 온다』는 읽으면서 많이 울었어요. 너무나 강렬하게 다가온 책이에요. 특히『나의 라임 오렌지나무』는 제가 성장한 후에 처음으로 완독한 소설이기도 하고요. 에쿠니 가오리의『낙하하는 저녁』과 아까 말했던 것처럼 무라카미 하루키의 작품들은 소설을 읽는 게 재미있다는 걸 알려 준 책이고요.『어린 왕자』도 있는데, 제게는 굉장히 충격적으로 다가온 소설이었어요. 사르트르의『구토』도 엄청나게 충격적이었어요. 세상을 비판적으로 바라볼 수 있게 해 줘서, 저를 염세주의자로 바꾼 책이죠.(웃음)

　　　　마음속에 강렬함을 남기는 책에 끌리는 편인가요?

그런 것 같아요. 뭔가 생각지도 않았던 걸 주니까요.

　　　　한국 소설 중에서는 구병모 작가의『아가미』를 말했어요.

사람들에게 딱 한 번 책을 좋아한다고 말했는데, 그 이후로는 책 선물이 정말 많이 들어와요. 선물받은 책은 어쨌든 읽기 시작하는데, 한두 장 읽다가 덮는 것도 있고 반절 읽다가 덮기도 해요. 사실 엄청나게 재미있다 생각한 책은 드물었는데,『아가미』는 최고였어요. 이후로 장르를 조금 넓혀 가려고 하는 중이에요. 한동안은 일본 소설을 많이 읽었어요. 일본 소설은 제가 책의 주인공이 된 것처럼 감정을 따라갈 수 있었어요. 개인의 감정을 그리니까 공감할 여지가 많은 것 같아요. 한국문학은 가끔은 이해가 안 될 때도 있는데, 점점 한국 소설을 더 많이 읽고 있어요.

『아가미』에서 곤은 물 속에서 자유로움을 느끼는데요. 당신은 어떤가요?

자유를 느낄 때요? 술 먹을 때?(웃음) 제가 정말 자유롭고 행복한 순간을 이야기해 보면, 아침에 가만히 앉아서 해 뜨는 걸 보고 있을 때. 사람 없고 새소리만 들릴 때 있잖아요. 아니면 술 조금 취해서 음악을 들으면서 집에 돌아올 때 기분이 정말 좋아요.

《릿터》 인터뷰를 촬영할 때 책을 미리 준비해 두는데, 촬영하는 그 짧은 동안에도 사람들이 책을 읽는 게 보여요. 아까 읽은 책은 어땠어요?

책 본문에 있는 제목이 눈에 띄었어요. 「쥐」. 『수초 수조』는 처음 보는 책이었는데, 책 모양이 특이하고 읽기 편하게 되어 있어서 누구나 좋아할 것 같아요.

책을 읽을 땐 조용한 곳을 선호하나요?

백색소음이 있는 지하철이나 적당히 시끄러운 카페를 좋아해요. 한번은 혼자 성수동 돌아다니다가 와인바에 들어가 와인을 마시면서 책을 봤어요. 그런 것도 재미있더라고요. 외출할 때 책을 가지고 다니는 편이거든요.

작사에도 관심이 있어요?

작사라기보다는 글에 대한 욕심은 있어요. 아직 작사를 하라고 하면 자신이 없는데, 글 쓰는 건 좋아해요. 일기 쓰는 것도 좋고, 메모 남기는 것도 좋아해요. 글을 잘 쓰고 싶은 욕심은 있어요.

일기에는 무슨 내용을 써요?

고통…… 자신에 대한 한탄…….(웃음) 대부분 그렇지 않나요? 오늘 하루를 살고 쓰는 거니까, '오늘은 진짜 너무 나태하게 살았다. 난 항상 왜 이런 식인 줄 모르겠다. 내일은 오늘보다 좀 나을까?' 두서없이 저에 대한 불만을 막 쓰죠. '이건 이럴까? 이럴 수 있지 않을까?' 항상 비슷해요. 제 일기가 유출되면 재미있을 거예요.(웃음) 진짜 이상하다, 얜 뭐 하는 애야? 이럴 수 있어요.

  대중과 처음 만난 「좋아」는 스토리텔링이 확실한 곡이었어요. 이야기가 확실한 곡과 이미지가 이어지는 곡 중에서 어느 쪽에 더 끌리나요?
저는 느껴지는 대로 하는 것 같긴 해요. 스토리텔링이 확실하면 그냥 따라가면 되고요. 이미지는 예를 들어 달빛이라는 가사가 나온다면 그냥 달빛을 생각하면서 노래 부르는 식이에요. 노래의 이미지와 그걸 보고 있는 나를 생각하고는 무슨 느낌이지? 상상하면서 불러요. 「좋아」 같은 경우는 '아 이건 좀 그래요.' 하면서 부르긴 했죠.

  작업할 때 납득이 안 가면 질문하는 편이에요?
질문 못 해요.(웃음) 속으로만 생각해요.

  언젠가 자신에 대한 내용을 쓴다면 무슨 이야기가 될까요?
너무 광범위해요. 너무 많을 것 같아요. 사랑도 있을 거고, 가족도 있을 거고, 인생이나 일도 있을 것 같긴 한데 아마 중점은 사랑이 되지 않을까요? 그럴 것 같아요. 전 사랑이 좋거든요.

  재미있는 프로젝트를 준비 중이라고요.
다음 앨범을 준비하고 있어요. 여러 작가들과 협업을 해 보려고 해요. 아직 초기 단계인데 재미있는 프로젝트가 될 것 같아요.

어떤 기대를 갖고 있어요?
좋은 앨범을 만들고 싶어서 걱정이 이만저만이 아니에요. 누구나 그렇겠죠.

오늘 집에 돌아가면 무엇을 읽을 건가요?
어제 서점에서 산 퀴어 단편선 『사랑을 멈추지 말아요』라는 책을 시작하려고 해요.

배우
이윤지

자기만의
책장

사진 ⓒ 라기곤
2019년

배우 이윤지의 독서는 아이를 낳고 어머니가 되면서 달라졌다. 자신의 책장이 있던 자리는 이제 아이를 위한 그림책이 대신한다. 아이에게 읽어 주는 그림책에서 작은 울림을 느끼며, 이윤지는 다시 자신의 책장이 채워질 때를 기다린다.

예전에 윤지 씨에게 책을 선물한 기억이 나요. 인터뷰 때 책을 좋아한다고 해서, 편혜영 작가의 소설을 선물했었죠.
기억해요. 표지에 산이 그려져 있던…… 제목이 뭐였죠?

장편소설 『서쪽 숲에 갔다』였을 거예요.
맞아요. 그때 감사하게 잘 읽었는데 제목이 생각이 안 나는 거예요. 그런데 제가 요즘 그래요. 생각이 안 나요, 생각이.

어렸을 때 무슨 책을 읽었나요?
에세이와 소설을 좋아했어요. 한때는 심리 관련 책을 많이 읽었어요. 다른 사람의 마음을 알고 싶기도 했고, 비슷한 마음을 가진 사람을 책으로 만나고 또 발견할 수 있다는 게 다행스럽게 생각됐거든요. 그때는 책 읽기를 어떤 치료의 과정처럼 여겼던 것 같아요. 이후로는 그때마다 유명한 책, 누가 권해 준 책이나 베스트셀러를 많이 읽었어요.

그 시절의 어떤 책이 기억에 남아요?
여행 에세이를 보면서 제가 가지 못한 세상을 상상했어요. 인도를 여행할 수 있구나, 히말라야에 갈 수 있구나, 그런 생각이요. 이병률 작가의 『끌림』 같은 여행 에세이도 좋아하고요. 류시화 작가의 『지구별 여행자』는 아마 주변에 일흔 권 정도는 선물했을 거예요. 책이 좋아 생각날 때마다 읽으려고 가방에 넣고 다녔는데, 누굴 만나게 되면 그 책을 주고 싶은 거예요. 이야기를 나누다 보면, 지금 내 가방에 있는 이 책을 너무 주고 싶다는 생각이 들어서, 읽던 책을 그 자리에서 줬어요. 지금은 여행기가 너무 많고 그다지 특별하다고 할 건 없게 되었지만 그 당시에는 그 독서가 각별한 경험이 되었죠. 책의 여백에 제 생각을 적기도 했는데, 무언가 가장 많이 적어 놓은 책을 가져간 전 남자 친구는 어디서 잘 살고 있는지…….(웃음) 다른 건 몰라도 그 책은 돌려받고 싶기도 해요.

어떤 내용을 적어 뒀는지 다시 보고 싶어요?

네, 그럼요. 뭔가 제가 감상을 많이 적어 놓긴 했거든요. 기억을 더듬어 보고 싶어요. 소설 중에서는 김형경 작가의 『사랑을 선택하는 특별한 기준』이 가장 강렬한 기억으로 남아요. 두 권짜리로 꽤 긴 소설이에요. 그 책을 읽고 패닉이 오기도 했어요. 읽은 책의 내용이나 문체, 결말 같은 것에 따라 제 일상의 분위기가 많이 달라졌었죠.

침잠하는 소설이면 침잠하고, 냉소하는 소설이면 냉소하게 되고. 그런 걸 말하는 거죠?

네, 그렇게요. 아무래도 조금 어두운 쪽으로 빠져들 때가 많았어요. 김형경 작가의 소설을 보면서 그렇게 늦은 사춘기를 보냈던 것 같아요. 소설 속 인물이 저와 너무 닮았다고 생각했어요. '내가 이걸 해결 못 하면 더 나아가지 못 할 수도 있겠다.' 할 정도로 그 책을 읽으며 이런저런 생각에 빠졌어요. 근데 책 때문에 제가 그런 생각을 하고 있다고 어디에 말을 할 수가 없더라고요.(웃음)

말하기 어려운 이유는 뭐였어요? 이해받지 못할 거라는 마음이었나요?

일단 책을 안 읽은 사람들은 이해를 못 할 거고요. 또 책 때문에

그토록 마음이 복잡하고 삶에 영향을 받는 걸 누군가는 쉽사리
납득하지 못할 거라 생각하기도 했죠.

그때는 어떤 기준으로 책을 선택했어요?
어머니에게서 가장 많은 영향을 받았어요. 어머니가 저보다 훨씬
책을 많이 읽으시는데, 처음에는 어머니의 책장에서 손이 가는 대로
꺼내 읽었어요. 나중에는 어머니가 추천하는 책을 읽기도 하고요.
지금도 어머니는 항상 일간지의 서평란을 유심히 보시거든요. 그걸
보면서 읽고 싶은 책을 저한테 말씀하세요. 그럼 저는 온라인 서점에서
주문을 해 드리죠.(웃음)

결혼 전에 소장한 책은 결혼하면서 어떻게 되었어요? 새집으로
같이 옮겨 갔나요?
안타깝게도 공간이 부족해 그러진 못했어요. 결혼 전에 살던 집을
얼마 전에 팔았는데 그 집에 작은 드레스 룸이 있었어요. 한 명이
옷 갈아입을 정도의 공간이 되는. 거기를 옷방이 아니라 책방으로
만들었거든요. 사람이 움직일 때만 불이 들어오는 공간이라 조금
지나면 불이 꺼져서 그 안에서 책을 읽을 순 없었지만, 거기가 저만의
내밀한 도서관 같은 역할을 해 주었어요. 책을 찾다 보면 어느새
불이 꺼지던 장면이 기억에 선명해요. 책장을 짜 넣는 바람에 공간은
더 작아졌지만요. 힘든 일이 있으면 그 안에 들어가 가만히 있기도
했어요. 그 집을 팔 때도 저는 그 책으로 가득한 드레스 룸이 마음에
밟히더라고요.

어머니와 같은 책을 읽는 것도 특별한 경험이죠. 가장 좋아하는
책은 무엇인가요?
제가 읽은 책은 무조건 엄마가 읽으셨고요. 반대로 엄마가 읽은

책을 제가 다 읽진 못했어요. 저는 엄마의 속도와 독서량을 따라가지 못해요.(웃음) 같이 읽으면 속도를 따라갈 수 없어서 엄마가 넘겨준 책들이 쌓이곤 해요. 한 권 고른다면 『쓸모인류』예요. 이것도 엄마가 먼저 읽고 저한테 주셨는데 그때 제가 그 제목에 한창 꽂혔어요. 끊임없이 '자기 쓸모'를 찾는 사람이 되어야겠다고 생각했어요. 어렸을 때, 건방지게도 어른들한테 꿈이 뭔지 물어보는 걸 좋아하는 아이였는데 그걸 기분 좋게 받아 주시는 분들도 있고 건방지다고 생각하시는 분들도 있었어요. 애들이 꿈이 있는 건 당연하게 여기면서 성인에게 꿈을 물어보면 민망해하고 더러 꿈이란 걸 사치스럽게 느끼는 분위기가 싫어서 그랬나 봐요. 이후로도 '꿈에 대해 물어보는 걸 주저하지 않는 사람이 돼야겠다.'라고 생각했는데 어느덧 그 질문을 잊고 살아가고 있는 나 자신을 『쓸모인류』를 통해 본 거예요.

요즘은 어떤 책을 읽어요?

요즘 제가 스스로 골라서 읽기가 힘들어요. 대신 제게 늘 책을 추천해 주고 선물해 주는 친구가 있어요. 희극인 박지선인데요. 최근에 지선이가 박준 시인의 『운다고 달라지는 일은 아무것도 없겠지만』을 사 줘서 읽고 있어요. 절반 조금 안 되게 읽었는데 계속 이 상태예요. 최근에 제천국제음악영화제 행사를 하다가 박준 시인을 만났어요. 너무 멋진 분이잖아요? 반갑게 얘기 나누고 싶었는데 다 읽지 못한 상태라 너무 아쉬웠어요.

지금 집에도 예전 드레스 룸 같은 책장 공간이 있나요?

아직은 아이가 하나니까 그런 공간을 애써 만들어 두긴 했어요. 작은 책장으로요. 그런데 지금도 매일같이 없애야 하나 고민해요. 육아를 하다 보니 늘 공간이 부족하게 느껴지거든요. 적어도 당장은 읽지 못할 책들이 공간을 차지하고 있는 거니까요. 그게 저의 현실인 거죠.

결혼하면서 갖고 있던 책을 중고 책을 전문적으로 사는 분에게 많이 팔았어요. 이후로도 이사를 거듭하면서 추리고 추려서 아끼는 책들만 남긴 거죠. 처음 책을 넘길 때, 텅 빈 책장 앞에서 조금 울었던 거 같아요.

아이가 있는 집은 아이를 위해 모든 게 바뀌잖아요. 어른을 위한 책이 있던 자리는 아이의 그림책과 장난감이 차지하죠. 저도 아이를 낳기 전에는 책 읽기 좋게끔 신혼집 공간을 예쁘게 마련해 놨었어요. 지금은 남아 있는 책들도 치워야 하나 말아야 하나 갈등해요. 제 책을 볼 시간은 없고 대신 아이를 위해 책을 읽어 주는 시간이 많아졌어요. 그래서 딸에게 읽어 줄 좋은 동화책 찾아내는 재미가 생겼죠. 가끔은 제가 아이보다 동화책을 더 좋아하는 것 같아요. 책에 빠지기도 하지만 그 순간을 함께한다는 게 좋아요.

딸은 어떤 책을 좋아해요?

지금은 공주에 빠져 있어요.(웃음) 딸은 『꼬마 요정 트윙클』이라는 그림책을 좋아하는데, 잠자리용 책으로 좋아요. 마지막에 가서 모두가 잠드는 이야기거든요. 아이들이 공주에 빠지는 때가 있다고 하던데 그게 지금인 것 같아요. 별것도 아닌데 울컥하는 내용도 있어요. 『함께라서 좋아』는 곰 고미와 토끼 토미의 이야기인데 우린 정말 소중한 친구야, 하는 그런 내용이에요. 근데 읽어 주다 보면 울컥하면서 제가 눈물이 나요. 다양한 이야기를 읽어 주고 싶은 마음인데, 가끔 이야기들 중에 딸이 아직은 몰랐으면 하는 것들이 있어요. 그래서 요즘엔 먼저 읽어 보고 순간적으로 각색을 하곤 해요. "떡 하나 주면 안 잡아먹지?" 같은 것도 그래요. 엄마를 잡아먹는다고? 엄마랑 떡이랑 바꿀 수 있는 거야? 하, 이걸 어떻게 설명해야 하나…….

요즘 시각에서 보면 마음에 걸리는 게 많죠.
제 머리칼이 짧잖아요? 마침 제 딸도 성별에 대한 인식을 하기 시작한 때였어요. 제가 머리를 잘랐더니 엄마가 아빠가 되는 게 싫다고 하더라고요. 남자도 머리가 길 수 있어, 여자도 머리가 짧을 수 있어, 라고 설명해 줬는데 사회에 남녀를 구분하는 기준들이 아직도 많잖아요? 그런 것 말고 세상에 다양한 모습과 관계가 있다는 걸 어린이 책부터 알려 줬으면 좋겠어요. 『아빠는 나를 사랑해』는 엄마와 아이가 아닌 아빠와 아이의 관계를 다룬 책이라 좋았어요. 엄마가 나오는 책이 훨씬 많거든요. 이 책은 아이들이 서로 자신의 책을 교환하는 어린이집 프로그램 덕에 알게 됐어요. 좋은 아이디어 같아요. 아이의 질문에 대답해 주고 좋아하는 부분을 반복해서 읽어 주기도 해요. 저는 캐릭터로 유명한 바바파파의 책을 내놓았어요. 어떤 모습이든 될 수 있다는 메시지가 좋아서요.

요즘 아이를 위한 책을 녹음하고 있다면서요?
『이야기 365』라는 동화집을 읽고 있어요. 제가 지금 하고 있는 프로젝트 때문에 읽고 있는데 딸과 교감하기 좋아요. 목소리를 남겨 주고 싶은 마음도 있고, 저도 동화를 자주 읽게 되니까 점점 좋아지더라고요.

아이에게 읽어 준 책 중에 당신이 가장 좋아하는 책은 무엇인가요?
지선이가 아이에게 사 준 책인데 해녀에 대한 그림책이에요. 그런데 사실 지선이가 사 주는 그림책은 아직 아이가 이해를 못 하는 책이에요. 대신 제가 재미있게 읽었죠. 요즘은 어른들도 동화책을 좋아하는 것 같아요.

『엄마는 해녀입니다』 말이죠? 영화 「물숨」을 연출한 고희영 감독이 쓰고 에바 알머슨이 그림을 그린.

맞아요. 제가 정말 요즘 그런 고유명사나 사람 이름이 생각이 안 나서 정말 답답하거든요. 아이하고 주로 대화를 하고, 아이에 대한 이야기를 해서 그럴지도 모르겠는데, 평범한 성인들끼리의 대화에서는 정말 명사가 생각이 안 나요. 오늘 좀 해소가 되네요.

피터 레이놀즈의 『너에게만 알려 줄게』도 제 마음을 잔뜩 표현해 주고 있는 것 같은 책이에요. "(외로울 땐) 찬찬히 내 안을 들여다보는 거야.", "행복한 아이가 되는 방법은 엄청 다양해."라고 말하는 책인데, 여전히 제게도 의미 있는 이야기거든요. 아이가 나중에 어떤 벽을 만났을 때 스스로를 다독이고, 사랑할 수 있길 바라는 마음을 대신해 줄 수 있는 편지 같은 책이에요. 『여우책』은 가수 조준호 님이 보내 준 책이에요. 그림만으로도 마음이 따뜻해져요. 대화를 시작하는 방법을 알려 주기도 하고, 어느 순간 톡 터지는 느낌이 있어요.

이름은 생각나지 않으면 어때요. 어머니가 윤지 씨아 책을 공유했듯이, 윤지 씨도 아이와 책을 공유하고 있네요.

그러고 보니 그렇군요. 나중엔 저희 딸에게 책 읽는 습관과 문화를 물려주고 싶어요. 제가 저희 엄마에게 받았듯이. 저도 생각해 보면 어머니가 책을 읽는 모습을 보고 책을 읽었던 것 같거든요. 엄마가 주신 선물 같아요.

배우
강한나

무대의
독서법

사진 ⓒ 신선혜
2019년

체호프와 브레히트의 희곡을 좋아하며 아멜리 노통브의 책을 빠짐없이 읽는다. 독서는 내밀하게 이루어지지만, 그 글자와 행간이 모여 생각과 말이 된다. 강한나는 다시 그것을 몸으로 표현한다. '등장'했으면 '퇴장'하기 전까지 무대에서 연기를 해야 하는 게 배우의 일이라서.

예전에 만났을 때 아멜리 노통브를 좋아한다고 했고 잠시 그에 대해 이야기를 나누었죠. 《릿터》에서 그 이야기를 더 하고 싶어서 「60일, 지정생존자」 촬영이 끝나길 기다렸어요.
책 이야기로 인터뷰를 하는 게 처음이라 좀 쑥스럽네요.(웃음) 고등학교 때 입시 연기를 배우면서 희곡을 읽기 시작했어요. 아멜리 노통브를 희곡으로 먼저 접했어요. 제게는 소설보다 희곡으로 먼저 다가왔던 거죠. 대학에 가서 극화되지 않은 작품을 찾아 읽다가 이번에는 『불쏘시개』라는 작품을 읽게 됐어요. 너무 좋아서 찾아보니 원래 소설로 유명한 작가였던 거죠. 그렇게 알게 되고 탐독하게 됐어요. 노통브 작품은 거의 다 읽었어요.

처음엔 아멜리 노통브의 무엇에 매혹되었어요?
해학과 풍자, 이야기를 풀어내는 방식이요. 『살인자의 건강법』을 읽었는데 임팩트가 정말 컸어요. 읽다 보면 비슷해지는 부분도 있지만 그럼에도 항상 재미있는 이유예요. 인간 군상을 극적으로 표현하면서도 한번 꼬고, 그걸 이내 가볍게 푸는 방식이 쾌감을 불러일으키는 것 같아요. 저는 코미디도 블랙코미디를 좋아하거든요. 우리가 생각할 수 없는 상식 밖의 일을 다뤄 버리는 데서 오는 일탈 같은 맛도 있고요.

지금은 어떤 작품을 아껴요?
『불쏘시개』, 『살인자의 건강법』을 읽고 다른 책들을 읽으니까 다른 책들은 상대적으로 더 가볍게 느껴졌어요. 『오후 네 시』나 『공격』도 좋았고 요즘엔 『추남, 미녀』를 읽고 있는데 남녀의 이야기가 번갈아 나오는 작품이라 일부러 한 챕터씩 아껴 읽고 있어요. 노통브의 작품은 얇고 짧은 호흡인데 폭죽놀이처럼 팡팡 터지는 단발성의 자극적인 매력이 늘 있어요. 희곡을 꽤 많이 읽어 봤는데 확실히 다른 느낌이었어요.

희곡은 언제부터 즐겨 읽었어요?
연극영화과를 지망하는 입시생들이 꼭 읽어야 하는 리스트가 있어요. 입시 학원에 다닐 때 수업 중간에 비는 시간이 있으면 근처 코엑스의 당시 반디앤루니스 서점에서 희곡을 읽었어요. 그때는 거기서 정말 살다시피 했어요. 저는 인문계 학교를 다녀서 고3 때 본격적으로 수험생 생활을 하게 됐는데, 0교시마다 너무 졸렸어요. 선생님께 따로 말씀드려서 복도에 서서 읽었어요. 저는 연영과 지망이니까 성적에 안 들어가는 과목 시간에도 선생님께 양해를 구하고 희곡을 읽었어요. 졸고 앉아 있느니 차라리 그 시간에 뭐라도 읽고 있는 게 나았는지 선생님들도 허락해 주셨고요. 인문계에서 연기로 입시를 준비하고 있으니 조금 불안했어요. 예고 친구들은 그 시간에 실기도 할 텐데. 그래서 이 시간에 내가 할 수 있는 게 뭘까 생각하다가 탈출구로 희곡 읽기를 선택했던 것 같아요.

그때 읽은 작품 중 기억에 남는 작품이 있나요?
지금 문득 떠오르는 건 브레히트의 「코카서스의 백묵원」이요. 왜 인상적이었는지는 정확히 기억은 안 나는데 굉장했어요. 브레히트를 좋아하기도 하고요. 카프카의 「변신」도 읽는 순간 연기해 보고 싶었어요. 책을 읽을 때도 충격적이었고 공연을 봤을 때도 거의 비슷한 충격을 받았어요. 학교 다닐 때 플롯이나 서사가 전통적으로 짜여 있는 '정석적인' 희곡만 접하다가 처음 「변신」을 봤을 때는 한 대 맞은 듯한 느낌이 들었거든요.

> 희곡을 읽을 때 배우이기 때문에 다르게 다가오는 부분이 있나요?

희곡의 인물은 무대에 '등장'한 후에는 '퇴장'한다는 지문이 있기 전까진 딱히 대사가 없어도 그 무대 안에 살고 있는 것이니까요. 소설은 친절하게 모든 상황을 설명해 주는 경우가 많은데 희곡은 그렇지 않아요. 그래서 소설을 읽을 때와 다르게 희곡을 읽으면, 무대 위에 있는 그 인물이 대사를 안 할 때는 어떤 행동과 생각을 할까 상상해요.

> 흥미로운 지점이네요. 그러고 보니 저는 희곡을 소설처럼 읽어 왔어요. 그 인물은 대사가 없더라도 무대에 존재하고 있는 거군요. 그렇게 모든 등장인물을 보는 건가요?

인물을 상상하면서 상상력이 풍부해졌던 것 같아요. 희곡은 번역가, 작가의 각색에 따라 뉘앙스가 바뀌고 그에 따라 목적이 달라지는데, 그걸 보는 재미도 있어요. 같은 작품도 여러 번역가의 번역본으로 보면 또 다른 재미가 있고요. 인물도 보고 인물 사이의 관계성을 생각해 보게 돼요. 대학에 와서 안톤 체호프 작품을 두 작품 했는데, 인물 간의 관계성에 대해 눈뜬 계기가 되었어요.

> 배우 시각의 이야기를 더 듣고 싶네요. 체호프는 희곡의 거장으로 불리는 작가죠. 그의 작품으로 연기를 하면 어떤 지점에서 다르다고 느껴지나요? 벚나무가 베어지고, 바냐

아저씨는 숲에 남고, 자매는 모스크바에 가지 못한다는
스토리를 따라가는 것과는 다를 것 같습니다.
체호프의 작품에는 인물의 전사가 완벽히 채워져 있어요. 허구의
인물이 아니라 어딘가에 실제로 살고 있는 인물의 어느 한때를
희곡에 담은 것 같은 느낌이 들어요. 전사가 꽉 차 있거든요. 체호프의
「갈매기」가 제 인생 첫 연극이었어요. 마샤 역을 맡았는데, 연출도
선배들도 제게 전사 작업을 제대로 하지 않으면 이 작품을 해낼 수
없을 거라고 했지요. 작품 속 모든 인물과의 관계와 인물의 역사 등
작품에 등장하지 않는 인물의 정보까지 세세하게 캐릭터를 쌓아
나가는 전사 작업을 굉장히 열심히 했는데 그때 많이 배우게 됐어요.

'체호프의 총'이 연기에도 적용되는 것 같은 말이네요. 빠르게
돌아가는 드라마 현장에서는 전사 작업을 하기가 쉽지 않을
텐데요. 사전 제작이 늘었다고 하지만 일부일 뿐이고요.
처음에 볼 수 있는 게 시놉시스 4회까지라면, 그 안에서라도 전사를
만들려고 해요. 시청자 입장에서는 안 느껴질 수 있지만 연기하는
사람으로 그게 제가 마음이 편해요. 이 인물이 어떤 쪽에 재능이
있고 취약한가. 예를 들면 「60일, 지정생존자」에 제가 맡은 한나경이
김준오와 함께하는 장면은 아주 적지만, 없는 과거를 상상해 내는
거죠. 확실히 무대에 올리는 것과 드라마는 다른 부분이 많아요.
순간순간 대본이 나올 때마다 촬영하는 순간의 진실을 믿을 수
있어야 되기 때문에 현장감이 훨씬 더 중요하죠. 내가 미리 많은 걸
생각해서 정해 와도 그것일 뿐, 지금 이 현장과 상황에 맞는 걸 찾아서
100퍼센트 집중하고 믿는 눈이 드라마 현장에서는 더 필요한 것
같아요. 드라마는 현장에서 몰입하는 게 더 중요하죠.

하지만 모두가 그렇게 하지는 않을 거예요. 현장에서는 어떻게

균형을 잡아요?

그런 생각을 다 꺼내진 않아요.(웃음) 제 안에 두고 그중 대화가 필요한 몇 가지만 꺼내죠. 어떤 사항에 대한 표현의 여지나 해석은 현장에서 같이 만들어 가는 사람들과 함께해야 하는 부분이기 때문이죠. 그런 부분까지 열어 놓고 대화를 하지, 제가 생각해야 하는 몫까지 가져와서 다른 사람에게 던지는 건 아닌 것 같아요.

한나경은 기존에 했던 역할과는 다른 역이었죠. 사극이든, 현대극이든 주로 부족함 없이 자란 역할을 많이 해 왔어요.

저도 이렇게 많이 뛰어다닌 건 처음이었어요. 한나경은 현장감 있는 친구여서 근육을 더 키웠어야 했나 하는 아쉬움이 있어요.(웃음) 저도 실제로는 행동파이기는 해요. 편한 게 더 좋고요. 제 실제 성격에 훨씬 가까운 인물이기는 했죠. 그래도 어려웠어요.

연기의 재미를 알려 준 작품은 무엇이었나요?

역시 안톤 체호프의 「갈매기」요. 극 중 어떤 인물을 맡아서 해도 좋을 정도로 등장하는 모든 역할이 너무 매력 있어요. 이 작품은 처음으로 연기를 하는 즐거움을 느끼게 해 준 작품이기도 하고 연기 학원에 갔을 때 처음으로 받은 대본이기도 했어요. 2막 마샤의 대사를 주고 10분 뒤에 무대 위에서 해 보라고 했을 때 전율을 느꼈거든요. 신기하게 「갈매기」는 작품을 올리지 않아도 종종 읽어 보게 되는 것 같아요. 배우의 삶을 다룬 작품이라 더 그런 것 같기도 해요.

같은 책도 시간과 상황에 따라 다르게 느껴져요. 시간의 흐름에 따라 「갈매기」가 다르게 다가오는 점이 있었나요?

가장 최근에 읽은 게 2~3년 전이라 지금 읽으면 또 다를 것 같아요. 제가 열아홉 살 때 이 작품을 읽고 스무 살이 되던 해 봄에 무대에 올렸어요. 그때는 마샤의 삶이 전혀 이해가 안 됐어요. 20대 초반에 뒤늦은 사춘기를 겪으면서 그제야 조금 이해가 됐어요. 그녀가 했던 말과 행동들이 사실은 위로받고 싶어서 그랬던 거라는 걸. 어렸을 때 텍스트를 일차원적으로 느꼈다면 사춘기를 겪은 다음에는 대사의 서브 텍스트를 같이 읽을 수 있게 됐죠.

사춘기가 뒤늦게 왔다고요?
중학교 때 법정 스님의 『무소유』를 읽게 됐는데 제 인생의 책 중 하나예요. 영향을 크게 받았거든요.(웃음) 결국 어떻게 바라보고 어느 각도에서 어떤 사이즈로 보느냐에 따라 지금 직면한 문제가 너무 크게 보일 때도 있고 혹은 작은 돌멩이가 될 수도 있다. 결국 괴로운 건 내 몫이라는 걸 깨달아서 사춘기가 없었던 것 같아요. 물건을 잃어버려도 전전긍긍하지 않고 때가 되면 만나겠지 생각한다든가…….

그럼 20대에 사춘기가 왔을 땐 무엇을 읽었어요?
그땐 술을 많이 마셨던 것 같아요. 책을 읽을 수가 없었어요.(웃음)

성별과 나이에 상관없이 연기해 보고 싶은 역할이 있어요?
셰익스피어 작품이요. 어떤 작품이든지 삶의 무게를 떠안고 있는 인물들이 많잖아요. 혼돈의 무게를 떠안고 있는 남자 인물을 해 보고 싶어요. 그런 역할들은 여자 배우가 하는 걸 본 적이 없어요. 고전의 경우 현대적으로 풀어도 배경이 바뀔 뿐이지 역할의 성별이 바뀌지는 않는 것 같더라고요.

언젠가 햄릿이나 리어 왕을 연기하는 당신을 보고 싶네요.
지금 생각해 보니까 그 안에 담긴 대사들이 성별이 중요한 대사들은 아니네요. 삶과 인간의 본질에 대한 고민이기 때문에 성별에 상관없이 얼마든지 표현할 수 있는 작품인 것 같아요.

어린 시절엔 어떤 책을 좋아했어요?
집에 작은 골방이 있었는데 거기에 책만 다 몰아 뒀어요. 그곳에 만화경도 있어서 자주 들어가 있었는데 책 냄새나는 동굴 같은 그 공간 자체를 좋아했어요. 가장 많이 읽은 책은 백과사전이었던 것 같아요. 그게 너무 흥미로웠어요. 그걸 통해 활자의 매력을 알게 됐어요. 지금도 물건을 사면 물건보다 설명서를 먼저 찾아보는 편이에요. 백과사전이 제 궁금증을 많이 풀어 줬던 것 같아요. 엄마를 통해 알 수 없는 것들을 백과사전을 통해 해결했죠.

저도 백과사전이며 각종 도감을 무척 좋아했죠. 하지만 지금은 그 이름마저 사라지고 있네요. 검색의 시대니까요. 늘 현장을 오가는 데 전자책도 읽나요?
종이에 익숙한 세대라 전자책도 다운만 받아 놓고 잘 안 보게 되더라고요. 요즘은 대본도 파일로 오거든요. 다른 분들은 대본도 아이패드로 보시는데 전 종이에 찍힌 활자가 더 좋더라고요. 제가 좀 아날로그 감성이 있어서 그런가 봐요.

다른 사람들과 같이 책을 공유하기도 하나요?
얼마 전에 언니가 책을 추천해 달라고 하길래 제가 지금 읽고 있는 『추남, 미녀』를 먼저 읽으라고 줬는데 반응이 별로였어요. 모르죠, 언니의 취향이 언젠가 바뀔지도. 제 취향도 계속 바뀌는 것 같아요. 20대 초반에 사춘기를 겪기 전에는 일본 소설도 오쿠다 히데오 같은 코미디 말고는 잘 안 읽었어요. 당시 인기가 많았던 일본 소설을 읽으면 특유의 서정적이고 느린 템포가 저한테 와닿지 않더라고요. 그런데 시간이 지나니 특유의 느린 템포나 여백이 좋게 느껴지기도 하더라고요. 그런 과정을 통해 책 취향도 내 삶의 챕터마다 달라지는구나 싶어요.

　　　　반면 변하지 않는 끌림도 있을 테고요. 노통브처럼.
그렇죠. 아멜리 노통브는 외교관인 아버지를 따라 다양한 문화권에서 성장했다고 해요. 그 과정에서 많은 것들을 받아들여야 했고 또 어떤 것들은 이해하지 못하는, 복합적인 심상에서 오는 것들이 책이나 드라마를 통해 다양한 문화권의 영향을 받으며 자란 저에게도 와닿는 부분이 있었을지도요.

　　　　노통브를 직접 만난다면 어떤 질문을 하고 싶어요?
다음 작품 뭐 쓸 거냐, 장편 쓸 계획은 없냐고 물어보고 싶어요. 그런데 저는 사람을 만나면 질문을 많이 하지 않아요. 사람들에게 질문을 하고 싶다기보다는 그 사람이 나에게 무슨 말을 하고 싶을까가 더 궁금해요. 작품을 다 읽었다고는 부끄러워서 말은 못 할 것 같고…… 신간을 낼 계획이 있는지 사인회 하러 올 의향은 없으신지 수줍게 물어보고 싶네요.

　　　　배우니까, 노통브의 작품 중 어떤 작품을 연기하고 싶은지에 대한 질문을 받는다고 상상하면요?
『살인자의 건강법』이요. 무대에 올리면 너무 재미있을 것 같아요. 등장인물도 제한적이고 압축적이라서 무대에 적합할 것 같고 이 작품은 나이가 조금 더 들고 저도 속이 좀 더 꽉 찬 상태에서 하면 좋을 것 같아요.

　　　　제한을 두지 않은 질문인데 영화도, 드라마도 아닌 연극을 떠올리는군요.

하하! 연극은 정말 매력이 있거든요.

　　　　　우리나라 작가의 작품도 즐겨 읽나요?
한 작가를 좋아한다기보다는 문학상 받은 작품이나 누가 추천해 주는 작품을 많이 읽어요. 여행도 좋아하고 미지의 것에 대한 호기심이 많아서 제게 익숙하지 않은 곳을 배경으로 하는 해외 문학을 선호하긴 했어요. 하지만 그게 조금 부끄럽기도 하더라고요. 저도 이제 서른이 넘으니, 한국적인 것들에서 도피하지 않았나, 한국문학을 조금 더 읽어 봐야 하지 않을까 하는 생각이 들더라고요. 한국의 시대적 상황이나 한국에서 살아가는 사람들의 이야기를 다룬 책을 읽어 보지 않았다는 생각이 들어서 반성하게 됐어요. 요즘 좋은 책 추천해 주실 수 있나요?

　　　　　좋아요. 그럼 이제 녹음을 끄고 요즘 한국문학에 대해
　　　　　이야기할까요? 올해만 해도 좋은 작품이 아주 많아요.
작품을 할 때는 책을 거의 읽지 못하는데, 그때는 책을 너무 안 읽고 있다는 생각이 늘어요. 책을 안 읽으면 밀리기 굶는 기분이거든요. 바쁘게 살다 보면 그냥 사는 대로 생각하게 되는데 책을 읽으면 새로운 생각들이 떠오르고 단어들도 새삼 새롭게 보이면서 뇌가 자극되는 느낌이 들어요. 뇌가 멈춘 것 같을 때에도 책을 읽어요. 책을 읽지 못하면 불안해지고요. 또 한편으로는 안도감도 있어요. 내가 책을 읽지 않는 동안에도 새로운 좋은 책이 계속 쌓이고 있을테니까요!

뮤지션(AOA 멤버), 배우
찬미

예기치 않은
사건들

사진 ⓒ최문혁
2020년

알고 싶은 게 있으면 책을 고른다. 풀리지 않는 마음이 있으면 책을 편다. 오늘 읽은 책은 내일의 실마리가 되어 줄 테고, 삶의 예기치 않은 사건도 결국 이야기가 될 것이기에.

유튜브에서 당신의 책장을 봤어요. 오랫동안 책을 읽어 온 사람의 책장이더군요.

처음에는 단순히 책을 가지고 싶은 소장 욕구로 시작했어요. 읽고 싶다기보다는 그저 책을 사고 싶은 마음에 샀는데, 집에 두니까 결국 읽게 되더라고요. 그런 식으로 다양한 장르를 모으고 읽다 보니 책이 많아졌어요. 어제도 책장 앞에 가만히 앉아서 오늘 무슨 이야기를 하지? 생각했어요.

책을 꽂아 두는 방식이 자유로워요. 책 위로, 옆으로, 빈틈만 있으면 채워 넣는 식으로. 사실 제 책장도 그렇답니다.

그런 것도 알아채셨어요? 이사를 했는데 자리가 없어서 장들에도 책을 올려 둔 상태예요. 안 읽은 책이 있으면 다 읽고 새 책을 사야 할 텐데, 저는 읽고 싶은 책이 있으면 바로 사 버려서 책이 점점 많아져요. 앞으로 읽을 책은 책상 위에 올려놓거나 침대에 앉았을 때 눈높이에 있는 칸에 올려 두는 식으로 따로 표시를 해요.

버리거나 처분하지는 않는군요?

못 버려요. 아깝지 않나요, 책 버리는 거? 이미 읽은 책이라고 하더라도 좋은 느낌으로 남은 책들은 언젠가 또 읽고 싶을 것 같아서 못 버리겠어요.

메모도 하는 편인가요?

저는 책에 이런저런 메모를 하는 편이에요. 좋은 부분은 접어 두기도 하고 줄도 그어요.

누가 빌려 달라고 하면요?
책은 잘 안 빌려줘요. 차라리 새 책을 사 줘요. 지금노 못 받은 책이 한 권 있는데……. 책이 그렇게 비싸지도, 그렇다고 싸지도 않아서 빌려주고 돌려받기도 애매하더라고요. 차라리 선물로 사 주는 게 마음이 편하고 좋아요.

책장에 굉장히 다양한 종류의 책이 있었어요. 실용서, 베스트셀러, 문학 그리고 평전까지. 호기심이 많은 사람이라는 게 느껴졌어요. 궁금한 게 있으면 책부터 구해 보나요?
제 책장에서 그런 게 보이나 봐요. 너무 신기하네요. 제가 호기심이 엄청 많아요. 너무 어릴 때 일을 시작해서 다른 데로 눈을 돌려 본 적이 없어요. 다른 사람들은 어떤 일을 하고 무슨 생각을 하면서 사는지 들어 볼 기회가 없더라고요. 세상에도 사람에도 호기심이 굉장히 많아요. 그렇다고 제가 누굴 붙잡고 하루 종일 물어볼 수는 없으니까 에세이나 실용서처럼 작가의 생각이 많이 반영된 책들을 먼저 읽기 시작했어요.

Z 세대는 궁금한 점이 생기면 유튜브로 검색을 한다고 하죠. 책을 찾아보는 데에서 어떤 장점을 느끼나요?
인터넷에 올라오는 콘텐츠들은 주로 크리에이터의 시각으로 요약된 것들인데요, 나와는 다른 삶을 살아온 누군가일 텐데, 그 삶을 요약해 놓은 것만 보기에는 조금 아쉬운 마음이 들어요. 일부가 아닌 전체를 보고 싶은 마음에 책을 읽기 시작했던 것 같아요. 그래서 궁금한 분야가 생기면 그 분야에 관련된 책을 최소한 두 권 이상 사요. 의견이 다른 것도 보지만 겹치는 내용도 파악해요. 자꾸 겹치는 내용이 보이면 '이게 이 분야에서는 중요한 부분이구나.' 하면서 기억해 두고 다른 내용이 있으면 '왜 그럴까?' 고민을 해 보는 과정이 좋아요.

관심 있는 분야가 생기면 어떻게 책을 고르나요?

일단 서점에 가요. 보통 추천 도서가 있지만 숨어 있는 책을 찾는 재미가 있어요. 서점에서 서서 한동안 계속 책을 뒤적거려요. 같은 분야의 책이라고 해도 술술 잘 읽히는 책이 있고 도저히 진도가 안 나가는 책이 있는데 잘 읽히는 책 위주로 선택하죠.

그렇게 고른 책을 주변에 권하기도 하나요?

지인이 급격히 우울해하길래 제가 읽은 에세이 중 하나를 추천해 줬어요. 해결은 안 되도 위로는 되니까요. 동생의 독서 습관을 길러 주고 싶어서 고른 책을 읽고 잘 설명하면 갖고 싶은 걸 사 주겠다고 했어요. 제 방법이 통했는지 요즘에는 읽고 싶은 책이 있다고 먼저 말하더라고요. 뿌듯했어요. 빈대로 선물을 빋기도 해요. 제가 고양이를 키우다 보니까 고양이 관련 책 선물을 정말 많이 받아요. 거의 웬만한 고양이책은 다 있어요. 그런 건 초보 집사님들이 생기면 나눠 드려요. 어린 팬분들은 공감 에세이를 많이 선물해 주시고 조금 나이가 있으신 팬분들은 제 취향을 살펴보고 주세요. 한번 소설에 빠져 있다고 말씀을 드렸더니 정말 다양한 소설책을 선물해 주셨어요. 팬분들과 같은 취미를 공유하는 느낌이라서 좋아요.

당신이 기억하는 첫 책은 무엇인가요?

아마 첫 책은 동화책이겠죠? 제일 좋아했던 건 『종이밥』이라는 책인데 아직도 갖고 있어요. 우울해하면서도 공감하며 읽었어요. 집에 홀로 남겨진 아이가 먹을 게 없어서 책을 뜯어 먹는 내용이에요. 처음 읽었을 때 충격이란……. 저도 어릴 때는 가게에서 살아서 엄마랑 밥을 먹은 적이 별로 없어요. 혼자 알아서 먹거나, 그냥 굶거나, 밖에 사람이 많으면 문이 열려 있어도 제가 못 나갔어요. 그럴 때 방에 앉아서 책을 읽으면 책 속의 친구랑 있는 느낌이었어요. 그 책이 가장 기억에 남아요.

혼자 있으면 할 게 없어서 책을 많이 읽었어요. 아직도 동화책을 좋아해요. 많이 사기도 하고요. 동화책을 언젠가 써 봐야지, 하고 생각했는데 나이가 들수록 점점 상상력이 떨어지고 있어요. 어릴 때는 동화책을 직접 그리고 써서 한 권이라도 만들어 보는 게 꿈이었어요.

   다양한 독서가 당신의 삶을 어떻게 바꾸고 있나요?

노래를 하고 춤을 출 때보다 연기할 때 더 도움을 받아요. 최근에 암에 걸린 역할로 오디션을 봤는데, 우연찮게 최근 읽은 책이 한 여성 변호사가 암 진단을 받은 후 투병에서 임종까지의 날들을 일기처럼 쓴 책이었거든요. 제목이 『그 찬란한 빛들 모두 사라진다 해도』인데요, 그 책을 읽은 게 작품을 이해하는 데 도움이 굉장히 많이 되더라고요.

   《릿터》에는 좋아하는 책을 묻는 질문이 항상 있어요. 생각할
   시간이 필요하다고 했었죠?

네, 어제 책장을 한참 노려보면서 적어 왔어요. 『오랜 시간, 다정한 문장』, 『운다고 달라지는 일은 아무것도 없겠지만』, 『심리부검』, 『나는 강박과 함께 살아왔습니다』, 『아름다운 아이』, 『위로의 그림책』, 『루머의 루머의 루머』, 『한정희와 나』……. 어렵게 골랐습니다.(웃음)

   항상 새로운 작품이 기다려지는 한국 작가가 있어요?

「한정희와 나」를 쓴 이기호 작가님이요. 세어 보니 집에 이기호 작가님 책이 세 권이나 있더라고요. 이 작가님을 좋아한다는 걸 뒤늦게 알게

됐어요. 신간이 나오면 꼭 읽어 보려고요.

소설 속 인물에 공감했던 적도 있어요?
『안녕, 아빠』라는 책이에요. 중학생 때 봤는데 주인공의 상황이 저와 비슷하다고 느꼈어요. 읽으면서 주인공과 직접 만나서 얘기해 보고 싶다고 생각했어요.

심리 관련 책을 읽으면서 나와 타인에 대한 실마리가 조금 풀렸나요?
좋은 사람이고 싶은데, 정신을 차려 보면 문득 화내고 울고 있더라고요. 그런 제 마음을 컨트롤하고 싶어서 읽기 시작했지만 여전히 미궁이에요.(웃음) 그중에서 『서툰 감정』이라는 책이 인상에 남아요. 단순하게 정답을 말하는 책은 답답할 때가 많은데, 이 책을 읽으면서 그 점이 조금이나마 해소가 됐어요.

요즘은 무엇에 관심이 있어요?
요즘 필름 카메라에 취미를 붙였어요. 그래서 사진에 대한 책을 많이 보고 다녀요. 사진집을 사고 싶어요. 모니터로 보는 사진과 지면으로 보는 사진은 확실히 느낌이 다르더라고요. 카메라를 들고 여행하면서 찍은 사진과 이야기가 담긴 책도 사고 싶어요.

직접 사진집이나 에세이를 내고 싶지는 않아요? 어머니의 인터뷰가 화제가 되면서 언젠가 책으로 만날 수 있으면 좋겠다고 생각했어요.
안 그래도 제안들을 받았어요. 그런데 어머니께서도 조심스럽게 생각하시는 것 같아요. 인터뷰도 오래 망설이셨어요. 저희는 이렇게 화제가 될 줄은 몰랐어요. 어머니께서 준비가 되고 좋은 기회가

닿는다면 응원해 드리고 싶어요. 얼마 전에는 고양이책을 내자고
SNS로 메시지가 왔어요.(웃음) 저는 글재주가 없어서요. 사진집을
내고 싶긴 하지만 사진도 아직 발로 찍는 수준이고요. 언젠가 나중에
제가 봐도 좋은 사진들이 모이고, 사진마다 제 느낌을 아쉽지 않게
표현할 수 있게 됐을 때 책을 내 보고 싶어요.

책을 읽을 때 스스로 느끼는 아쉬운 점도 있나요?

책에 완전히 집중하기까지가 오래 걸려요. 그래서 집중력에 대한
책을 또 읽어 봤죠.(웃음) 여러 책에서 말하기를, 원래 사람이 책을
펼치고 집중하는 시간이 있다고 해요. 30분 동안 아무것도 안 하고
집중하려고 노력하면 그때부터 집중이 된다고요. 그 집중도 쉽게
깨지고 다시 집중하는 데 15분 넘게 걸린다고요. 그걸 보고 위안을
받았어요. '나만 그런 게 아니구나.' 요즘은 30분 동안 책에만 집중할
수 있는 환경을 만들어요. 휴대폰을 밀어 둔다거나 하는 식이죠.
가볍게 자투리 시간에 쉽게 책을 읽고 싶은데 그게 잘 안 되는 게 제일
아쉬워요.

찬미에게 좋은 책은 무엇인가요?

진짜 어려운 질문이에요. 저는 그렇게 똑똑하지도 않고 기억력이 좋지
않아요. 어떤 책이든 느낌으로 기억해요. 제목도 잊어버릴 때도 있어요.
그 느낌이 오래 기억에 남는 책들이 있는데 그런 책이 좋은 책인 것
같아요. 일을 하다 보니 감정 상태가 일정한 사이클 안에서 항상
반복되더라고요. 삶이 긴 주기로 반복된다는 느낌을 받곤 하는데,
그렇게 반복하다가 다시 돌아왔을 때 전에 읽었던 책에 손이 가면 그
책이 좋은 책이지 않을까 해요. 그게 제게는 좋은 책일 거예요.

책에는 항상 어떤 '사건'이 등장해요. 당신에게 의미 있는

사건은 무엇이었나요?

삶의 큰 사건들이 제게도 있었어요. 하지만 사건이 일어났을 때 버텨 내는 방법이나 과정 그리고 거기서 느끼는 감정이 더 의미가 있는 것 같아요. 지금 돌이켜 보면요.

앞으로 쓰일 찬미의 이야기는 어떨까요?

예상치 않게 흘러갔으면 좋겠어요. 모든 책에는 위기가 있고, 그래서 재미있어요. 그리고 그 때문에 모든 사건이 끝났을 때의 결말이 더 의미 있고 깊어지는 것 같아요. 앞으로 제 이야기도 너무 평탄하기만 하진 않았으면 좋겠어요. 힘들고 싶다는 말은 아니에요. 다양한 경험을 할 수 있는 일들이 계속 생겼으면 좋겠어요. 예기치 않은 일들을 기다려요.

배우
이설

정말로
좋아하는 책

사진 ⓒ 고원태
2020년

이설은 메이크업을 받으며 책을 읽었고, 인터뷰를 시작할 때는 수첩을 펴고 펜을 들었다. "질문을 놓치고 싶지 않아서요."라고 말했다. 정말 좋아하는 책이라서. 정말로 좋아하는 책을 이야기하는 게 좋아서.

에디터로 일하며 많은 아티스트를 만났지만 헤어 메이크업 중에도 책을 읽는 사람은 처음이에요. 대본을 외우는 경우는 있었지만요.

콘셉트는 아닐까요?(웃음) 책을 읽어야지 하고 읽기보다 틈날 때 읽는 게 더 집중이 잘되는 것 같아요. 자기 전에 잠깐 본다거나, 버스나 지하철에서 보는 것처럼요.

아까 읽고 있던 책이 『경애의 마음』이었나요? 대기실에서는 헤어, 메이크업 아티스트며 스타일리스트가 분주하게 손을 놀리잖아요. 그 속에서도 집중이 된다는 거고요.

현장이 시끄러워도 전혀 상관없어요. 현장에서 대기할 때도 책을 읽거든요. 책 보는 거, 진짜 좋아하거든요.

그런데 손에 펜은 왜 들고 있어요?

잘 대답하고 싶어서요.(웃음) 질문을 놓치고 싶지 않아요. 책 인터뷰는 처음이니까 열심히 하려고…… 말이 길어지면 원래 하려던 대답을 까먹더라고요.

지난번 만났을 때 평소 타고 다니는 밴에 제가 잠시 같이 탔었죠. 그때 책이 수북한 걸 보고 책을 좋아하느냐는 이야기를 나눴죠. '오늘의 젊은 작가' 시리즈를 알게 되어 읽고 있다고 했던 게 기억이 나요.

처음에는 신경숙, 박완서, 은희경 작가의 책을 즐겨 읽다가 '오늘의 젊은 작가' 시리즈를 알게 되었어요. 친구를 집에 바래다줬는데 친구가 제 차에 『해가 지는 곳으로』라는 책을 두고 내렸어요. 무슨 책이지 하면서 읽기 시작했다가 너무 재미있어서 처음엔 최진영 작가에게 빠졌죠. 보니까 『해가 지는 곳으로』가 '오늘의 젊은 작가' 시리즈 중 한 권이더라고요. 그래서 한두 권씩 읽기 시작했고, 지금 20번까지는 다 읽었어요. 고전문학도 좋아하지만 현대문학을 조금 더 좋아해요.

그때가 가을 무렵이었는데 반년 안에 스무 권 가까이 읽은 거네요. 다른 책도 읽었을 테고요.

다행히 제가 책을 좀 빨리 읽는 편이고, 다 재미있으니까 금세 읽었어요. 지금 21세기를 잘 표현하고 있고, 읽기도 편하고, 책도 가벼워서 좋아요. 표지도 예쁘고요.

말 그대로 이 시점에 주목할 만한 작가들의 경장편소설을 소개하는 시리즈예요. 특히 어떤 작품을 좋아해요?

조해진 작가의 『아무도 보지 못한 숲』은 숨죽이면서 봤어요. 우울하고 스릴러 같은 작품인데⋯⋯ 특히 밤에 많이 봤고요. 마지막에 반전 아닌 반전을 보면서 슬퍼하고, 이런 삶도 있구나⋯⋯ 생각했어요. 동생이 팔려 가는 걸 무력하게 바라볼 수밖에 없는 누나의 마음이 너무 슬펐어요. 아직도 기억에 남아요. 그게 시리즈의 첫 번째 작품이더라고요. 그 작품은 슬펐는데 시리즈에 다양한 이야기가 있어요. 『자기 개발의 정석』처럼 조금은 엉뚱한 이야기도 있다가, 『한국이 싫어서』나 『보건교사 안은영』처럼 경쾌하고 창의적인 책도 있어서 독자 입장에서 균형감이 좋은 것 같아요.

그사이 또 어떤 책을 읽었어요?

요즘은 분위기가 어둡다 보니 밝은 책에 더 손이 가요.『경애의 마음』은 표지를 보고 샀어요. 몇 년 전 전시회에서 인상 깊게 봤던 그림이 표지라 시선이 갔어요. 재미있게 읽고 있는데, 아픈 과거를 너무 무겁지 않고 담담하게 풀어 가는 문체가 너무 좋아요.『거울 속 외딴 성』은 처음엔 판타지 소설인가 싶어 읽기 시작했어요. 작년 리스본 여행 가서 읽었죠. 같이 간 이엘 언니가 책 좀 그만 보라고 할 정도로 재미있게 봤어요. 서로 다른 시대를 살아가는, 아픈 상처 때문에 학교에 가고 싶어 하지 않는 학생들의 이야기예요. 다른 아이들은 학교에 갈 시간에 그들은 거울 속 외딴 성에 가요. 거기서 만나 서로에 대해 알아 가고 치유해 주는 내용이 동화적으로 디테일하게 쓰여 있어요. 영화로 만들어져도 좋을 것 같아요.

배우가 되기 전에 안 해 본 게 없을 정도로 다양한 아르바이트를 했다면서요? 그때도 책을 읽었나요? 보통 책값이 시급보다 비싼데 부담이 되지 않았나요?

맞아요. 그래서 알라딘 중고서점에 많이 갔어요. 아르바이트하면서도 틈틈이 읽었어요. 컴퓨터도 없고 지방에서 올라와서 친구도 없다 보니까 일 안 할 때는 집에 있는 시간이 많아서 계속 책을 보려고 했던 것 같아요. 시간 나면 알라딘에 갔는데, 가끔 친필 사인이 된 책도 찾을 수 있고 누군가 메모한 걸 보는 것도 재미있더라고요. 책값이 비싸니 어릴 때 시험 잘 보거나 생일이 되면 항상 책을 사 달라고 했어요.

그렇게 갖게 된 책은 무엇이었어요?

'열두 살에 부자가 된 키라' 시리즈,『심리학 콘서트』, '해리 포터' 시리즈,『나쁜 사마리아인들』도 있었고『람세스』도 있었고요.

어린 시절 가장 행복한 기억으로 남은 책은 무엇인가요?

'해리 포터'.(웃음) 여덟 살 때 처음으로 '해리 포터'를 읽었어요. 처음 책을 좋아하게 된 계기도 '해리 포터'였던 것 같아요. '해리 포터'가 제 꿈과 희망이었어요. 저는 제가 호그와트에 입학할 줄 알았어요. 그냥 이 이야기에 빠져 있는 게 좋고 상상하는 게 좋았어요. 꿈도 꿨고요. 취침시간이 9시였는데 랜턴 들고 이불 속에서 밤을 새워 읽기도 했고요. 처음으로 이야기에 빠지는 즐거움과 행복을 알려 준 게 '해리 포터' 시리즈 같아요.

그러면 그 이야기가 영원하길 바라지 않나요? 시리즈가 끝났을 때 실제로 상실감을 느끼고요.

그랬어요. 제 청소년기를 같이한 책이니까요. '해리 포터'가 끝났을 때 울었어요. 영화 「신비한 동물사전」에서 '해리 포터' 테마곡이 처음에 나오자마자 눈물이 주르륵 났죠. 그 영화를 세 번이나 봤어요.

어떤 캐릭터를 좋아했어요?

루나 러브굿을 좋아했어요. 괴짜 같은 면이 좋아서요. 유니버설 스튜디오에 갔었는데, 친구가 그렇게 행복해하는 제 모습은 처음 봤다고……. 어린이들이랑 미친 듯이 뛰어다니고 지팡이도 사서 너무 행복했어요. 기념품으로 지팡이랑 오르골도 챙겨 왔어요. 가끔 틀어요.

오늘 인터뷰를 하기 전에 특별히 좋아하는 책을 말해 달라고 하니 『엘리너 올리펀트는 완전 괜찮아』, 『아주 오래된 농담』, 『해가 지는 곳으로』라고 했죠. 최근 읽은 책을 가장 사랑하는 사람이 아닐까 생각했어요. 늘 책을 읽고 있으니까.

맞아요. 좋아하는 책이 항상 바뀌는 것 같아요.

『엘리너 올리펀트는 완전 괜찮아』의 엘리너도 루나 러브굿처럼 괴짜인 면이 있죠.
'뭐가 맞고 뭐가 틀린 거지?'란 생각이 한창 들던 작년 추석 때 그 책을 읽었어요. 명쾌한 답은 없지만 결국 같이 이해하고, 사랑하고, 누군가 나를 들여다봐 주고, 괴짜 같은 내 모습을 좋아해 준다면. 맞고 틀린 게 아니라 나로서 존재할 수 있구나 하는 생각을 하게 해 준 책이에요.

엘리너는 스스로 외롭다고 생각하지 않지만 다른 사람이 보기엔 너무 외로운 사람이죠. 그런 그녀와 함께 살아가는 평범하고 따스한 사람이 많이 등장해요.
저는 그런 이야기가 좋아요. 악인이 없는. 엘리너를 힘들게 한 원인인 엄마조차 마음 아픈 면이 있고요. 과거의 트라우마도 치료하고 사람들과 어울리는 법을 배우는 게 저랑 닮아 있었던 것 같아요. 저도 한동안 집에서만 지낸 적이 있어서 이해도 됐고요.

『해가 지는 곳으로』는 코로나19가 전 세계를 위협하는 상황에선 너욱 남다르게 다가오더군요. 갑작스러운 바이러스로 사회질서가 무너진 상황에서 이야기가 시작되잖아요?
그렇죠. 코로나19라는 존재를 전혀 모르던 2019년에 읽은 책이지만요.

『아주 오래된 농담』에는 '삶과 죽음을 선택할 수 있다.'라는 입장과 '삶에서 우리가 선택할 수 있는 것은 너무 적다.'라는 입장도 나오죠. 만약 『해가 지는 곳으로』와 같은 상황이라면 어떻게 하겠어요? 인류가 아포칼립스 상태면 생존을 위해 노력할 것 같나요?
사실 저는 좀비 떼가 나타나면 "그냥 죽을래." 하는 쪽이었어요. 좀비가 나타나면 제일 먼저 뜯겨 죽고 싶다 생각했는데 팬데믹 이후로 제가 집 밖을 안 나가는 거예요. 『해가 지는 곳으로』 같은 상황이라면 저도 살고 싶을 거 같아요, 요즘은. 하지만 그 책에서 살려는 사람들은 혼자가 아니에요. 서로가 있고 가족이 있으니까, 그렇다면 살고 싶을 것 같아요.

『해가 지는 곳으로』에서는 도리와 지나가 서로를 완벽하게 이해해요. 엘리너에서는 레이먼드가 엘리너를 있는 그대로 받아들이고요. 그런 관계를 경험해 본 적이 있나요?
그러고 싶은데 아직은 못 만난 것 같아요. 제가 지금까지 그런 걸 못 해서 이제 그렇게 하려고 해요. 있는 그대로. 저는 『해가 지는 곳으로』를 통틀어서 '같이 가자.' 이 네 글자가 가장 아름다웠어요. 같이 가자고 하는 게요. 영화화되면 꼭 출연하고 싶어요.

영화화된다면 어떤 역할을 하고 싶어요?
책에 나오는 인물이 다 너무나 매력적이지만 제가 선택할 수 있다면 지나를 연기하고 싶어요.

『엘리너 올리펀트는 완전 괜찮아』에서도, 『해가 지는 곳으로』에서도 주인공은 어떤 상황에서든 책을 읽어요. 엘리너는 『제인 에어』를 외울 정도고, 도리와 미소 자매는 서점을 대피소로 삼으면서 잠시 위안을 느껴요.
그 점이랑, 인물이 그 상황에서도 이어폰을 챙기는 게 좋았어요. 저도 이어폰과 책이 없으면 외출을 못 해요.

책, 이어폰…… 생존을 위협받는 상황에서도 인간의 존엄을 말하는 것 같은 물건이었죠.
의식주가 다가 아닌 거죠. 나도 이럴 것 같다고 생각했어요.

오래전 하루키가 인터뷰에서 말하길, 지금 책을 읽는 사람들의 일부는 절대 책을 읽지 못하게 해도 어디선가 책을 계속해서 읽을 사람들이라고 하더군요. 동의하나요?

저는 숨어서 볼 것 같아요. 아니면 제가 써서라도 볼 것 같아요.

언젠가 책을 쓰고 싶나요?

글 쓰는 걸 좋아해요. 요즘은 시나리오를 쓰고 있어요. 보는 것도 좋은데 직접 써 보니까 느낌이 다르더라고요. 그냥 막 써요. 그냥 쓴다는 게 좋은 것 같아요. 완성되면 주변 사람들한테 보여 주고 싶어요.

작고한 박완서 작가는 쉬지 않고 글을 썼죠. 남긴 작품이 많아요. 『아주 오래된 농담』 외에 다른 책도 찾아보았나요?

궁금한데 아직은 다른 책을 읽느라 찾아보지 않았어요. 『아주 오래된 농담』을 가장 좋아하지만 『그 많던 싱아는 누가 다 먹었을까』가 제가 처음으로 읽은 박완서 작가의 책이에요. 마치 옆집 사는 할머니가 당신의 얘기를 들려주는 것처럼 명확하고 깔끔하고 담담하게 와닿는 게 너무 좋았어요. 많은 설명 없이도 이렇게 글을 쓸 수 있구나……. 시대를 정말 잘 녹여 낸 것 같아요. 저는 시골 갈 때마다 박완서 작가 책이 떠올라요. 시골에서 자라기도 했고, 할머니한테 듣는 이야기도 비슷해요. 저도 어릴 때 풀 많이 캤어요. 시골엔 장난감도 없고 컴퓨터도 없으니까……. 지금도 캐러 다녀요. 친구들이랑 캐서 와인이랑 먹고 했어요. 쑥이나 돌나물 같은 거요. 갓 뜯은 돌나물을 무쳐서 와인이랑 마시기도 해요.

이야기를 나눠 보니 휴머니즘이나 기발한 상상력을 가진 작품에 더 끌리는 것 같아요. 테드 창도 좋아한다면서요?

「컨택트」라는 영화를 굉장히 좋아해요. 문과와 이과가 만나면 이런 게 탄생하는구나 싶었는데 소설이 원작이더라고요. 무턱대고 샀더니 장편도 아닌 단편이더라고요. 정말 대단한 사람이라는 생각이 들었어요. 「네 인생의 이야기」를 가장 좋아하지만…… 제목이 정확히 기억 안 나는데 미친 수학자의 이야기가 있었어요. 사랑에 대한 자신의 마음을 풀지 못하는 수학 공식으로 만들어서 계속 풀려고 하는데 당연히 못 풀죠. 그걸 빗대어서 사랑에 대해 이야기를 하는데 전율을 느꼈어요. 이렇게 다양하게 표현할 수 있구나, 아름답고 문학적이에요. 철저히 계산된 문학 소설. 단점은, 읽으면 머리가 너무 아파요. 방정식을 푸는데 이걸 마음으로 느끼는 느낌이랄까.

책을 읽는 게 연기에도 영향을 주나요?

이런 삶도 있구나 하는 걸 가장 많이 느껴요. 이런 삶이 있고, 이런 상황에서 모두 다 다르게 행동할 수 있구나 생각할 수 있고요.

책을 읽을 때 습관이 있어요?

마음에 닿거나 기억하고 싶은 문장들에 밑줄을 긋고, 읽은 다음에는 읽기 시작한 날, 다 읽은 날짜와 시간, 그리고 읽고 느낀 점을 책의 맨 뒷장에 써 놓아요.

당신에게 매력 있는 캐릭터란 무엇인가요?

솔직해서 이것저것 재지 않는 캐릭터요. 사강의 『브람스를 좋아하세요…』처럼 "당신을 좋아해요." "뭐가 문제예요." 이렇게 자기 마음을 털어놓을 수 있는 캐릭터가 좋아요.

지금까지 읽은 작품의 인물 중 꼭 하나만 선택해서 연기할 수 있다면 뭘 하겠어요?

『크눌프』의 크눌프요. 문제적 인물이지만 누구도 그를 미워하지 않는 게 부러워요. 다른 인물들도 그처럼 되고 싶지만 겁이 많아서 못 되잖아요. 크눌프를 연기해 보고 싶다고 늘 생각했어요. 인물의 성별은 중요하지 않죠. 어차피 다 인간이니까요.

요즘은 어떤 작품을 기다리고 있나요?

최근 본 영화 중 「작은 아씨들」이 마음에 많이 남았어요. 영화를 보고 책을 다시 샀어요. 로리의 캐릭터가 좋아서, 그런 역할을 해 보고 싶더라고요. 솔직하잖아요. 요즘 솔직함에 꽂힌 것 같기도 해요.

문학에서 인물에게 동질감을 느낀 적이 있나요?

최진영 작가의 『이제야 언니에게』에서 제야. 되게 답답해요. 화가 나는데 그 화를 어떻게 풀어야 할지 몰라서 방황하고 울분이 가득한데 어떻게 삭일지 몰라 하는 게……. 물론 그는 큰일을 겪었지만, 저는 사춘기의 제가 떠올랐던 것 같아요. 내가 느끼는 감정이 뭔지 모르겠고, 어떻게 해야 할지도 모르겠고. 원인은 알 것 같은데 어떻게 풀어야 할지 오만 가지 생각을 계속했어요. 요즘 뭔가를 느끼는데 뭔지 모르겠다는 생각을 종종 하는 것 같아요. 그러다 책을 읽을 때 '맞아, 나도 그랬지.' 하는 것 같아요. 『당신 옆을 스쳐간 그 소녀의 이름은』의 소녀도 많이 와닿았어요. 소녀에게 알려 주는 사람이 없잖아요. 자기 힘으로 찾아가요, 끊임없이. 그런 점이 비슷했던 것 같아요. 제가 최진영 작가의 팬이 된 것 같아요.(웃음)

코로나19로 사회적 거리 두기가 우리의 새로운 주제가 되었어요. 하지만 책과 함께라면 심심하진 않겠죠? 『경애의 마음』 다음으로 읽고 싶은 책도 정해 두었나요?

『페스트』, 『광기와 치유의 책』, 『꿀벌과 천둥』을 읽고 싶어요. 따릉이 타고 한강을 달리다 아무도 없는 벤치에 앉아서 책 보는 게 너무 좋아요. 아니면 뒷산에 올라가 팔각정에 앉아서 읽는 게 그렇게 좋더라고요. 요즘 사회적 거리 두기 시국에 잘 어울리는 책으로 『날짜 없음』이 있는데요. 이 책이 종종 생각나요. "회색인들 무리에 가면 안 돼, 홀리지 마."* 하는 게.

* 장은진, 『날짜 없음』(민음사, 2016).

뮤지션, 배우, 작가
장기하

말로는 다
표현할 수 없는,

사진 ⓒ @woosanghee
2020년

장기하는 자신만의 독서를 하기까지 꽤 오랜 시간이 필요했다고 말했다. 그가 자신의 글을 쓰기까지는 좀 더 많은 시간이 필요했다. 세상에 보일 스물여덟 편의 글을 쓰며 어떤 글은 곧 자화상이 되기도 한다는 것을 깨달았다. 읽기만 하던 세상 속에서 일어난 사건 하나.

벌써 오후 4시네요. 인터뷰 일정이 아니라면, 책을 읽기 좋은 시간인가요?
괜찮죠. 대중은 없지만, 제 경우에는 저녁때 읽는 일이 제일 많은 것 같아요. 자기 전에 조금씩 책을 읽는 습관이 작년부터 생겼어요. 자기 전에 적당한 책을 읽으면 기분 좋게 잘 수 있어요.

다음 이야기가 궁금해서 밤을 지새울 수도 있는데요.
그래서 주로 짧은 꼭지로 이루어진 에세이를 많이 읽어요. 저는 책을 빨리 못 읽고 한 번에 많이도 읽지 못해서 일정 분량 넘게 읽으면 자연스럽게 지쳐서 자게 돼요. (요음) 소설을 읽을 때 다음이 궁금할 때도 있지만 '오늘 에너지 다 썼다.' 그러고 그냥 자요.

그렇다면 지치기까지 걸리는 시간은 어느 정도인가요?
길어야 한두 시간이죠. 책을 좋아하는데 그만큼 많이 못 읽어요. 그래서 한두 시간 읽으면 아무리 재미있는 책도 오늘은 여기까지…….

《릿터》에서 인터뷰한 분들 모두 그 이야기부터 해요. 책을 좋아하는 것일 뿐, 많이 읽는 건 아니라고요. 하지만 이야기를 시작하면 무수한 책의 페이지가 펼쳐지죠.
그렇죠, 민망하니까……. 그런데 저는 주변 사람들과 비교해 봐도 일단 읽는 속도가 느려요. 저보다 느리게 읽는 사람을 본 적이 없어요.

어릴 적부터 수재로 유명하지 않나요? 언어 영역을 풀 때에는 지문을 빨리 읽는 게 중요하잖아요.

그래서 제가 영어, 수학은 다 맞았는데 언어 영역은 좀 틀렸어요. 지문 빨리 읽는 게 힘들어서…….

어린 시절에는 어떤 책을 좋아했어요?

지금은 그래도 책을 좋아한다고 말할 수 있는데 어릴 땐 안 읽었어요. 텔레비전을 진짜 많이 보고, 책이라면 만화책을 즐겨 봤어요. 좋아하는 만화책은 있어요.『드래곤볼』,『슬램덩크』더 거슬러 올라가면 《IQ점프》, 《보물섬》 같은 만화 잡지를 열심히 봤죠. 김삼이라는 만화가 아세요?『칠삭동이』라는 만화가 있었어요.『머털도사』라든지 그런 거 좋아했죠.

『머털도사』는 알아요. 눈에 선하네요. 그럼 문학은 언제부터 재미를 느끼게 되었나요? 입시를 위한 '수능 대비 권장 도서' 같은 것도 있잖아요.

읽었어요. 교과서에 있는 작품이 좋은 게 많았죠. 지금 떠올려도 좋은 작품은 「소나기」, 「운수 좋은 날」……. 사실 이게 입시 교육의 폐해죠. 공부하려고, 외우려고 책을 보다 보니까 집에 오면 별로 책을 보고 싶지가 않은 거예요……라고 설명하기에는 제 대학 동기들은 다들 책을 많이 읽었더라고요. 인문학이니, 철학이니.(웃음) 저만큼 안 읽은 사람은 잘 없는 것 같아요. 문학을 제가 자발적으로 읽고 싶다고 생각한 건 한참 나중인 것 같아요.

언제 어떤 책을 읽기 시작했나요?

군대 갔을 때 시작한 것 같아요. 군복무 시기가 기간 대비 가장 많은 책을 읽은 시기였어요. 휴가 나올 때마다 책을 샀죠. 당시 파울로 코엘료 책이 인기였어요. 『연금술사』, 『11분』, 『베로니카, 죽기로 결심하다』 이런 책을 재미있게 봤죠. 군대 있었을 때 굉장히 열심히 읽었던 건 프로이트 책이었어요. 『정신분석 강의』, 『꿈의 해석』도 봤어요. 특히 『정신분석 강의』를 시간 들여 열심히 봤어요. 사실 무슨 내용인지 잘 기억 안 나요.(웃음) 프로이트는 솔직히 중언부언하는 스타일이라 읽고 나서도 내가 이해한 게 맞나? 하는 생각을 계속하게 되는데, 아무튼 열심히 읽긴 했죠.

그때부터 자기만의 독서가 시작된 거네요. 프로이트를 읽게 된 동기가 있나요? 지금에 와서는 많은 반박을 받기도 하는데요.
어느 시대에 정확히 들어맞는다 안 맞는다, 라고 누구도 정확히 말할 수는 없는 것 같아요. 그중에 시의성이 있는 내용이 자꾸 바뀌는 거지 니체, 프로이트, 마르크스는 넘어설 수 없다는 얘기도 있잖아요. 제가 대학 때 재미있게 들었던 수업이 딱 두 개였어요. 둘 다 교양 수업이었는데 하나는 '현대철학사조' 또 하나는 '불교철학'이었어요. '현대철학사조'는 책 하나를 강독하는 수업이었는데 슬라보예 지젝의 『이데올로기의 숭고한 대상』이라는 책이었어요. 정신분석의 베이스를 가지고 사회과학을 하는 거였죠. 그 책도 내가 이해한 게 맞나, 라는 생각을 끊임없이 하면서 읽었는데 굉장히 재미있었어요. 그래서 정신분석에 관심을 가지고 군대에 가서도 읽게 됐죠.

그 전후로 독서에 영향을 준 사람도 있나요?
결정적인 영향을 준 사람은 없어요. 기억에 남는 사람은 대학교 동기예요. 나는 장편소설을 읽을 때 앞에 내용이 잘 기억 안 난다, 읽다 보면 전 챕터에서 무슨 일이 있었지? 싶고, 전 챕터의 내용이 언급되면 이게 무슨 얘기지? 할 때도 많다며 토로하니 동기가 소설은 기억을 하려고 읽는 게 아니라 흘러가는 흐름이 중요한 거 아니냐고

하더라고요. 새로웠어요. 그 말이 나도 책과 조금 더 가까워질 수
있겠구나 하는 자신감을 북돋아 줬다고 할까요.

독서에도 완벽주의가 있었던 거군요.

그랬던 것 같아요. 왜냐면 시험을 보려고 책을 읽는 건, 내용을 잘
파악해야 되고 틀리게 읽으면 안 되잖아요? 지금도 그런 습관이 약간은
남아 있어요. 입시 습관에서 벗어나고 즐거움을 위해서 책을 읽게 되는
데까지 시간이 필요했던 것 같아요.

요즘 즐겁게 읽은 책은 무엇인가요? 촬영하면서 이야기를
나누기로는 김초엽 작가를 좋아한다고요.

최근에 가장 크게 와닿은 소설이 김초엽 작가의 『우리가 빛의
속도로 갈 수 없다면』이었어요. 제가 평소에 SF를 즐겨 읽거나 SF
영화를 좋아하는 건 아니거든요. 그 책이 SF 장르고 미래 사회에
대해 이야기를 하고 있지만 특정 시대와 무관하다고 볼 수 있는
보편적 정서를 표현하고 있다고 느꼈고, 또 희망을 얘기하고 있다는
생각을 했어요. 저는 희망을 얘기하는 게 더 어렵다고 생각하거든요.
희망은 없고 세상이 얼마나 팍팍하고 절망스러운지를 보라는
메시지를 전달하는 건 오히려 쉽다고 생각해요. 그런 작업도 당연히
중요하겠지만 그 속에도 희망이 있지 않을까? 하는 이야기를 유치하지
않고 설득력 있게 전달하는 건 무척 어려운 일이라고 생각하는데,
김초엽 작가 작품에서는 그런 걸 느꼈어요.

『우리가 빛의 속도로 갈 수 없다면』은 직접 고른 책인가요?

「겨울서점」이라는 유튜브 채널 있잖아요? 주변에서 그 유튜브를
추천했어요. 에피소드 중 하나였는데, 첫머리에 '한국과학문학상'
수상자들의 책이 있다는 거예요. 저는 그런 문학상이 있다는 거

자체를 몰라서 영상을 거기서 끊었죠. 스포일러가 나올까 봐.(웃음) 그리고 책을 찾아서 바로 주문을 했어요. 거기서 대상과 가작을 동시에 수상한 작가가 김초엽 작가였어요. 원래 그즈음에는 현대물리학책을 보고 있었어요. 카를로 로벨리가 쓴 『시간은 흐르지 않는다』와 『보이는 세상은 실재가 아니다』 같은 책을 읽으며 과학에 관심이 가던 차에 김초엽 작가의 소설을 만난 거죠.

다른 한국 소설도 즐겨 읽나요?

원래는 아니었다가 『우리가 빛의 속도로 갈 수 없다면』을 보고 나니 요즘 젊은 작가들이 어떤 글을 쓰는지 관심이 생긴 거예요. 김초엽 작가님보다 제가 열 살이 많더라고요. 지금까지 제가 좋아했던 책들은 저보다 나이가 많은 사람이 쓴 책이었는데, 그러다 보니 독서라는 건 '나보다 오래된 사람들의 이야기를 읽는 것이다.'라고 생각했던 것 같아요. 물론 제가 지금은 나이가 들었기 때문일 수도 있겠죠. 젊은 작가의 작품에 감동을 받은 게 처음이다 보니까 그게 너무 재미있는 기예요. 저도 산 세월이 좀 되다 보니 새로운 재미있는 일이 생기는 것 같았어요.

책이 또 다른 책을 연결해 준 것이네요. 또 어떤 작가를 만났나요?

선물로 받은 『젊은작가상 수상작품집』이 있거든요. 정영수 작가의 「우리들」이라는 작품, 백수린 작가의 「시간의 궤적」도 좋았어요.

요즘 젊은 작가들이 새로운 한국문학을 열고 있다고 해요. 어떤 부분이 좋았나요?

그동안 한국 단편을 많이 찾아보지 않았던 게, 작품은 좋은데 너무 비참한 현실을 보여 줘서 마음이 너무 고통스러워지는 경우가 많았어요. 많이 읽어 본 게 아닌데도 그런 경험이 쌓이다 보니까 동시대 한국 작가들은 무거운 얘기를 많이 한다는 선입견을 가지고 있었나 봐요. 아까 말씀드린 작품들은 조금 가벼우면서 제가 더 공감할 수 있는 이야기라서 좋았어요. 가볍다고 해서 마냥 가볍다는 게 아니라 사람의 인생에서 중요한 고통과 고민을 담고 있음에도 약간은 무심한 듯한 시각을 볼 수 있었어요. 그런 면에서 편하게 읽을 수 있었고, 소설을 읽을 때 기대하게 되는 재미도 느꼈고, 감정이입을 하며 충분히 공감할 수 있었어요.

앞서 에세이를 즐겨 읽는다고 했었죠? 계속 읽고 있나요?

작년에는 에세이를 많이 읽었어요. 대표적으로 류시화 작가의 『좋은지 나쁜지 누가 아는가』를 자기 전에 한 꼭지씩 아껴서 봤어요. 두 꼭지 볼 수도 있는데 일부러 그냥 잤어요. 내일도 모레도 계속 보고 싶어서요.

아까 말한 '재미, 감정이입, 공감'을 느낄 수 있는 에세이 작가는 누구인가요?

최고는 하루키죠. 저는 조금 나이가 든 다음에 쓴 것들이 좋더라고요. 그러니까 최근의 작품들이 좋아요. 에세이는 아니지만, 작년에는 '유발 하라리 홀릭'이 돼서 세 권을 다 읽었죠. 『21세기를 위한 21가지 제언』은 원서로 읽었어요.

작가에 관심이 생기면 계속 책으로 타래를 엮듯이 찾아보는군요.

관심의 정도에 따라서 그렇게 해요. 유발 하라리는 임팩트가 워낙 컸어요. 그런데 돌아보면 사실 세 권을 다 읽을 필요는 없었다는 생각이 들긴 해요. 다 같은 이야기를 조금씩 바꿔서 했던 것이라는 생각이 지금 와서 드니까요.

한 권만 읽어야 한다면요?
『사피엔스』죠. 1집 내고 잘되니까 2집, 3집 낸 건데 팬으로 2집도 사고 3집도 샀지만 그래도 1집이 좋더라…….(웃음) 그래도 2, 3집도 너무 좋았고 그 시기에 그 음악이 추억이 됐고…… 그런 마음인 거죠. 팬들은 때로는 냉정하게 평가하지만 때로는 아티스트의 조금 부족한 작품이라도 지지해 주죠. 『호모 데우스』와 『21세기를 위한 21가지 제언』은 약간의 아류 같은 느낌이 있었지만 그래도 나는 지지했다, 읽으면서 너무 즐거웠다 하는 감상이에요.

곧 당신의 첫 에세이가 출간되지 않나요? 사람들이 책을 지지해 줄까, 즐거울까 같은 생각도 드나요?
출간이 돼야 알 수 있겠죠. 저는 제 팬들이 재미있게 읽었으면 좋겠지만, 팬들만을 위한 책은 아니었으면 좋겠다는 생각을 해요. 나와 봐야 아는 거죠.

그동안 활동을 하면서 책을 출간 제안을 많이 받았을 거예요. 왜 지금인가요?
특별히 계기라고 말할 수 있는 사건은 아니에요. 작년 이맘때쯤 한 달 반 정도 베를린 여행을 하면서 갑자기 책을 한번 써 봐야겠다는 생각이 들더라고요. 사람들을 만나서 대화를 하잖아요. 그런데 대화만 해서는 조금 답답하다는 생각이 들었어요. 말로는 표현할 수 없는 생각이 내 안에 쌓인 것 같다는 생각이 들었어요. 또 하나는 그 전에는 '내가 뭐라고 책을 써.' 같은 생각을 늘 해 왔었는데, 대단한 사람이 아니더라도 이렇게 생겨 먹은 사람이 있으니 참고하시라는 의미로도 책을 내는 게 나쁜 건 아니겠다는 생각이 들었어요. 책을 써 보고 싶은 생각이 들었다고 하니 주변에서 '문학동네'를 많이 추천해 줬어요.

      얼마 만에 완성했어요?
8개월 정도? 쓰기 시작한 시점부터 출판 시점까지 시간이 너무
많이 걸리면 안 된다는 생각을 하고 있었어요. 뭐랄까 자화상 같은
느낌이라고 생각했어요. 지금 이 시기에 나라는 사람을 사진 찍듯이
포착한다고 생각했기 때문이죠. 몇 년씩 걸리면 몇 년에 걸친 사진이니
너무 이상하잖아요.

      동의해요. 3년째 마감을 못 하고 있는 책이 있는데, 글이
      달라지더라고요. 제가 달라진 거겠죠.
사람은 매일 달라지니까요. 그런데 장점도 있을 거라고 생각해요.
다양한 시각을 담을 수도 있겠고요.

      에세이를 좋아해 온 만큼 좋은 에세이에 대한 생각이 있었을
      텐데요. 자신의 글을 쓸 때에도 그 부분이 영향을 미쳤다고
      생각해요?
물론 저만의 좋은 에세이상은 있어요. 가사 쓸 때도 똑같이 해당되는
얘기인데. 솔직한 마음을 담아야 한다는 것과 주접 떨지 말아야
한다는 것.(웃음) 오버하면 안 된다, 거창한 얘기하면 안 된다……
안 된다는 게 많긴 하네. 그리고 남에게 상처 주는 말은 되도록이면
피하자. 그런데 100퍼센트 달성됐는지는 모르겠어요. 누군가는
상처받았을 수 있고.

      초고를 본 사람들의 반응은 어땠어요?
같이 일하는 회사 분들에게 보여 드렸어요. 잘 읽힌다고는 하더라고요.

당신이 써 온 가사가 문득 떠오르네요. 가사를 글이라고 생각한다면, 역시 잘 읽혀요.

그걸 추구하는 편이에요. 발음과 멜로디를 만드는 방식도 평소에 쓰는 억양을 많이 반영해서 만들려고 하는 편이고요. 듣는 건데 잘 들려야죠. 글도 마찬가지인 것 같아요. 뭔 소리야? 이런 글은 싫잖아요. 막 돌려서 얘기하고, 길게 쓰고, 어려운 단어 쓰면 일단 머리가 아프니까요. 그리고 문체 자체도 형식일 뿐만 아니라 그 사람의 태도를 담는다고 생각을 해요. 거기서도 그 사람을 알 수 있잖아요. 쉽게 쓰는 게 좋죠. 그래서 하루키가 진짜 짱인 것 같아요. 글을 쓰기 전에도 좋아했는데 글을 쓰면서 한번씩 보니까 이 사람은 이길 수 없다 하는 생각이 들어요. 어려운 문장도 하나도 없고 진짜 초등학생 일기 같은 문장들로 조합을 했는데 너무 어른 얘기고.

그런 문체를 만들기 위해 초반에는 연구를 많이 했다고 하죠. 영문으로 쓰고, 다시 그걸 일본어로 번역을 하는 식으로요.

그러니까요……. 그래서인지 특유의 지역적인 색깔이 없잖아요?

음악으로 옮기고 싶은 책을 만난 적도 있나요? 저는 「달이 차오른다, 가자」 가사를 들을 때면 마루야마 겐지의 『봐라 달이 뒤를 쫓는다』가 떠오르더라고요.

실제로 일본에서는 가사라는 말을 안 쓰고 시라고 표현하거든요. 가사는 시죠. 지금 떠오르는 건 이상의 시 「거울」이네요 이상을 읽으면 조이 디비전이 떠올라요. 뭔가 느낌이 비트가 있으면서 조금 음울한 사운드에다가 머릿속에 '나는 왼손잡이' 이걸 가사로 해서 하면…… 음, 한번 해 볼까 내가?(웃음) 잘 어울릴 것 같아요. 사실 「달이 차오른다, 가자」 같은 경우에는 『베로니카 죽기로 결심하다』의 영향이 있어요. 주인공이 달밤에 춤을 추는 장면이 있었는데 마찬가지로 군대

안이었죠. 그 인상이 있는 상태에서 달을 보면서, 나가고 싶다……
달이 차오른다…… 가자…….

　　　　　가자, 사회로?
그렇죠. 가자 사회로.(웃음)

　　　　　최근 몇 년간 오디오북에 많이 참여했어요. 당신의 책도 직접
　　　　　읽을 건가요?
아직 구체적인 계획은 없는데, 제 책을 잘 낭독할 자신은 있어요.
내용을 잘 이해할수록 잘 읽을 수 있다고 생각을 하거든요. 내용을
잘못 이해하면 엉뚱한 데다가 강조를 하거든요. 그런데 전 제 책을 잘
이해하고 있기 때문에.(웃음)

　　　　　오디오북 녹음할 때의 기준 같기도 하네요.
제가 타인의 글을 아주 잘 이해했다고 자신 있게 말하기는 어렵겠지만
그래도 관심이 가는 책을 선정하려고 해요. 섭외가 들어올 때도 그
책이 내가 관심이 있어할 만한 주제를 담고 있는가를 생각하고 제가
먼저 제안을 드리기도 해요.

　　　　　어떤 책을 먼저 제안했어요?
유발 하라리요. 최근에 나왔던 『철학은 어떻게 삶의 무기가 되는가』도
제가 먼저 제안을 드린 거예요. 제가 제안한 건 아니지만 『무진기행』도
너무 좋았어요. 책 읽기에는 너무 피곤하고 시간도 없으니까 들으면서
자는 분들도 많다고 하더라고요. 낭독하는 걸 좋아해서 앞으로도
많이 하고 싶어요.

　　　　　여름쯤 볼 수 있겠네요, 첫 에세이를. 지금의 심정을 말한다면

부담스러운가요, 즐거운가요?
쓰는 동안은 즐거운 마음으로 썼어요. 되게 좋더라고요. 정신을 필라테스하는 느낌이 들었어요. 그런데 다 써 놓고 낼 때가 되니까 두려움이 조금 생기는 것 같아요. 잘 쓰고 못 쓰고의 평가는 중요하지 않은데 나를 너무 많이 보여 줬나? 하는…… 가공한 페르소나는 아예 배제하고 쓸 때마다 가장 솔직하게 쓰려고 했거든요. 문장 하나 써 놓고도 어? 이거 내가 거짓말 하는 거 아닌가? 이런 생각을 하면서 썼어요. 하지만 다 써서 모아 놓고 보니까 불특정 다수에게 나의 사적인 생각을 보여 준다는 것이 나중에 어떤 영향을 끼칠 것인가, 그게 나에게 어떤 종류의 고통을 가져다 주지 않을까? 하는 걱정이 들더라고요.

당신의 인생이 한 권의 책이라면 어떤 책인가요?
저는 인생이라는 것은 기승전결이 있는 장편소설보다는 독립적인 꼭지들로 이루어진 산문집 같다고 생각하거든요. 처음부터 읽을 필요가 전혀 없고 아무 데나 펴서 봐도 상관없는 산문집. 그렇기 때문에 늘 수많은 챕터들 중 하나인 거죠.

그 챕터 중 하나가 이번 에세이로군요. 당신이 좋아하는 책의 공통점은 무엇인가요?
내가 느끼지 못했던 것, 미처 생각하지 못했던 것들을 제시해 주는, 그러면서 내 생각의 지평을 넓혀 주는 책.

배우
박은빈

어디까지나
성실한 독서 생활

사진 ⓒ 고원태
2020년

박은빈은 성실하게 순간을 살아간다. 어린 시절부터 해 온 연기,
스무 살 무렵에도 놓치고 싶지 않았던 학업. 그 과정을 함께한 책을
이야기한다.

　　　　　손에 든 파일에는 뭐가 들었어요?
사실 어제 책장을 보며 책을 벼락치기하듯 한번 훑었어요. 학교 다닐
때 썼던 독후감을 찾아보기도 했고요. 교양 필수였던 글쓰기 수업
때문에 쓴 건데, 다시 보니까 그때 뭔가 읽었던 기억이 다 나더라고요.

　　　　　레베카 라인하르트의 『방황의 기술』 같은 책을 읽었네요?
　　　　　현대인에게 필요한 건 무엇보다 '방황할 수 있는 자유'라고
　　　　　역설한 책이죠.
그때 방황을 하고 있었나 봐요.(웃음) 제가 어떤 책이 관심이 있었나,
책장을 다시 찾아보니까 심리학, 철학 분야의 책이 많더라고요. 엄마는
문학을 전공하셨고 문학적인 감성을 늘 가지고 계셔요. "엄마는 열
살 무렵 모든 세계 고전 명작을 다 읽었다." 하는 얘기를 제게 하곤
하셨죠. 반면 저는 다섯 살 때부터 일을 시작해서 책을 읽을 틈이
없었어요. 학교와 촬영장을 왔다 갔다 하는 것만으로도 바빴으니까요.
사람들이 '박은빈은 독서를 많이 하겠지.'라고 여기는 듯해서 늘
부담이에요. 제가 책을 읽을 때는 지식이 필요하거나 아니면 나에
대해서 알고 싶을 때, 무엇인가의 이유를 찾고 싶을 때인 걸요.

　　　　　무언가를 알고 싶을 때, 또 그 이유를 찾고 싶을 때에 공히
　　　　　'구글'을 선택하는 시대에 책을 펴는 건 결국 스스로 답을 찾고
　　　　　싶은 의지가 아닐까요?
사실 저는 저 자신이 아닌 누구에게도 의지를 하지 않으려고 노력하는

편이에요. 고민이 생기면 혼자 시간을 갖고 먼저 이유를 찾아보려고
노력했어요. 그게 안 될 때 책을 봤던 것 같아요. 책에는 항상 무언가에
대한 설명이 다 있잖아요. 그래서인지 꼭 완독을 해야 된다는 생각은
잘 안 하는 편이에요. 책을 읽다 너무 좋은 글귀가 있으면 거기
멈추기도 해요.

   그러다 다시 읽기도 하나요?
네, 항상 책을 저에게 맞게 취사선택해 온 것 같아요. 일단 나한테 지금
필요한 것을 읽어요. 그때그때 와닿는 게 다르잖아요? 책을 읽을 때
와닿는 내용이 많으면 그걸 제 것으로 담아 두고 기억하고 싶어서 줄도
쳐 보고 옮겨 적기도 하는데, 그러다 보면 진도가 정말 안 나가요. 한번
쓱 보려는 가벼운 마음이라면 더 많이 읽을 수 있었을 텐데, 제가 그게
참 어려운 사람이구나 싶어요.

   아까 말했듯이 다섯 살 때부터 지금까지 배우로 일하고 있어요.
   그 점이 독서에도 영향을 주나요?
있는 것 같아요. 에세이보다 소설은 시간이 더 걸리는 편이에요.
소설과 드라마, 영화는 비슷한 허구성을 가지고 있는데 소설은
서술하는 게 다르잖아요. 그러다 보니 자꾸 소설을 대본처럼 읽게
되는 거예요. 계속 마음속으로 영상화하는 작업을 거치게 되니
속독이 안 되고요. 자꾸 정독을 하게 되는 것도 책을 읽는 데 방해가
되기도 했어요. 팬분들이나 주변 분들이 평소에는 뭐 하냐, 해서 집에
있다고 답하면 집에서 책 읽는 줄 아세요. 아주 안 읽는 건 아니지만,
제가 책만 읽는 그런 사람은 아닌데…….(웃음) 그래서 읽는 걸
좋아하면서도 책을 사랑한다고 자신감 있게 말하지 못했던 것 같아요.

   책은 어떻게 선택해요?

제 내면의 소리를 먼저 들어 보고 시간을 갖는 편이에요. 무조건 책부터 열어 교훈을 얻으려고 하기보다는 먼저 스스로 곰곰이 생각하다가 사유가 원하는 데까지 미치지 않을 때 제목이 끌리는 책을 선택해요. 자기 계발서를 안 좋아하는 분들도 많고, 이유도 이해가 돼요. 하지만 저는 필요하다면 자기 계발서도 읽어요. 이렇게 사는 사람들도 있구나 하면서 자극을 받기도 하죠. 이건 질문 바깥의 말이지만, 2016년에 허윤선 기자님이 책에 써 주신 말을 저는 기억하는데요. 연기는 적금과 같다고 하는 저의 말을 기억해 주고 '언젠가 거금 찾길 바라요.'라고 써 주셨었죠? 그때 이후로 지금 4년이 지났는데 나름 저도 차곡차곡 쌓아 왔고, 거금까지는 모르겠지만 그래도 제가 조금 성장한 뒤에 다시 뵙게 된 것 같아서 좋아요.

첫 만남이 생각나네요.(웃음) 그때 당신에게서 연기와 인생을 성실하게 대하고 있다는 느낌을 받았어요. 학업이나 졸업에 대한 의지가 강했죠. 그때에는 작품도 방학을 이용해서 하곤 했잖아요? 학업을 끝까지 마친 것에 개인적으로 어떤 의미를 두나요?

이제 스물아홉이 되어 저의 20대를 돌아보자면, 우선 대학을 6년 만에 졸업했어요. 정말 열심히 다녔거든요. 공부했던 시간이 그렇게 길게 느껴지지 않았던 것 같아요. 중간에 일을 하느라 너무 바빴지만 이왕 공부할 거 후회를 남기고 싶지 않았어요. 그래서 열심히 했는데, 그냥 남들 하는 만큼만 하고 다닐걸, 하는 생각도 들긴 해요. 그냥 15학점만 들으면 될 걸 21학점, 22학점 꽉 채워서 다녔거든요.

학교에서는 '해리 포터'의 헤르미온느 같은 캐릭터였던 건가요?

어차피 일을 할 때는 휴학을 해야 하고, 학교 다닐 때는 학교만 다니니까 그 시간을 알차게 쓰고 싶은 강박이 있어서 스스로 피곤하게 살았던 것 같아요. 그런데 그런 시간이 있어서 제가 좀 더 단단해지고 나라는 사람을 조금 더 탐구할 수 있었어요. 저한테 없어서는 안 됐을 시간이었던 거죠. 요즘 스스로 제 몸과 마음이 건강해졌다고 생각하고 있는데, 여기까지 오기까지 많은 굴곡이 있었어요. 그래서 『방황의 기술』도 읽었고요.(웃음)

대학 생활의 좋은 점 하나가 도서관을 마음껏 이용할 수 있다는 점이죠. 그 이후로는 그런 도서관을 만나기가 힘들어요.
저도 학교 도서관에 자주 갔었거든요. 키워드를 입력하면 관련된 책이 주르륵 나오는 것도 좋았고요. 친구 학생증까지 빌려서 스무 권씩 빌리곤 했어요. 도서관에서 빌렸다가 반납하기 아깝다 싶은 건 샀어요. 전자책도 읽기는 하거든요. 그런데 아직은 전자책을 읽으면 책을 완전히 읽었다는 느낌까지는 안 들어요. 종이 책 사는 건 되게 좋아해요. 『사고의 오류』, 『방황의 기술』, 『나도 가끔은 내가 누군지 궁금하다』 같은 책이 그렇게 사서 아직까지 집에 있어요.

심리학을 전공했죠. 학부에서 여러 갈래를 조금씩 배우게 되는데 어디에 끌렸어요?
제가 관심 있던 분야는 상담심리학이었어요. 4학년 때는 직접 내담자 선정해서 상담도 하고 축어록도 풀고 했었는데, 교수님이 학부생 수준에서 거의 최고라고 해도 될 만큼 잘된 상담이라고 말씀을 해 주셔서 굉장히 행복했어요.

상담은 상대방이 하는 말과 하지 않는 말의 행간을 파악하고 비언어적 행동도 관찰해야 하죠. 독서와도 비슷하지 않나요?
정말 그래요. 내 생각에 먼저 사로잡혀서 보지 말아야 하고, 찬찬히 관찰해야 하고, 일단 무조건적인 긍정적인 존중을 하면서 봐야 하고……. 사실 저는, 오늘 인터뷰어가 기자님인지 모른 채로 기자님이 쓰신 『그림과 문장들』을 추천하려고 했어요. 그림을 보고 이런 문장, 이런 삶을 떠올릴 수 있구나, 깨닫게 해 준 책이거든요. 『그림 처방전』이라는 책도 미술과 여러 가지를 동시에 볼 수 있어서 좋았어요. 외우고 있는 문장이 하나 있어요. 루시언 프로이트가 했던 말. '모든 작품은 자서전이다.' 그 책을 통해 알게 된 말이었고요.

> 루시언 프로이트는 사실주의 초상화를 많이 그렸고, 또 정신분석학을 창시한 지그문트 프로이트의 손자이기도 하죠. 작품은 곧 자서전이라는 말은 예술가에게 특히 진리처럼 여겨지는 듯해요.

이걸 저한테 대입을 해 보니까, 저도 작품을 할 때 그때 당시의 생각, 감정, 가치관을 담아서 연기를 하고 있더라고요. 그래서 어떻게 보면 저도 작품을 통해 그 시기의 저를 반추할 수 있어요. 예를 들면 2019년의 저는 「스토브리그」의 이세영이었고 2020년은 「브람스를 좋아하세요?」의 채송아로 남은 것이고……. 그런 식으로 저의 20대를 기억하고 있거든요. 그래서 작품이 모두 모이면 한 권의 박은빈이 될 수 있다는 생각이 들었어요.

> 대학원 진학은 고려하지 않았나요?

많은 권유를 받았어요. 제가 심리학, 신문방송학과를 복수 전공 했는데 신방과 교수님들은 '네가 이론과 실제를 두루 알고 있으니 더 공부를 해 봐라.' 하셨고 또 심리학과 교수님은 '네가 이러이러한 사람들의 마음을 잘 알고 있을 테니 그런 사람들을 위한 창구가 되어라.' 하셨죠. 하지만 제가 연기 생활을 그만둘 거라면 대학원에 가도 좋겠지만 연기를 하고 싶은 마음이 더 컸어요.

대학 생활이 '사람 박은빈'에게 여러모로 좋았군요.
그렇죠. 인간 박은빈의 건강이 배우 박은빈의 건강과 직결되니까요. 제 인생을 놓고 봤을 때 20대에는 열심히 공부했다, 말할 수 있어서 좋아요. 영어 수업을 들었어야 했는데, 뭘 들을까 하다가 '국민의 기본적 권리에 대한 이해'라는 법 수업을 들었어요. 저는 한국말로 해도 못 알아듣겠다 싶었어요.(웃음) 다른 친구들도 그렇더라고요. 그래서 가끔 교수님이 영어로 수업 하시다가 "이거는 상소." 그래야 좀 알고. 세계 각국의 기본권, 인권에 대해서는 학교 다닐 때 아니면 알 생각도 안 했을 수 있어서, 괜찮았던 것 같아요. 덕분에 법대 도서관도 가 봤고요. 만약 제가 학교에 가지 않았다면 절대 하지 못할 경험이었겠죠.

드라마 「브람스를 좋아하세요?」는 정말 브람스를 좋아하는 음대생들의 이야기라면서요?(웃음) 프랑수아즈 사강의 소설과는 관계가 없고요.
전혀 관계가 없어요.(웃음) 정서도 동떨어져 있고, 오히려 클라라와 슈만 모티브가 있죠. 완전한 비유는 아닐지라도 뉘앙스가 같아요. 남자 주인공과 제가 각각의 상황이 따로 있는데, 브람스의 처지와 닮은 거죠. 제가 우리 드라마를 처음 보고 한 줄로 요약한 건 "무언가를 짝사랑 하는 사람들이 어른의 문턱을 넘는 이야기"예요. 타고난 악인이 있는 것도 아니고, 경쟁 구도가 있는 것과는 거리가 멀어요. 클래식 선율에 맞춰서 스물아홉 살 청춘들이 현실에서 방황하고, 흔들리는 꿈과 사랑을 바로잡아 보려는 내용이죠. 청춘들의 이야기이자 청춘을 지나온 사람들이 이해할 만한 이야기라는 생각이 들었어요.

사랑을 다룬 작품 중 좋아하는 작품이 있나요?
여전히 사랑은 저에게 미지의 영역인 것 같아요.(웃음) 여전히 어렵게 느껴지더라고요.

최근에는 현대물에서 볼 수 있어 반가워요. 어린 시절엔 사극을 많이 했죠.

네, 맞아요. 특히 퓨전 사극보다는 전통 사극을 많이 했죠. 사극을 한 게 도움이 많이 됐어요. 삼국시대부터 한반도의 모든 역사를 다 연기했었거든요. 신라, 고구려, 백제, 조선, 일제강점기……. 한국사를 공부할 때에도 곳곳에 그때 복식을 입고 있는 제가 떠올랐어요.

역사가 그 어떤 허구보다 극적이기도 해요. 어떤 이야기가 가장 강렬하게 남아 있어요?

드라마 「비밀의 문」에서 만난 혜경궁 홍씨예요. 『한중록』을 읽으며, 저만의 캐릭터 노트를 썼어요. 내가 이걸 모르면 연기할 수 없겠다는 생각이 들었어요. 나라의 최고 권력을 가졌던 여성이 쓴 귀한 사료이기도 한 거잖아요. 그때부터 캐릭터 노트가 생겼어요. 제가 연기를 대하는 태도가 그때부터 달라진 것 같아요.

드리미회를 기다리는 책도 있어요?

『궁에는 개꽃이 산다』라는 로맨스 역사소설이요. 항상 드라마화된다는 이야기가 있어서 귀를 쫑긋하고 있죠. 처음에 읽고 충격을 받았어요. 여주인공이 너무 나쁜 거예요.(웃음) 행동의 이유가 있고 마음이 있지만요. 저의 위시 리스트예요. 로맨스 소설을 틈틈이 읽어야 돼요. 저는 간접경험이 필요하거든요.(웃음) 어릴 때는 『나의 라임 오렌지 나무』를 좋아했어요. 『어린 왕자』도요. 그 이후에는 『제인 에어』, 『오만과 편견』 같은 책을 머릿속으로 그려 보았죠. 입체적인 캐릭터를 좋아하는 것 같아요. 저만해도 제 안에 여러 가지 면이 있듯이, 여러 모습을 보여 줄 수 있는 인물이, 책을 읽을 때에도 연기할 때에도 신나고 재미있어요. 그게 실제 사람들의 모습이 아닐까요.

MBC 아나운서
임현주

좋아하는 것을
마음껏

사진 ⓒ김성군
2020년

끝없이 확장하고 앞으로 나아간다. 아나운서 임현주의 동력은 책이다. 책을 연료 삼아 매일매일을 걷는다. 그럼에도 불구하고, 온전한 존재가 되고 싶다는 꿈을 안고서.

책을 좋아하게 된 계기를 만들어 준 어린 시절의 책이 있나요?
한 권만 말해야 한다면 『나의 라임 오렌지 나무』예요. 책을 읽으면서 눈물을 흘릴 수 있다는 걸 처음으로 경험한 책이에요. 어린 시절에 읽은 책이라 책이 슬펐다는 감정만 간직하고 있다가 언젠가 다시 읽어 봤더니 학대를 받는 아이의 이야기였어요. 어린이들은 마냥 순수하고 단순할 거라 생각하는데 그 속의 세계는 되게 복잡하잖아요? 이 책이 제 안의 그런 복잡한 부분을 건드린 게 아닐까 해요.

아이들의 삶도 그 안에서 아주 치열하죠. 어른이 되고서는 잊어버리지만요.
생각해 보면 저도 알 건 다 알았던 것 같아요. 나에게도 슬픔이 있고 극복이 있었어요. 어릴 적에도 책을 많이 읽긴 했어요. 『호돌이 세계여행』 전집을 읽고 또 읽었어요. 작년 한 달 여행을 하며 오스트리아에 갔는데, 어릴 때 봤던 도시에 왔다는 게 너무 신기했어요. 내가 어릴 때 전집에서 본 도시에 와 있구나!

책과 멀어진 시기도 있었나요?
학창 시절에는 학업에 매몰되어 기억에 남는 책이 없는 것 같아요. 그래도 어릴 때부터 글과 책에 애틋함은 있었어요. 저는 공대생인데, 대학 1학년 때 인문 문학 동아리에 가입하기도 했어요. 신입 회원 테스트가 아나운서 시험보다 어려웠어요. 거기서 만난 인문대 선배들은 정말 너무 심오해서 가까이 갈 수 없는 분위기더라고요. 바로 탈퇴했어요.(웃음) 책을 본격적으로 좋아하게 된 건 더 나중이었어요.

어떤 변화가 있었나요?

스스로 책을 먼저 찾게 된 것에 가까워요. MBC에 입사하고 4년 정도 혼란기를 겪었어요. 가장 이루고 싶었던 목표였고 내 인생에서 가장 빛나는 순간이라고 생각했는데 자존감은 가장 바닥이었던 때였어요. 속마음을 누구한테 얘기하기도 힘들어서 약을 찾듯이 책을 읽었어요. 그때 책이 나한테 엄청난 위안을 줬어요. 책과 대화를 했던 것 같아요. 나와 같은 생각을 한 사람이 여기 있었네 하면서요.

인터뷰 전에 우리 한동안 메일을 주고받았죠. 『선량한 차별주의자』, 『붕대 감기』, 『몰입의 즐거움』, 『인간 실격』, 『개인주의자 선언』, 『스토너』, 『쇼코의 미소』 등, 메일이 오갈 때마다 점점 많은 책이 등장했고, 열정적인 메일에 저도 설레더군요.

제가 좀 적극적인 것 같아요. 뭘 해도 재미있을 것 같으면 그냥 해요. 시작하면 설렁설렁하는 게 안 돼서 엄청 열심히 하죠. 오늘 어떤 책을 말해야 할지 많이 고민했어요. 저에게도 다시 책을 살펴볼 수 있는 좋은 계기가 된 것 같아요.

책을 좋아하는 사람은 책을 선정하는 일이 어려워서 매번 자기만의 기준을 세우게 되곤 해요. 이번에는 어떤 마음으로 선택했어요?

책장을 훑으면서 지금 제게 가장 와닿은 책을 골랐어요. 『인간 실격』과 『개인주의자 선언』은 제가 힘들었던 시절에 좋아했고, 나머지는 최근에 좋아하게 된 책이에요. 특히 『선량한 차별주의자』와 『붕대 감기』는 많은 사람들에게 추천하고 싶어요.

책을 통해 평소에 갖고 있던 생각이 정리되어 눈앞에 펼쳐지는 쾌감을 느낄 때도 있고, 고민에 대한 답을 찾을 때도 있어요. 『선량한 차별주의자』와 『붕대 감기』는 어느 쪽이었나요?

최근 가장 관심을 갖고 있는 이슈는 다양성이에요. 『선량한 차별주의자』를 만나고 무척 가슴이 뛰었어요. 사람들은 대부분 스스로 평등을 지향하고 차별에 반대한다고 하지만 이 책은 자신도 모르게 차별을 하고 있을 가능성이 크다고 하죠. 상대가 예민하다는 식의 궁색한 방어보다는 내가 몰랐다는 것을 인정하고, 상대방의 입장과 상황에 귀를 기울이려 노력해야 한다는 것을 알게 해 준 책이었어요. 인상적인 대목이 있는데, 차별에 소극적으로나마 저항할 수 있는 방법이, 누군가 차별적인 발언을 할 때 적어도 '웃지 않는 것'이라는 거예요. 그래야 그 유머가 도태된다는 것인데 굉장히 좋은 방법이라고 생각했어요.

우리 사회는 '분위기를 깨지 말라.'는 암묵적인 압박이 강해요. 그런 분위기에서 목소리를 내려면 신념도 용기도 필요해요.

페미니즘 이슈라 불리는 것들도 그래요. 제가 처음부터 페미니즘을 알고 목소리를 낸 건 아니었어요. 그런데 제가 현장에서 느끼는 의문이나 어떤 생각을 실현했을 때 사람들이 저에게 "페미니스트인데 왜 화장하냐?" 같은 말을 해요. 제 의견이 와전되어 오해를 받을 때면 힘들기도 했어요. 단단한 마음을 가지고 나아가는 편인데 말도 안 되는 공격이 들어올 때면 정말 지칠 때가 있죠. 그리고 저 또한 혼란스러웠어요. 뭐가 정말 맞는 걸까. 페미니즘 안에도 여러 갈래와 의견들이 있으니까요.

스스로를 검열하는 거군요. 『붕대 감기』를 보면 작가도 그와 같은 고민을 치열하게 했다는 점이 느껴져요.

저 역시 많은 혼란을 겪었는데, 그것에 대해서 『붕대 감기』라는 책이 힌트를 많이 줬어요. 작가가 나랑 똑같은 고민을 했구나, 사람 사는 건 역시 똑같구나 하는 생각에 소름이 돋기도 했어요. 제가 생각하는 모든 것이 그 책에 있었어요. 저도 『우리는 모두 페미니스트가 되어야 합니다』를 봤고, 정희진 작가의 『페미니즘의 도전』도 너무 좋았어요. 그럼에도 제 마음에 와서 닿은 건 『붕대 감기』였어요. 진짜 페미니즘 혹은 가짜 페미니즘 그런 건 없다는 이야기를 하죠.

『붕대 감기』는 성인이 되어 살아가는 여성의 세 입장을 이야기합니다. 전업주부, 워킹 맘, 그리고 비혼이죠. 이렇게 말하면 납작한 것 같지만 결혼 여부와 직업, 자녀 유무가 삶의 많은 부분을 좌우하는 건 사실이에요. 동시에 그게 어찌 되었든 모두 여성의 삶이라는 건 같죠.

각자의 삶은 너무 다른데 그걸 왜 평가해야 할까요. 저는 작은 페미니즘이 많았으면 좋겠어요. 하나의 이미지가 생겨 버리면, "나는 페미니스트라고 말하면 안 될 것 같아." 하는 분들이 너무 많거든요. 목소리를 닫거나 혹은 사람들이 오해할까 봐 감춰 버리는 경우도 있고요. 『붕대 감기』에서는 그런 것들에 대한 다양한 케이스가 나와요. 결국은 다양성에 대한 고민인 거예요. 다양성을 위해 페미니즘을 알게 됐고 비로소 나의 생각이 열렸는데 그걸 알게 되는 순간 또 다른 사람이 못마땅하게 보일 수 있죠. 그건 그대로 다양성을 또한 인정하지 않는 거잖아요. 여러 고민이 들어요.

요즘 여성주의에 관심이 있다는 것만으로 공격받기도 합니다. 당신은 방송에서 안경을 쓰는 모습으로 또 관심과 비난을 받았지요. 시력이 좋지 않아 안경을 쓰는 건 너무 당연한데도요. 이런 과정이 당신을 더 강하게 만들고 있나요?

여러 책을 읽으며 페미니즘을 공부하게 되었고, 알수록 이것이 여성과 남성 모두를 자유롭게 해 줄 것이란 생각이 들었어요. 악플 같은 공격을 받으면 그게 합리적이지 않다는 걸 알면서도 힘이 탁 풀려요. 개인이 감당하기 너무 힘든 거죠. 어떤 이슈로든 발언하는 사람에게는 모두 응원을 보내 줘야 하는 것 같아요. 그런 위치에 있는 사람은 개인이 감당하기 힘든 짐을 짊어질 수밖에 없거든요. 저도 응원을 많이 받았고 이에 대해 긍정적인 방향으로 함께 힘을 내고 싶어요. 악플을 달든 말든, 나는 계속 변화구를 던질 거야, 나는 계속 이 자리에 있지 않을 거야, 생각하는 거죠. 저는 계속 나아가기 위해서 뭘 했던 거지, 어떤 목적을 달성하기 위해서 한 일이 아니에요. 저의 포커스는 저의 확장이에요. 저는 계속해서 변화하고 확장하는 존재이고 계속 나아가는 모습을 보여 주는 것 자체가 제가 가고 싶은 방향이니까요.

『스토너』를 좋아한다고 했는데 주인공 스토너는 자신의 속도로 생을 살아가는 사람입니다. 때로는 답답할 정도죠. **스토너를 행복한 사람이라고 생각하나요?**
어려운 질문이네요. 저는 스토너라는 인물이 우리 인생을 표현한 것 같았어요. 행복하기도 하고, 불행하기도 한데 그 안에서 결국 행복을 찾는 게 아닐까……. 원래 인생은 거의 불행하잖아요. 저도 인생이 너무 힘들어서 '산다는 건 정말 괴로운 일의 연속이다, 우린 왜 태어났을까?' 하는 생각도 해 봤어요.(웃음) 그러다가도 또 약간의 즐거움이 생기죠. 이것의 반복인 것 같아요. 객관적으로 보면 불행한 일이 더 많을 수도 있지만, 그 안에 행복이 있기에 결국엔 내가 어떻게 이걸 바라보느냐에 달린 것 같아요.

개개인은 실제로 평범한 삶을 살아요. 스토너도 전쟁이나 대공황 같은 큰 사건을 겪지만 사실 그의 일상은 크게 변하지 않아요.

그래서 많은 이들이 스토너에 공감한다는 생각이 듭니다.
맞아요. 다 나의 인생같이 느끼는 거죠. 다들 자기 인생은 너무
특별한데 멀리서 보면 그냥 평범하잖아요. 그게 우리 인생 같다는
생각이 들었어요. 그래서 스토너도 스스로 불행하다고 생각하지
않았을 것 같아요. 본인이 돌아보니 열정을 다해서 살았다고 했으니,
행복한 사람이지 않았을까요?

스토너는 죽기 전 스스로 인생에 대한 질문을 던져요. "넌
(인생에) 무엇을 기대했나."라고 하죠. 사람은 무엇을 위해
사는가? 어떤 삶은 살고 싶은가? 같은 질문이죠. 당신이
좋아하는 책들은 결국 그런 질문에 대한 답을 주는 책이라는
생각이 들었어요. 『몰입의 즐거움』은 삶은 몰입이라고 말하죠.
어떤 삶을 살고 싶어요?

저는 열심히 사는 사람인 것 같아요. 타고나길 그렇게 타고난 것
같아요. 어릴 때부터 그랬어요. 가만히 있다가도 뭘 할지 찾아요. 나는
왜 열심히 살까? 그 질문에 대한 답이 『몰입의 즐거움』에 있었어요.
사람이 여가에서 행복을 느낄 것 같지만 사실 일에서 얻는 행복이
크다는 이야기가 나와요. 제가 지금 좀 그래요. 그러니 인생이
재미있는 거죠. 이 책에 '자기 목적성'이라는 성향이 나오는데, 이런
사람들은 일을 선택할 때 금전적인 보상보다 이 일이 얼마나 재미있고,
내가 얼마나 보람을 얻을지를 더 중요하게 생각한다는 거예요. 그래서
저는 돈 버는 사주가 아닐 것 같다는 생각을 해요.(웃음) 그냥 하고
싶은 걸 다 하는 삶을 살고 싶어요.

지금도 다양한 활동을, 힘껏 하고 있죠. 일 외에 즐거움을
느끼나요?
메인 직업은 아나운서지만 칼럼도 쓰고 있고, 책도 쓰고 있고 유튜브,

강연도 하고요. 하고 싶은 것들을 해 나가고 있고 계속 이렇게 살 것 같아요. 단점은 여가가 없다는 것이지만요. 저는 변변한 자격증도 없어요. 그래도 항상 만족감은 있었어요. 다른 무엇으로 증명해야 하는 게 아니라 그냥 제가 만족하면 끝인 거예요.

> 비혼 여성은 스스로를 혼자 책임져야 하는 만큼 경제적 안정이 중요해요. 좋아하는 일과 잘하는 일 중에서 하나를 선택한 적이 있나요?

좋아하는 일을 하고 싶어서 아나운서 시험을 여러 번 봤어요. 좋아했던 일이 이제는 잘하는 일이 되었죠. 하지만 늘 100퍼센트 만족스러운 건 아니에요. 새로운 영역에 호기심이 많아서 다른 일에 본격적으로 뛰어들어 보고 싶은 마음도 있어요. 그런데 지금만큼의 경제적 안정을 가질 수 있을까 생각하면 쉽지 않은 결정이거든요. 좋아하는 일을 계속하며 자유롭게 살아가려면, 결국 경제적 안정이 뒷받침되어야 해요. 순수한 열망도 중요하지만 잘하는 일을 통해 똑똑하게 자산을 만들어 놓는 것, 매우 중요한 일이라 생각합니다.

> 아나운서분들은 굉장히 일찍 일어나더군요. 책은 어느 시간대에 즐겨 읽나요?

밤에 자기 전에 읽어요. 자기 직전이죠. 저는 하루를 시간 단위로 계획하는 편이에요. 3시부터 5시까지는 뭐 하고 5시부터 7시까지는 다른 거 하는 식으로. 그래서 책은 모든 걸 다 완수하고 맨 마지막에 읽어요. 자투리 시간에 읽을 때도 있지만 주로 잠들기 전에 머리를 말리는 동안 30분 정도 읽어요.

> 당신의 책 읽는 습관은 이미 유명해요. 밑줄을 그은 페이지를 인스타그램으로 다른 사람들과 공유하죠. 어떤 마음인가요?

처음엔 별생각 없이 올렸는데 반응이 너무 좋더라고요. 그렇게 하니 내 것이 되는 것 같아서 책을 읽는 게 더 즐거워졌어요. 좋은 구절을 사람들과 공유하면 누군가에게 도움이 되기도 하고요. 그래서인지 사람들이 제가 책을 정말 많이 읽는 줄 알더라고요. 사실 하루에 30분밖에 안 읽는데.(웃음) 밑줄을 그어서 올리니까 대신 책을 읽어 줘서 좋다는 분들도 계시고 저를 보고 용기를 내서 책에 밑줄을 긋기 시작하셨다는 분들도 있고요. 밑줄을 그어 놓으면 그것만 봐도 다른 내용이 떠올라서 좋아요.

얼마 전 유튜브 채널 「몸과 마음의 양식당」을 열었어요. 유튜브를 통해 무엇을 하고 싶어요?

제가 좋아하는 책, 영향과 영감을 주는 책을 소개하고 싶어요. 깊이 있게 파고들기보다 다양한 주제의 세계로 안내하는 마중물 역할인 거죠. 그러다 보면 책 편식이 생길 수도 있지만 제가 읽고 느낀 바를 꼭꼭 소화해서 전달하는 만큼 진짜 이야기를 할 수 있을 것 같아요.

저도 소설을 읽는 오디오클립을 시작해 보니 첫 책을 고심하게 되었어요. 첫 책은 무엇인가요?

『지적자본론』이에요. 어떻게 하면 저만의 이름을 가질 수 있을까? 그런 고민이 너무 컸을 때 읽은 책이 『지적자본론』이었어요. 저한테 큰 깨달음을 주고, 아나운서로서 역할의 틀을 벗어나게 이끌어 준 책이죠. 아나운서는 주로 주어진 대본을 기반으로 진행을 하고, 인터뷰어가 되잖아요. 그런데 나만의 것을 찾고 싶다는 생각에 여러 확장을 하다 보니 언젠가부터 무대에서 저의 콘텐츠로 이야기하고 여러 곳에서 강연을 하게 되었어요. 엄청난 변화이자 성과인 거죠.

항상 새로운 작품을 기다리는 작가는 누구인가요?

『글쓰기의 최전선』을 쓴 은유 작가를 좋아해요. 뭔가 생에 절박함이 느껴지고, 그 안에서 나오는 진정성이 있어요. 『싸울 때마다 투명해진다』는 제가 너무 좋아하는 책이에요. 최근에 좋아하게 된 작가님은 강화길 작가예요. 『화이트 호스』에 실린 작품이 다 좋았지만 특히 「음복」이라는 단편소설이 너무 좋았어요. 『나의 할머니에게』라는 앤솔러지로 인터뷰하면서 작가님을 처음 알게 되었죠. 글도 좋았고, 만나서 인터뷰를 할 때에도 단단한 눈빛이 인상 깊었어요. 미디어에 나오는 여성으로서 여러 고민을 할 때 이 작품을 읽어서 더 좋았던 것 같아요. 작가님의 말 중에, 내가 어떤 글을 내놓았을 때 해석은 상대방의 몫이지만 이유 없는 비난이나 감당하기 힘든 평가가 오기도 하고 그러다 보면 한 줄도 못 쓸 때도 있다는 게 기억이 남아요. "그럼에도 불구하고 그 문을 열고 들어간 사람들의 이야기." 그러니까 '그럼에도 불구하고'인 거예요.

> 언론인으로서 공적인 소식을 전하는 역할을 맡고 있어요.
> 소설로 인간이 여러 이야기에 공감한 경험이 일에도 영향을
> 미치나요?

영향을 많이 받아요. 책으로 제 시각이 달라지고 타인을 이해할 수 있게 되었어요. 그러면서 방송도 달라졌죠. 초년생 때는 내가 잘 나오는 게 제일 중요하고, 오늘 어떻게 나올지, 오늘 칭찬받을지 이런 게 중요했다면 지금은 내 멘트의 의미를 아는 거죠. 영향력을 알게 됐어요. 매일 아침 생방송을 하면서 늘 멘트에 각별히 신경을 써요. 예를 들어 어버이날, 어린이날 이런 것들이 흔히 쓰는 말이지만 누군가는 가족이 없을 수도 있는 거잖아요. 그런 인식들이 생겼어요. 내가 이런 얘기를 했을 때 상처받는 사람은 없을까? 방송인들에게 공감 능력은 아주 중요한 것 같아요.

오늘 잠들기 전엔 뭘 읽을 건가요?

『나는 풍요로웠고, 지구는 달라졌다』를 읽고 있어요. 요즘 『나의 비거니즘 만화』라는 책을 읽고 고기를 안 먹고 있어요. 비거니즘이라고 해서 완벽하지 않아도 된다, 내가 할 수 있는 만큼만 하면 되는구나, 하는 마음을 먹게 한 책이에요. 『화이트 호스』에 나온 문장처럼 고리를 끊고 의미를 바꾸려는 이야기들에 저는 항상 끌려요. 무언가를 선언하고 사라져 버린 여성들이 안타까워요. 제가 오래오래 내 길을 만들어 가는 것만으로도 누군가에게는 용기가 될 거라고 생각해요. 저도 유난 떤다, 관종이다, 이런 얘기를 듣기도 해요. 그럼에도 불구하고, 저는 제가 되고 싶어요.

배우
강말금

어제의 읽기,
내일의 일상

사진 ⓒ woosanghee
2020년

「찬실이는 복도 많지」의 배우 강말금은 마치 갑자기 나타난 것만 같다. 그러나 뒤를 돌아보면 아주 많은 계단이 있다. 어린 시절의 독서와 꿈, 현실, 그리고 그녀를 도무지 놓아주지 않는 연극이 계단이 되어 차곡차곡 쌓여 있다.

'강말금'이라는 예명 이야기가 흥미로워요. 시를 쓰는 친구가 지은 이름을 샀다고요.

네, 500원 정도에 산 것 같아요. 기억이 정확하게 나지는 않고요.

그 친구분은 지금도 시를 쓰시나요?

학교 선생님이 됐어요. 대학 시 동아리에서 시를 가장 잘 썼던 친구인데 선생님을 해야겠다고 마음먹으면서 시인으로 살지는 못할 것 같다고 했어요. 대신 그때 연극하고 싶어 했던 저와 소설 쓰고 싶어 했던 친구를 후원해 주겠다고 했었죠. 지금도 연락하고 지내요. 작년에 부산국제영화제에서 「찬실이는 복도 많지」를 상영할 때 보러 왔어요.

'말금'이라는 말소리가 맑고 건강하게도 느껴지지만 글자가 단단하게 느껴졌다고 한 말이 공감이 되더군요. 글자마다 분위기가 있지요.

울림소리가 예쁘죠. 니은 리을 미음 이응…… 중학교 때 배웠나요? 돌담에 속삭이는 햇발…….

우리 모두 김영랑 시인의 시로 배웠죠.(웃음)

영랑. 이것도 예쁘네요, 그러고 보니까. 예쁜 게 예쁜 것 같아요. 말금도 미음, 기역, 리을…… 예쁘네요.

본명인 '수혜'도 예쁜 이름인데 단단한 이름을 찾으려던 마음은 어떤 마음이었을까 궁금했어요.

연약한 상태였던 것 같아요, 지금 생각해 보면. 배우 생활 하면서 지금은 좋은 일이 많지만 불과 1년 전만 해도 고달픔이 있었어요. 처음부터 재능이 있던 사람이 아닌데 그걸 얻으려고 하면서 생계도 이어야 하고……. 그런 생활이 고달팠기 때문에 배우를 본격적으로 시작한 게 꼭 좋지만은 않다고 생각했어요. 얼마 전에 정세랑 작가의 『시선으로부터,』라는 소설을 띄엄띄엄 읽었어요. 어렸을 때 하고 싶은 일을 미리 포기하고 살아가는 사람들은 나중에 어른이 돼서 가장 가까운 사람들을 갉아먹는다는 표현이 있더라고요. 그게 저의 20대 후반이었던 것 같아요. 남 탓을 하고 지내면서 본인은 계속 연약해지고 정신적으로 약해지는 시간이었던 것 같아요. 그래서 강한 이름을 찾지 않았나…….

결국은 스스로의 성취가 자기 삶에 중요하다는 이야기 같아요. 요즘은 어린 시절부터 시스템 속에서 배우가 되는 경우가 많지만. 당신은 30대까지 여느 사람들처럼 생활하며 연기를 해 왔죠. 평범한 삶을 잘 이해할 것 같아요. 예를 들어 비가 오거나 눈이 오거나 출근하는 사람들의 마음도요.

잘 알죠. 출근을 안 하는 건 이 직업의 가장 좋은 점일 거예요.(웃음)

전공이 국문과예요. 문학에 대한 관심으로 선택했나요?

어릴 적에 글 잘 쓴다는 칭찬을 받은 기억이 가장 또렷하게 남아 있어요. 어렸을 땐 책을 많이 읽었어요. 사실 지금은 잘 안 읽어요. 중학교 때는 독서회도 했고요. 그래서 자연스러운 일이었던 것 같아요. 아마 칭찬 때문이 아니었을까 싶어요.

중학교 시절 독서회에서는 어떤 책을 읽었나요? 주로
고전문학을 읽나요?

헤르만 헤세를 많이 읽었고요. 당시 인기 있었던 이외수 작가의 소설도 많이 읽었던 것 같아요. 부산 구덕도서관에서 하는 독서회였어요. 초등학교 때 겨울방학 기간에 열흘 동안 집중적으로 하루 한 권의 책을 읽고 하루 한 편씩 독후감을 쓰는 독서교실에 참석한 게 중학교 독서회로 이어졌어요. 2주에 한 번 정도 책을 한 권 읽고 토론을 하고, 1년에 한 번 문집을 냈죠. 너무 오랜만에 꺼내 보는 기억이네요.(웃음) 중1 때『난장이가 쏘아 올린 작은 공』을 읽었는데 그때 그 책을 읽어서는 안 됐었다고 지금은 생각합니다.(웃음)

당시 주변에 책을 좋아하는 아이로 소문이 날 만하네요.

그때는 그게 정말 저의 정체성이었던 것 같아요.

어린 시절의 독서는 이후에 든든한 자원이 되기도 해요.

수능 시험에 도움이 됐나 싶어요. 수능은 사실 글을 빨리 읽기 시험 같거든요. 도움이 많이 됐어요.

대학에 간 후에는 어땠어요? 생각대로였나요?

제가 관심이 있었던 건 현대문학이었는데 국문과에 가면 세 개의 큰 덩어리를 만나게 돼요. 국어학, 현대문학, 고전문학. 이걸 다 해야 된단 말이야? 그래서 조금 놀랐어요. 소설을 읽는 곳인 줄 알았더니…… 막상 가니까 한자도 해야 하고…… 놀랐죠. '귀성'이라는 시 학회 활동을 2년 동안 했어요. 이름 지어 준 친구를 만난 곳이에요. 시 쓰기를 2년 정도 열심히 했던 것 같고, 그다음부터는 연극을 열심히 했어요.

책을 같이 읽고 시를 같이 쓰는 게 오래전 문화 같지만 지금도 여전히 이어져요. 무언가를 읽고 쓰는 사람들이 모이고 만나게 되지요.

독서회는 사실 좋지만은 않았어요. 뭘 읽어야 할지도 잘 모르겠더라고요. 시 학회에서의 기억은 정말 좋아요. 각자 시를 써 와서, 당시에는 손으로 쓴 걸 복사해 오기도 했고 쓴 사람이 그걸 낭독해요. 그리고 나서 10분 정도 각자 생각을 해요. 사실 하수들은 고수한테 말을 못 하는 거예요. 무슨 말을 해야 할지 모르겠고. 여기 띄어쓰기가 틀리신 것 같은데요, 이런 얘기밖에 못 하죠.(웃음) 보통 처음에는 자기 기억에서 무언가를 꺼내요. 자신의 비밀스러운 기억 같은 걸 꺼내니 쓰는 사람이 너무너무 떨리는 거예요. 어느 순간 굉장히 중요한 이야기를 해 주는 사람이 나타나고, 그러고 나면 술을 진탕 먹는 거죠. 그런 시간이었어요.

이야기를 나누다 보니 어린 시절의 동아리가 중요하다는 생각이 들어요. 아마추어로서 많은 경험을 하게 해 주니까요. 꿈의 씨앗을 품고 발아하게 해 주는 셈이죠. 그 시 학회를 떠나 연극 동아리로 옮기고, 그걸 계기로 연기를 하게 되었다고요.

네. 대학 때 하고 7년 정도 직장 생활을 하다가 못 잊어서 다시 극단에 들어갔어요. 안 잊으려고 애쓴 것도 있고요.

많은 희곡을 무대에 올렸는데 가장 아끼는 작품은 무엇인가요?

연극하는 사람들이 안톤 체호프를 되게 좋아해요.「갈매기」,「바냐 아저씨」 이렇게 두 작품을 했어요. 체호프의 장편 희곡이 총 네 편이거든요. 직접 하진 않았지만 단막극으로도 연습을 했어요. 체호프를 좋아해요. 순수한 독자로서 안톤 체호프의 희곡을 좋아한다고 말하기는 힘들 것 같은데 단편소설은 좋아해요. 그래도 체호프는 아주 좋아해요. 「갈매기」만 두 번 하고 그 작품을 번안한 연극을 또 두 번 했어요. 봐도 봐도 좋고, 연습할 때면 두 달 넘게 그 희곡을 들여다보고 있는데도 볼 때마다 좋아요. 「갈매기」에서는 폴리나를 했고, 「바냐 아저씨」를 번안한 연극에서는 마리나에 해당하는 수자 이모 역할을 했어요. 한번은 조연출을 했고요.

희곡은 극을 위한 글이죠. 배우로서 느끼는 체호프 작품의 매력은 무엇인가요?

여러 세대가 나오는데 세대끼리 소통이 안 돼요. 인물들이 각자 자기 문제를 갖고 맴돌고 있어요. 그래서 코미디가 발생하는 것 같거든요. 그 개인들은 자기 인생이 굉장히 비극적이라고 생각하고요. 그런 점들이 들여다볼수록 매력적이에요. 멀리서는 군상들이 보이지만, 그 역할을 맡아 보면 각자의 사정에 맞춰 이입이 되고……. 해도 해도 재미있는 이유가 그래서인 것 같아요.

말 그대로 희극과 비극이 공존하는군요. "연극을 계속하다 보면 텍스트가 몸에 밴다."라는 말을 했는데 텍스트가 몸에 밴다는 건 무엇인가요?

석 달 장기 공연을 한 적이 있어요. 아마 그때 했던 표현인 것 같아요. 관객은 자연스러운 연기를 좋아하고 배우도 자연스러운 연기를 하고 싶죠. 하지만 사실 연기가 태생적으로 인위적인 거잖아요. 무대도 인위적이고요. 연극은 약속 덩어리예요. 얘기하다가 물을 마시는 것까지 다 계산하지 않으면 엉키는 것 같거든요. 아주 작은 것까지 다 약속하는데 그 모든 것이 몸에 밴다는 뜻으로 한 말이지 싶어요. 첫 공연인 경우에는 내가 해야 될 의미적인 것, 감정적인 것부터 소품들을 어디에 두어야 하는지까지 모든 게 중요해요. 사실 즉흥적이고 발생적인 연기를 하고 싶지만 잘 안되죠. 약속을 안 지키면 다른 사람에게 피해가 가니까요. 그래서 1번이 약속인데 두 달 정도 하고 나니 그 모든 것으로부터 자유로워졌어요. 마지막 한 달은 편안하게 즉흥을 할 수 있었다, 이런 얘기인 거죠.

　　　거기서 오는 자유로움이 있겠군요. 텍스트가 몸에 밴다는 것은 활자를 연기로 옮기는 배우만이 할 수 있는 경험인 것 같아요. 관객 입장에서 보기엔 캐릭터가 몸에 배었다는 느낌을 받는 경우가 있고요. 「찬실이는 복도 많지」가 그런 경우였죠. 강말금이란 배우가 새로운 사람처럼 느껴졌어요. 시나리오로 처음 봤을 때부터 매력 있는 작품이었나요?

네, 아주 재미있고 명대사도 많고 전개가 예측 불허라고 할까요? 그래서 재미있었어요. 시간 가는 줄 모르고 끝까지 읽었어요. 사실 제가 처음 읽은 작품은 지금하고 조금 달랐어요. 마지막 로케이션도 감나무가 있는 시골이었고요. 나중에 예산과 저한테 맞춰 수정되었어요.

　　　시나리오를 읽을 때 자신만의 뷰가 있나요?

잘 모르겠어요. 시나리오라는 게 굉장히 어렵다는 건 주변에서 시나리오 쓰는 사람을 봐서 알고 있었거든요. 그냥 직관적으로 재미있다, 재미없다인 것 같아요.

　　　시나리오를 받으면 인물 위주로 보나요, 아니면 이야기 중심으로 보나요?

나중에는 결국 인물 위주로 보게 되거든요. 그래서 초독은 이야기 위주로 보려고 노력하죠.

　　　누군가는 찬실이를 꿈을 잃지 않는 인물로 보며 희망을 얻어요.

결말에 대해서 어떻게 생각해요?
처음 읽은 버전에서 찬실이는 다시 영화 시나리오를 쓰지 않아요. 시골로 가서 할머니들한테 글자를 가르치고 감 수확기에 친구들과 감을 따는데 저는 그 점이 좋았어요. 꿈을 택해서 좋으면서도 후회를 많이 했기 때문에, 역시 꿈이 있는 삶이 아름답고 꿈을 추구해야 한다 말하고 싶지 않은 마음이 있었어요. 집요하게 뭐 하나를 파며 성취하려고 했지만 꿈을 꾼 기간이 길수록 환멸의 기간이 길었고, 아주 개인적인 것인데도 불구하고 그 환멸이 제 일에도 영향을 미쳤어요. 그래서 찬실이가 영화를 그만두고 시골에 가서 할머니를 가르치는 그 결말이 너무 좋았던 거죠. 하지만 다시 수정된 시나리오도 좋았어요.

결국 결말이 바뀌어서 사람들에게는 따스한 영화가 되었죠. 드라마 「미씽: 그들이 있었다」도 그랬어요. 시신을 찾지 못한 실종은 너무 가슴 아픈 일인데 그 사람들의 영혼이 어딘가 모여서 도란도란 살고 있다는 설정이 굉장히 위로가 되더군요.
너무 좋죠. 작가님의 마음이 그랬어요. 실종자 송혜희 씨의 아버지가 장판석이라는 인물의 모티브가 되었다고 하시더라고요. 좋은 드라마였어요.

이야기가 현실이 아닐지라도 현실을 사는 사람에게 위로가 되어 줄 수 있어요. 책에서 위로를 받아 본 적이 있나요?
연극은 공부거든요. 예를 들어 카프카의 작품을 한다고 하면 거기에 관련된 서적들을 읽어요. 굉장히 행복하게 읽다가 공연이 다가오면 그때부터 만드는 데 정신이 없어서 공부하는 기간은 또 그냥 지나가요. 이런 일들을 몇 차례 반복하다 보니까 개인적인 책 읽기를 많이 못 하게 됐어요. 그럼에도 강렬한 책 읽기의 기억이 몇 번 있긴 해요. 한나

아렌트가 쓴 『정치의 약속』은 너무 어려워서 한 챕터만 읽었는데 그게 아주 좋았어요. 사실 저는 배우라는 이름을 얻지 못한 채로 오래 살아왔기 때문에 사람들 앞에서 뭔가를 자꾸 보여 줘야 하고 뭔가 굉장히 목말랐던, 사람들한테 표현하고 싶은 게 너무 많고 외로운 사람이었거든요.

       어떤 구절이었어요?

지금 생각나는 건 '나는 하나가 아니라 둘이다. 그 증거는 내가 나와 대화를 할 수 있다는 데에 있다.'라는 구절이에요. 그리고 '내가 도둑질을 하지 않는 이유는 법 때문이 아니고 내가 도둑질을 하고 나면 그 도둑질한 나와 함께 살아야 하기 때문이다.' 그게 참 좋았어요. 사실 그 무렵은 연극을 못 했는지 안 했는지 모르겠지만 6개월 정도 마트 아르바이트를 하면서 저녁이면 책이나 시사 잡지를 읽던 시기였어요. 그때 부쩍 철이 든 것 같아요. 혼자 있을 수 있게 된 거죠. 그 책이 굉장히 강렬한 독서로 남아 있어요. 답답할 때 한 번씩 꺼내 보기도 해요. 2011년 겨울이었어요.

       이후에도 강렬한 독서 경험을 만났나요?

요즘은 계속 작품에 관련된 책을 읽어야 하는 운명이에요. 부산 엄마 댁에서 일주일 정도 지내며 권여선 작가의 『안녕 주정뱅이』라는 소설집을 읽었는데 너무 좋았죠. 너무 재미있어서 단편을 하나씩 읽고 일부러 연결해서 읽지 않았어요. 여운을 즐기기 위해 일부러 시간을 보냈다가 다시 읽고. 그 한 권을 정말 행복하게 읽었어요. 『안녕 주정뱅이』의 모든 단편에 주정뱅이들이 나와요. 모두 술을 좋아하는 사람들인데 「봄밤」은 중증 알코올중독자가 여자 주인공이에요. 좋아서 보다가 울고 그랬어요. 그 이후에 『아직 멀었다는 말』을 읽었고요.

그러고 보니 단편소설을 좋아한다고 했죠.
안톤 체호프의 단편소설을 좋아하고, 카프카의 단편들과 권여선
작가의 『안녕 주정뱅이』에 실린 모든 단편소설을 좋아해요.
한국문학을 오랜만에 처음 접하고 깜짝 놀랐던 작품은 황정은 작가의
『파씨의 입문』이었어요. 평론가가 된 국문과 선배가 2012년도에
연극 보러 오셨다 주신 걸 5년이나 묵혔다가 읽었는데 깜짝 놀랐어요.
충격을 받았죠.

기분 좋은 충격이었겠군요.
요즘 한국문학이 이렇게 좋구나! 한국문학은 스토리만 보는 건 아닌
것 같거든요. 특히 한국문학을 읽을 때는 문장과 문장 사이라든지……
평론가가 아니라 이걸 다 말할 수는 없지만 예술 작품을 보는
만족감을 주는 느낌이었어요.

한국 단편은 정말 뛰어난 작품이 많죠. 기술적으로도
예술적으로도요. 한국 독립 영화하고도 같네요.
많이 못 읽어 봤는데 궁금해요. 사실 미안하고 죄송했어요. 거의
20년을 한국 단편을 안 읽었는데 그동안 이분들은 꾸준히 밀고
나가서 성취를 이루고 있구나, 그리고 이 시대와 함께 간다는 느낌이
들어요. 요즘 작가분들이 너무 멋있어요.

어린 시절부터 지금까지 인생에서 중요한 작품을 말한다면
무엇인가요?
제가 읽은 작품들 중에 가장 긴 게 『토지』예요. 『토지』가 참 좋았어요.
1부에서 끝까지 가는 동안 작가가 변하는 게 느껴졌어요. 화자 자체가
변하고 후반에 갔을 때는, 1940년대에 갔을 땐 화가 나 있어 서슴지
않고 연설을 하는 거죠. 그게 너무 좋았어요. 저한테 『토지』는 박경리

작가 그 자체였던 것 같아요.

시간이 충분히 주어진다면 읽어 보고 싶은 책이 있나요?
시간이 된다면 『잃어버린 시간을 찾아서』를 읽어 보고 싶어요. 제가 만난 사람들 중에 그걸 다 읽은 사람이 세 명 있어요. 최근에 읽은 친구는 저랑 같이 시작했어요. 저는 멈췄고 그 친구는 자기 전에 몇 페이지씩 읽어서 다 읽었대요.

주변에 책을 좋아하는 친구들이 있는 것도 행운이죠. 그렇지 못한 사람은 고독감을 토로하기도 한답니다.
다 읽은 사람을 만나기 힘들죠.(웃음) 저는 주변에 책 읽는 친구들이 많아요. 그 친구의 독서 방식이 너무 훌륭하게 느껴져요. 제가 프루스트를 죽기 전에 읽을 수 있을까요? 못 읽어도 할 수 없죠.(웃음) 죽기 전에 한 번은 읽고 싶은 작품이긴 해요.

책은 당신에게 어떤 존재인가요?
꿈자리를 정리해 준다? 번뇌와 잠 사이에 놓인 다리처럼 다른 세계로 갔다 잠을 자면 좋은 것 같아요. 번뇌를 안고 자면 제대로 못 자거나 하루가 닫히지 않는 것 같거든요. 문학은 그게 참 좋아요. 철학책은 사는 데 치이다가 큰 문제에 부딪혔을 때 펼쳐 보게 되는 것 같아요. 중심을 잡아 주고 내일을 살 수 있는 힘이죠.

배우
박지영

인생의
또 다른 포만감

사진 ⓒ 김성군
2021년

박지영이 30여 년 동안 입은 역할들은 모두 자신의 인생을 살았다. 소설 속의 인물들처럼 이야깃거리가 많은 인물을, 생생하게 살아 숨 쉬는 인물을, 그는 여전히 기다리고 있다.

사전 인터뷰에서 다양하고 많은 책이 등장해서 오늘 만남이 더욱 기대가 되더군요.

그랬나요? 나는 걱정이 되더라고요. 《릿터》를 보니 어릴 적부터 책을 읽어 온 분들이 많은데 저는 어릴 때에는 책을 안 읽었어요. 성인이 된 후 책을 읽기 시작했거든요. 결혼 후에야 본격적으로 읽었고요.

어떤 계기가 있었나요?

남편이 제게 『감옥으로부터의 사색』을 선물한 게 기억에 남긴 해요. 처음엔 어떤 책인지 모르고 러브 스토리인 줄 알았어요. 남편이 독서광이라, 결혼하면서 남편이 가지고 온 건 몸하고 책밖에 없었거든요.(웃음) 집에 책이 많으니 자연스럽게 읽게 되었어요. 선별해 둔 책을 읽었으니 좋은 책들로 독서를 시작할 수 있었던 셈이에요. 그러면서 점점 내가 좋아하는 게 뭔가를 알게 됐던 것 같아요. 처음에는 오쿠다 히데오 같은 재미있는 책을 좋아했어요. 그러다가 무라카미 하루키도 읽고, 다자이 오사무도 읽고 하면서 제 취향을 알게 되었어요. 책을 늦게 접해서 필독 도서 같은 걸 읽어야 할 것 같은 거예요. 그때 민음사 세계문학전집을 많이 봤어요.

왜 『감옥으로부터의 사색』을 줬는지 물어보신 적이 있나요?

그냥 자기가 좋아하는 책이라서 줬대요. 저희 남편은 책을 볼 때 줄을 긋는데, 전 그게 너무 싫어요. 저는 깨끗하게 보는 편이거든요. 그런데 남편이 줄을 그어 놓으면 제가 읽다가도 거기서 멈춰서 의미를 되새겨야 할 것 같아서 싫어요.(웃음) 저는 책을 접지도 않아요.

한동안 베트남에 체류하셨죠? 한국 책이 귀했겠어요.

PD 출신인 남편이 호치민에서 외주 제작을 하게 되면서 15년 정도 베트남과 한국을 오가면서 일했어요. 그때 녹서를 제일 많이 했죠. 한국에 올 때마다 트렁크에 책을 가득 채워 갔어요. 다 읽으면 다시 트렁크에 가득 담아서 한국에 오고요. 할 게 별로 없으니 책을 봤어요. 집에 들어가면 해가 어둑어둑한데 불도 안 켜고 다들 책을 보고 있어요.(웃음)

베트남 집에서 가족이 책을 공유했겠군요?

신혼여행 때 우리가 애들한테 물려줄 건 종교와 독서뿐이라고 했더니 남편이 "돈은?" 하더라고요.(웃음) 그때는 저도 어려서 한 말인데, 실제로 그렇게 된 것 같아요. 아이들 덕분에 제가 젊게 살아요. 큰애가 스물다섯, 작은애가 스물셋인데 아이들 덕분에 결혼 안 한 언니들보다 제가 더 많이 알아요. 요즘 노래도 많이 알고요. 책도 아이들과 서로 추천해 줘요. 다 아이들 덕이죠.

해외 생활의 단절감도 있었겠지만 대신 느긋하게 책만 읽을 수 있는 환경이 갖춰진 셈이네요.

그래서인지 『월든』 같은 책도 읽게 됐어요. 서울에서만 살았다면 그 책은 절대 안 읽었을 거예요.(웃음) 읽어 보니 너무 좋았어요. 제일 좋아하는 책 세 권을 꼽으라면 그중 하나로 『월든』을 선택할 거예요. 그게 제 삶이었거든요. 호치민 집에 도마뱀이 창문에 붙어 있는데 40분 동안 한 발짝도 안 움직이는 거예요. 그 인내력에 제가 두 손 두 발 다 들었어요. 비슷한 '나'를 발견했을 때 주는 좋은 영향이랄까요? 소로우가 개미 보고 풀 보고 연필 깎는 이야기를 하는 게 좋더라고요.

하지만 길게 작품을 쉰 적은 없었죠? 베트남에 살았는지 모르는 사람들도 많을 것 같아요.

「장녹수」 같은 작품은 50부작까지도 갔으니까. 쉬지 않고 달린 시기도 있었죠. 드라마는 촬영 기간이 길어요. 아이들이 생긴 이후로는 방학 기간에 미니시리즈만 하고 영화 위주로 활동했어요. 한동안은 1년에 한 작품씩만 했죠. 드라마 주연보다는 점점 조연을 더 많이 맡게 될 때쯤이었어요. 그렇게 처음 한 작품이 「우아한 세계」예요. 애들이 다 대학 가고 나서 다시 본격적으로 일을 하고 있어요.

책에 익숙해진 다음에는 책을 직접 고르셨나요?

책이 다른 책을 이어 준 것 같아요. 나이가 들면서 역시 하루키에게 정말 고맙다는 생각이 들어요. 저렇게 건강하게 지금도 끊임없이 집필을 한다는 게 고맙고, 제게 레이먼드 카버를 알려줘서 고마워요. 그런 식으로 작가를 통해 책을 넓혔던 것 같아요. 또 저는 다자이 오사무가 저 같아서 좋아하거든요. 제가 그렇게 행동하지는 않지만 세 마음속에 있는 길 끄집어내는 것 같아요. 작품 속 남자가 너무 매력적이에요. 훌륭한 사람은 일찍 죽고야 마는 문학적 세계도 너무 매력적이죠.(웃음) 그런데 누군가가 그랬어요. 작가의 삶을 알면 안 된다고. 작품으로만 만나야 한다고요. 하루키도 작품 속 인물하고는 달리 너무 댄디하고 규칙적으로 살잖아요?

《릿터》로 만난 많은 인터뷰이들이 제일 좋아하는 책으로 『인간 실격』을 말하곤 했어요. 이 책이 대중 앞에 나서는 직업을 가진 사람들의 사랑을 받는 이유는 무엇일까요?

문학은 결국 남의 삶을 통해 나를 반성하는 일이 아닐까 싶어요. 저는 그런 책을 좋아해요. 『인간 실격』을 보면서 그 사람이 이야기하는 방식이 나도 언젠가 이런 생각을 했던 것 같다는 느낌이 들었어요.

책의 내용보다는 이야기하는 방식을 좋아하는 것 같아요. 인간은 자기반성을 하고자 하므로 문학이 힘을 가진다고 생각해요. 『자기 앞의 생』 같은 작품도 남의 이야기로 시작하지만 결과적으로는 제 이야기가 되는 거죠.

『인간 실격』의 요조는 인간을 두려워하면서도 단념할 수 없다고 해요. 대중을 두려워하면서도 대중이 필요한 연예인들의 마음이 담긴 걸까 생각해 본 적이 있어요.

내 속은 우울한데 웃겨야 해. 이런 동질감은 저도 느끼는 것 같아요. 『인간 실격』 뒤에 유다의 삶에 대해 또 쓰잖아요. 이 사람은 도대체 그 시대의 예술을 어떻게 그렇게 그렸는지……. 천재인 것 같아요. 이 사람이 쓴 글에 지금 이 시대를 살아가는 우리가 감동하는 게 기분 나쁠 정도로. 다자이 오사무는 『사양』을 먼저 봤는데, 제가 제일 좋아하는 작품이에요.

드라마 『인간 실격』에 출연한다고요? 어떤 작품인가요?

원작과 같은 내용은 아니지만 이야기하는 방식이 비슷해요. 아주 재미있는 작품이에요. 제 캐릭터는 배우예요. 배우가 배우를 연기한다는 게 굉장히 어렵게 느껴져요. 제목에서 주는 무거움도 있고요. 나중에 꼭 봐 주세요.(웃음)

『자기 앞의 생』도 영화화가 되었어요. 소피아 로렌이 로사 아주머니를 맡았고, 소피아 로렌의 아들 에도아르도 폰티가 연출을 했어요.

안 그래도 꼭 보고 싶은 영화예요. 저는 그런 얘기를 좋아하고, 제가 하고 싶은 작품도 그런 작품 같아요. 사람들은 눈앞에 보이는 사랑만을 인정하는데 사실 그 뒤에 더 큰 무언가가 있다고 생각해요.

로사 아줌마가 죽어도 화장해서 그대로 놓아두는, 아이의 천진하고
무서운 사랑 같은 것들이 좋아요. 비슷한 의미로 『허삼관 매혈기』도
좋아하는데 책을 보다 눈물이 난 건 이 책이 처음이었어요.
인민재판을 받는 아내에게 먹을 걸 주는 남편의 사랑이 느껴져서
눈물이 후드득 떨어졌죠. 이건 어떤 진한 사랑인가를 생각했어요.
예전에 영화로 만든다고 해서 너무 기대했는데 제 생각과는 다르게
코미디 영화였어요.

책을 읽을 때에도 배우의 자아가 개입이 되나요?

컷이 보이고 사람이 보이는 책을 좋아해요. 레이먼드 카버의 단편들이
그래요. 책을 읽다 보면 공간이 보여요. 책의 매력 중 하나가 저만의
공간을 그릴 수 있다는 것 같아요. 책을 먼저 읽고 영화를 봤을 때
실망하는 이유도 그래서인 것 같고요. 그런 의미에서 좋아해요. 그런
역할을 맡고 싶다는 욕심도 있고요. 『오만과 편견』도 굉장히 좋아해요.
인물들이 다 살아 있어요. 『토지』도 그렇죠. 제가 『토지』를 할 때
감독님이 봉순이와 임이네 중에 어떤 걸 하고 싶냐고 물어보셔서
당연히 저는 임이네를 하겠다고 했어요.

저도 임이네를 고를 것 같습니다.(웃음) 어릴 적엔 몰랐는데, 커서 다시 읽은 『토지』에는 세상의 인간 군상이 다 들어 있더군요.

제가 주로 멜로를 할 때라 감독님은 제가 봉순이를 할 줄 아셨나
봐요.(웃음) 임이네는 캐릭터가 생생하게 살아 있잖아요. 전 그런
인물을 좋아해요. 이언 매큐언의 『속죄』에서 브리오니의 심리도
정말 그럴 것 같잖아요? 단순히 드라마로 말한다면 악역이겠지만 그
작품에서는 이해가 돼요.

『속죄』의 결말에 대해선 여러 가지 의견이 있어요. 독자들에게 이야깃거리를 많이 주었죠.

그게 문학의 힘이고, 정답도 없는 것 같아요. 예상하지 못한 역할의 제안을 받으면 저는 오히려 책을 봐요. 정형화된 캐릭터를 연기하고 싶지는 않거든요. 인물의 생각과 삶이 있고 어떤 것에 반항하는 역할을 맡고 싶은데, 드라마에서는 아무래도 정형화된 캐릭터를 많이 맡게 되니까요. 맨날 화만 내고 자녀의 결혼을 결사반대하는…… 그런 작품을 연기하는 건 배우로서 매력적이지는 않아요.

그럼에도 다양하고 매력적인 인물을 많이 맡았어요. 그냥 누구의 어머니는 아니었어요. 「구해줘」의 강은실도 그렇고, 「질투의 화신」의 방자영도 어머니이기 전에 프로페셔널한 아나운서였고요.

일부러 그런 작품을 찾는 거죠. 저도 「질투의 화신」을 좋아해요. 남자 유방암 환자나 무성욕자가 등장하는 등 여러 가지로 앞서가는 작품이었어요. 저는 오히려 나이가 들면서 다양한 역할을 하게 됐어요. 어린 나이에 그냥 주어지는 주연을 했을 때는 복불복이었어요. 좋은 작품 만나면 좋은 거였죠.

새삼 우리가 선택할 수 있다는 점이 좋네요. 책도, 작품도. 품위가 있는 게 좋아요. 이제는 '오만'과 '편견' 같은 단어도 잘 쓰지 않잖아요. 인간 '실격'이라니, 누가 그 자격을 주고 실격시킬까요? 『거미 여인의 키스』도 제목만으로 너무 좋잖아요. 결국은 왜 제목을 이렇게 지었을까? 하는 생각을 하게 되는 작품이 오래 남더라고요. 『빨강 머리 앤』을 보세요. 어릴 적에 읽었을 때는 마릴라 아주머니의 마음을 잘 몰랐는데 이제는 알겠더라고요. 『어린 왕자』는 10년에 한 번씩 읽는데 느낌이 다르더라고요. 어렸을 때는 아름다운 이야기라고 생각했는데 슬픈 이야기였어요. 이런 경험에서 포만감을 느끼면서 책을 읽어요. 책을 한창 많이 살 때는 괜히 부자가 된 느낌이었어요. 안 읽어도 저한테 가득 뭔가 들어와 있는 듯하고요. 어느 날 남편이 책을 좀 팔자고 해서 정리할 때는 또 추리는 재미가 있더라고요.

어떤 기준으로 남기고, 보냈나요?

다시 볼 수 있는 책. 좋은 책들은 간직하게 돼요. 볼 때마다 느낌이 다르니까요. 책들도 표지만 바꿔서 다시 나오니 똑같은 책을 두 번 산 게 한두 번이 아니에요.(웃음) 중고 책 팔려고 줄 서 있는데 옆 사람이 나랑 똑같은 책을 들고 있으면 너무 반갑기도 해요. 이래서 젊은 친구들이 동호회를 하나요? 저는 그런 세대가 아니라 누구와 제 경험을 공유하기가 쉽지 않았어요. 배우 김여진과 친해진 계기도 책이었어요. 그 친구가 하루키를 읽고 있었는데, 제가 그걸 보고 말을 걸었거든요. 그거 보니? 이건 봤니? 그렇게 말을 붙이기 시작했고, 책에서 시작한 동질감으로 훅 친해졌어요.

지금은 웹툰이 그 자리를 차지한 듯하지만, 예전에는 소설이 드라마화되는 경우가 많았어요. 당신의 필모그래피 중 「가시고기」, 「보보경심 려」, 「물 위를 걷는 여자」는 각각 그 당시 베스트셀러를 드라마로 만든 작품이죠. 연기할 때는 어떤가요?

개인적인 의견이지만, 배우로서는 원작이 있는 작품에 출연하는 건 별로 매력이 없는 것 같아요. 요즘 웹툰이 드라마화되는 경우가 많은데 '싱크로율'을 따지니까 두렵고 옥죄는 것 같아요. 배우로서는 갑갑함을 느껴요. 그럼에도 궁금한 작품이 있어요. 천명관 작가의 『고래』를 영화화했으면 좋겠는데 너무 어렵겠죠……?(웃음) 그 작품 너무 좋더라고요.

배우는 자신이 가진 이미지 때문에 맡게 되는 역할에 한계가
생기기도 해요. 그 점이 아쉽지는 않나요?

너무나 아쉬웠죠. 시골 처녀 같은 건 못 해 봤는데, 저는 시골 출신이거든요.(웃음) 사실 카리스마 하나도 없고 귀여운 스타일인데 들어오는 역할은 반대의 역할만 들어오니까 15년 전쯤에는 그게 우울하기도 했어요. 저도 때때로 제가 많이 녹아나는 역할을 하기도 해요. 「범죄의 여왕」같은 작품이요. 그리고 나머지는 저도 새롭게 새 작품을 만나는 거예요. 그게 좋은 것 같아요. 저다운 걸 하면 제 이미지가 인물에 계속 겹쳐 보일 수 있잖아요? 역할이 아니라 배우가 먼저 보이는 거죠.

인물, 역할에 대한 고민을 계속해 왔군요. 연기를 해 온 지
30년이 넘었어요. 지금은 무슨 생각을 해요?

이런 생각을 하게 된 건 저도 10년 정도밖에 안 돼요. 후배들이 비슷한 고민을 하고 많이 물어봐요. 점점 조연이 되고 작은 역을 맡게 되는 것에서 어느 순간 자유로워졌어요. 그중에서도 누구의 엄마 역할보다는 내 삶이 있는 역할을 할 때 그래도 잘 선택하면서 왔구나 하는 생각을 해요. 어느 특정한 이미지에 갇혀 점점 소진되었다면 33년 동안 해 오진 못 했을 거예요. 금방 지나온 것 같은데 돌아보면 오래되었어요. 오래된 배우 같은 이미지는 안 주고 싶지만, 오랫동안 봐 왔기 때문에 저는 어쩔 수 없이 오래된 사람인 거예요.

그만큼 대중과 함께해 온 거죠. 또 새로운 작품이 있고요.

그러니 너무 날씬하게 몸을 만들어도 안 되는 거죠. 이제 작품 속에서 늙고, 젊고, 카리스마 있는 다양한 삶을 사는 게 원동력인 것 같아요. 역할보다 작품을 보고 좋은 작품인가 판단해요. 대본을 고를 때도 되도록 이럴 수도 있고 저럴 수도 있는 인물을 골라요.

작품이 끝나면 어떤 책을 읽을 계획인가요?

서숙향 작가가 선물해 준 책인데 세상에서 가장 비싼 그림에 대한 책이에요. 요즘은 미술을 해석해 주는 책을 보고 싶어요. 딸이 영국에 있어서 영국에 가면 미술관에 가는데 가서 유명한 작가만 찾아봤어요. 그런데 거기서 가만히 그림 앞에 앉아 보고 있는 사람을 봤을 때 저 사람은 뭘 보고 있는지 궁금하더라고요. 요즘은 막연하게 그림을 그리고 싶어요.

여전히 꿈을 꾸나요?

지금도 좋은 작품을 만나는 게 제 꿈이에요. 온전히 나의 것을 지키려면 자기 내공도 있어야 하고 준비 기간도 필요해요. 좋은 작품과 좋은 감독, 배우의 삼박자가 다 맞아야 할 것 같아요. 혼자 하는 일이 아니라는 생각이 점점 더 들어요. 나만 잘해서 할 수 있는 그런 일이 아니더라고요.

배우
임화영

사소하고
완벽한 행복

사진 ⓒ 김상곤
2021년

배우 임화영의 가방에는 항상 책 한 권이 들어 있다. 어디를 가든 그 책 덕분에 든든하다. 혼자 읽는 시간도, 동료 배우들과 책을 나누는 시간도 소중하다. 동료들과 지은 모임의 이름은 '부기부기 북이 좋아'. 책만 있으면 신나는 사람들이다.

촬영을 하며 이야기를 조금 나누었죠? 새로 나온 책 소식을 잘 알고 있어서 인상적이었어요. 늘 책에 관심을 두고 있어야 알 수 있는 일이죠.
서점 가는 걸 좋아해요. 책 냄새가 좋아서 집 앞에 있는 작은 서점에 자주 들러요.

대형 서점보다 독립 서점을 좋아하나요?
집 앞에 아주 유명한 서점이 있거든요. 스틸북스. 너무 좋은 곳이에요. 요즘 유행어식으로 비유하자면 서점계의 에르메스?(웃음) 굉장히 자주 가요.

그곳에서는 읽을 책을 어떻게 골라요?
책 살 때 뒤표지를 항상 읽어 봐요. 작가의 말도 읽고요. 책을 집어서 쓱 훑다가 멈췄을 때 문장을 보고 더 읽고 싶어지면 사요. 앞부분만 좋고 뒷부분이 별로이면 저는 그만 읽어요. 그런데 그런 책 중에 언니가 읽고 좋다고 하는 것도 있어요. 저희 언니가(배우 임강희) 책을 굉장히 좋아해서 직접 책 추천도 많이 해 줘요.

동료들과 책 읽는 모임도 하고 있다면서요? 누구와 어떻게 하고 있어요?
친한 배우들과 하는 작은 모임인데, 저희끼리 붙인 이름은 '부기부기

'북이 좋아' 북클럽이라고……. 멤버는 김준한, 서현우, 배제기, 임성재, 이상희 배우와 저 이렇게 소규모예요. 북클럽을 시작한 지는 2년 조금 넘었는데 요즘은 바쁘기도 하고 코로나19 때문에 자주 못 만나고 있어요. 서로 가끔 안부 묻고 잠잠해지면 다시 만나자 하고 있어요.

그런 모임이 유지되려면 특별히 적극적인 한 사람이 꼭 필요해요. 당신인가요?
저는 아니고요. 이 모임을 만든 사람은 김준한 배우예요. 김준한 배우가 항상 적극적이에요. 제가 얼마 전에 만났을 때 《릿터》에 나가서 우리 북클럽 얘기를 할 거라고 했더니 좋아하더라고요.

'부기부기 북이 좋아'는 어떤 방식으로 책 이야기를 나누나요?
저희끼리 주제를 정한 다음 책을 읽고 만나서 30분 정도는 책 얘기를 하고, 나머지는 수다를 떨어요. 각자 보는 관점이 다양해서 재미있어요. 그래도 직업이 다 배우이다 보니 연기자 관점으로 글을 읽게 되곤 해요.

북클럽에서는 어떤 책을 읽었어요?
김준한 배우가 어려운 책을 많이 추천해요. 저는 김영탁 작가의 『곰탕』을 추천했었고요, 피천득 선생님의 『인연』 같은 것도 있고요. 추천도 하고, 여러 후보가 나올 때에는 투표도 해요. 각자 읽은 책, 추천받은 책을 얘기하면서 골라요.

저도 소설 읽는 오디오클립을 진행하며 다른 두 사람과 책을 함께 읽고 있는데, 북클럽의 방식과 유사해요. 혼자 읽는 것과 함께 읽는 것의 차이를 느껴요.
책을 보는 시야가 서로 정말 다르더라고요. 저희가 대본 보는 것도 여러 사람이랑 같이 분석해서 읽으면 '내가 생각하지 못한 시점으로 보는구나.' 할 때가 많은데 책도 똑같아요. 하나의 책을 두고 여러 사람이 얘기를 나눴을 때 더 다양한 관점으로 책을 볼 수 있어요. 저는 단순해서 이야기를 먼저 따라가고 바로 받아들이는데, 다른 사람들은 그 뒤의 관점이나 작가의 의도를 더 많이 파고들더라고요.

책 읽는 방식이 배우와 다른 사람들이 조금 다르다고 느낀 적도 있나요?

있어요. 아무래도 배우들이니까 책을 대본 분석하듯이 읽는 경향이 있어요. 인물의 감정을 중심으로 봐요. 인물의 감정을 더 이해한다거나 하는 식이죠. 서로 좋은 부분이 있으면 밑줄 치면서 보고요. 저도 책보다 좋은 부분이 있으면 줄 그어 가면서 보거든요.

대본을 분석한다. 배우들이 자주 하는 말인데요, 구체적으로 어떤 건가요?

책을 읽을 때 전체적인 내용을 보고 그 안에서 작가가 의도한 내용을 파악하잖아요? 대본도 똑같아요. 작가가 생각하는 전체적 내용, 캐릭터의 변화, 그리고 표현에 대한 것들을 같이 분석하면서 읽어요. 궁금한 게 있어도 사실 작가님을 뵙기가 그렇게 쉽지는 않거든요. 그래서 먼저 분석하면서 궁금한 걸 모아 뒀다가 전체 리딩할 때나 미팅할 때 작가님들을 만나면 물어보죠. 이렇게 전개되고 이렇게 행동한 이유가 뭔지 여쭤 보기도 하고 그 전에 감독님께 여쭤보기도 하고요.

좋아하는 책의 면면이 다양해요. 백수린의 『친애하고, 친애하는』, 김영탁의 『곰탕』, 사라 크로산의 『원』, 『시와 산책』……. 좋아하는 책들의 공통점을 생각해 본 적 있어요?

되게 단순해요. 빨리 훅 읽을 수 있는 책.

> 훅 읽힌다는 건 문장이 좋아서? 아니면 흡인력이 있는 책을 말하나요?

둘 다인 것 같아요. 읽었을 때 막힘없이 읽게 되는 책을 좋아해요. 책도 그렇고 대본도 그렇고요. 단순해요. 읽었을 때 첫 문장이 끌리는 책을 좋아해요. 그런 책에 마음이 가요.
제가 언니와 엄마, 그리고 강아지 한 마리랑 함께 살아요. 언니한테 책 추천도 많이 받고 얘기도 해요. 『친애하고, 친애하는』은 언니가 추천한 책이었어요. 이 작가의 매력은 뭘까, 난 왜 이 책이 좋을까를 생각해봤어요. 언니는 '똑똑한 사람이고 이상적인 사람인데 동시에 현실적인 사람'이 쓴 소설 같아서 그게 매력적이라고 하는데, 저도 그런 것 같아요. 따뜻한데 현실적이고 또 매섭고…… 여러 세계관을 가진 분인 것 같아요. 읽었을 때 따뜻해지고요. 『다정한 매일매일』을 지금 읽고 있는데, 다 읽으면 백수린 작가의 『여름의 빌라』를 읽고 싶어요.

> 『여름의 빌라』도 참 좋은 책이죠. 언니와 같은 집에서 같은 책장을 공유하나요?

공유해요. 가끔 엄마도 읽으세요. 옛날엔 책을 많이 읽으셨는데 요즘은 눈이 침침해지셔서 오디오북이나 유튜브 책 콘텐츠를 많이 들으세요. 그리고 보면 책을 읽는 방식도 각자 다른 것 같아요. 저는 항상 가방에 책을 두고 짬 나는 시간에 조금씩 읽어요. 그렇게 읽다가 여유가 생기면 집중해서 처음부터 다시 읽어요. 그렇게 두 번 읽어요. 그게 저한테 잘 맞더라고요. 모든 책을 그렇게 읽는 건 아니지만, 어떤 책은 그렇게 두 번 정도 읽어야 이해할 수 있더라고요.

> 어린 시절부터 책을 좋아했나요?

어렸을 때는 책보다 만화책을 엄청 좋아했죠. 아직도 집에 만화책과 소설책이 비슷하게 있어요. 어렸을 땐 그림이 많은 책을 보다가 크면서 글이 많은 책으로 점점 옮겨 간 것 같아요. 저는 피천득 작가의 『인연』을 가끔 다시 봐요. 문체가 너무 예뻐요. 생각 없이 책을 읽고 싶을 때 찾아서 읽는 것 같아요.

항상 다음 작품을 기다리게 되는 작가가 있나요?

신경숙 작가를 좋아하는데『엄마를 부탁해』를 가장 좋아해요. 『어디선가 나를 찾는 전화벨이 울리고』도 너무 좋아해요. 그러고 보니 『엄마를 부탁해』와『친애하고, 친애하는』은 연관성이 있는 것 같아요. 제가 좋아하는 작가들의 문체가 미묘하게 비슷한 것 같기도 하네요. 주인공을 감정 중심으로 이해한다거나 하는 식으로 많이 봐요. 신간도 읽어 보려고요.

『곰탕』의 작가 김영탁은 영화감독이기도 하죠. 독자들이 영화화되길 바라는 작품이기도 하고, 아는 사람은 아는 스테디셀러예요. 어떻게 만난 책이에요?

처음엔 감독님이 쓴 책인지 몰랐어요. 서점에 갔다가 표지가 특이해서 펼쳐 봤는데 제가 너무 좋아하는 영화「헬로우 고스트」를 만드신 감독님이 쓰신 책이더라고요. 처음엔 호기심에 사서 읽었는데 너무 재미있어서 북클럽에 추천했죠. 다들 너무 좋아했어요. 어떤 독자분이 짧은 리뷰를 쓰신 걸 봤는데 곰탕을 먹을 때 호로록 먹는 것처럼 이 책도 호로록 읽힌다는 내용이었어요. 딱 그런 책이라고 생각했어요. 저도 누군가에게 이 책을 설명할 때 이렇게 말해 줘야지 했어요.

다른 사람이 남긴 책 리뷰도 살펴보나요?

궁금한 것만요. 내가 생각하지 못했던 부분을 다른 사람들은 어떻게 생각할까 궁금해질 때가 있거든요. 추천받은 책 있으면 검색해 보고 리뷰 보고 어떤 책이 저한테 맞을지 가늠해 보기도 해요.

드라마 「산후조리원」에서는 두 얼굴을 가진 캐릭터 '박윤지(쑥쑥이 엄마)'를 연기했는데, 이번엔 어떻게 분석했어요?

두 얼굴을 가진 캐릭터를 연기하는 게 배우에게는 조금 갇힌 느낌을 줄 수 있거든요. 숨겨 뒀다 뒤에 가서 터뜨리는 게 사실은 어려워요. 같이 연기했던 배우들도 제 캐릭터가 이런 사람인 줄 몰랐거든요. 대본이 나중에 나오면서 촬영장 가면 '윤지가 이런 사람이었어?' 하실 정도로요. 그냥 감정을 따라간 거 같아요. 더하려고 하지도 않고 빼려고 하지도 않았어요. 그냥 지금의 느낌, 심정을 표현하려고 했던 것 같아요.

경험하지 못한 일을 연기할 때에도 책에서 답을 찾곤 하나요?

캐릭터를 맡으면 관련 자료를 많이 봐요. 「산후조리원」 때에는 제 친한 친구들이 이미 아기 엄마라 친구들한테 조리원에서 있었던 경험들을 많이 들었고요, 임신했을 때 보는 육아 책도 많이 찾아봤어요. 아이를 가졌을 때 어떻게 행동해야 하고 어떤 음식을 먹어야 하는지, 그리고 출산 관련 용어를 알기 위해 책을 많이 읽었어요.

영화, 연극, 드라마를 막론하고 흥미로운 작품에 많이 출연했어요. 어떤 작품을 선택해요?

저는 작품을 고를 때 특별한 이야기라고 생각하지 않았어요. 저한테는 그냥 평범한 사람 이야기인데 그 안에 있을 법한 이런저런 얘기를 그려서 표현했다고 생각이 들어요. 제가 해 보지 못한 재미있는 이야기, 도전할 수 있는 이야기라면 언제든지 도전할 생각이에요.

연극과 뮤지컬 그리고 드라마 대본을 배우들은 '책'이라고 부르죠. 국어 수업에서는 다 다르다고 배웠지만 현장에서는 결국 '책'이라는 게 좋더군요.

맞아요. 표현에 조금씩 차이가 있는 것 같은데 결국 다 연결되어 있는 것 같아요. 찍는 장소만 다르지 표현하고 연기하는 건 다 똑같다고 생각해요. 공연은 바로 앞에서 관객을 마주보면서 그 반응을 몸 전체로 느낄 수 있고, 영화나 드라마는 시청자의 리뷰나 시청률로 볼 수 있고요. 공연은 몇 달 열심히 준비하고 공연할 때 에너지를 쏟으면 되는데, 영화나 드라마는 오랫동안 그 긴 호흡을 끝까지 가져가야 해서 힘들어요. 그래서 연기는 기다림의 미학이라고 해요.

요즘은 어떻게 보내고 있나요? 작품과 작품 사이 숨을 고르는 시기가 배우에게는 휴식기가 되잖아요?

요즘 쉬고 있으니까 최대한 알차게 보내려고 해요. 요즘엔 정해 두지 않고 여러 가지 책을 읽으려고 노력해요. 배우들은 생활이 규칙적이지 않다 보니 좋아하는 취미를 가지는 게 좋은 것 같아요.

가장 행복한 독서 시간을 말해 줄래요?

집 앞에 커피 전문점이 있어요. 창가에 한 사람씩 앉는 자리가 있는데, 거기가 제가 책 읽는 자리예요. 한동안 카페에 갈 수 없었잖아요? 다시 카페에 가서 책을 딱 펼쳤을 때의 기쁨은 말로 표현할 수 없어요. 소소한 행복이 정말 크구나, 진짜 작은 것 하나에 감사하면서 살아야겠다고 생각했어요. 가방에 늘 책 한 권은 있거든요. 이어폰, 커피만 있으면 저는 어디서든 책을 읽을 수 있어요.

영화감독
김초희

고독한
친구

사진 ⓒ woosanghee
2021년

김초희가 직접 쓰고 연출한 「찬실이는 복도 많지」에는 웃음도 슬픔도, 좌절도 희망도 있다. 단순한 책보다 복잡한 책을, 친절한 책보다 불친절한 책을 좋아하는 김초희는 책을 가리켜 생의 고독함을 잊게 해주는 친구라고 말한다.

어린 시절부터 영화감독을 꿈꿨나요?
누구나 다 그렇겠지만, 청소년기에 방황을 많이 했어요. 사춘기를 혹독하게 앓다가 소설가가 되어야겠다고 맘을 먹었어요. 독서광까지는 아니었지만 글은 읽고 쓸 줄 알고 그땐 저를 표현할 수 있는 수단이 글밖에 없었거든요. 그렇게 20대 초반에 짧은 습작 시기를 가졌어요. 6년 반 동안 비디오 가게에서 아르바이트를 했는데, 일하면서 쓴 글을 친구에게 보여 줬더니 글을 좀 쓰긴 쓰는데 어디서 본 글 같다는 거예요. 그 말이 그렇게 상처가 되더라고요. 나는 진심을 다해서 썼는데 어디서 본 것 같다고 하니까…….(웃음) 저를 연마할 생각은 안 하고 그냥 다른 사람을 원망한 거죠.

글을 쓰셨군요. 신춘문예에도 도전해 보셨나요?
신춘문예에도 투고했는데 떨어졌고, 무르익지 않은 꿈이다 보니 금방 포기했어요. 그 후에는 방황하면서 영화 보는 게 제 낙이었어요. 주구장창 영화만 봤어요. 계속 보다 보니 취향이라는 게 생기고 취향을 넘어서니 비디오 가게에 있는 영화로는 부족하더라고요. 《키노》 같은 영화 잡지에는 비디오로 출시되지 않는 영화들이 많이 나왔어요. 예술영화를 좋아했어요.

그래서 그 무렵엔 대학 내 영화 동아리나 영화 동호회에서 주최하는 상영회가 많았죠. 모두 불법이었지만요.(웃음) 그렇게

노력하지 않으면 영화를 볼 수 없었어요.
제가 거기에 미친 사람이었어요. 우리 학교엔 없었지만, 옆 대학 영화 동아리에서 하는 상영회를 보러 갔죠. 부산 시네마테크 1/24에서 상영하는 영화도 보고, 주변 연극영화과 친구들한테 해적판 비디오를 구해서 보기도 하고요. 그러다 보니 어느 순간 영화를 해야겠다는 생각이 들었어요. 한창 한국 영화의 르네상스 시대가 태동할 때였거든요.

영화를 꿈꾸던 사람 중에 그 꿈을 이룬 사람은 많지 않아요.
지금 생각해 보면 그 꿈도 겉멋이죠. 20대 때는 누구나 그런 과정을 겪는 것 같아요. 그 꿈을 얼마만큼 유지하고 어떻게 구체적으로 실현시키느냐가 관건인 것 같아요. 저는 이미 한 번 실패하고 영화로 갔기 때문에 이거 말고는 답이 없다고 생각했어요. 한편으로는 영화를 몰랐다는 게 쉽게 포기하지 않은 가장 큰 이유였던 것 같아요. 영화를 알았으면 금방 포기했을 거예요. 당시 저한테 영화는 저 멀리에 있는 미지의 세계였으니까요. 그게 얼마나 어려운지 알았으면 처음부터 안 했을 거예요. 무식해서 용감했죠…….(웃음)

영화를 향한 많은 길 중에 유학을 선택했어요. 포부가 있었나요?
꿈을 꾸기 시작했는데 영화를 볼 줄만 알지 할 줄은 모르잖아요? 그래서 학교에 가야겠다고 생각했어요. 바로 현장에 갔어도 상관없었을 텐데 왠지 학교에 가야 될 것 같았어요. 그때 저한텐 세 가지 길이 있었어요. 영상원을 가거나, 영화 아카데미에 가거나, 유학을 가거나. 그 세 가지 길 중 뭐가 나한테 맞을까 고민했죠. 당시 아카데미는 입학하는 데 포트폴리오가 필요했고, 영상원은 갑자기 영어 시험을 보더라고요. 영어 공부가 하기 싫었어요. 이렇게 글로벌한

시대가 올 줄 몰랐죠. 그래서 유학을 갔어요. 선택지에 유학 하나만
남는 순간 '내가 이러려고 불어과를 갔나?' 하는 착각이 들더라고요.

그렇게 파리 유학을 가게 되었군요.
프랑스가 미국보다는 학비가 훨씬 저렴했어요. 지방 사람이 서울을
가나 프랑스를 가나 큰 차이가 없었어요. 9·11 테러가 나던 날
프랑스에 도착했어요. 그렇게 유학 생활을 시작했어요.

이미 파란만장한 영화네요. 그 시작은 소설이었고요.
그 말을 하기도 부끄러운 게, 보통 문학소녀가 책을 많이 읽고,
많이 읽어서 글을 쓰다가 소설가의 꿈을 꾸잖아요? 전 확실히 그건
아니었거든요. 저를 표현하고 싶은데 딱히 기술이 없었던 거예요.

당시 파리에서 연출부를 구하던 홍상수 감독과 인연이 닿아
본격적으로 영화 일을 시작하게 된 일화가 많이 알려져
있습니다. 그 무렵엔 파리에서 어떻게 지내고 있었나요?
네, 맞아요. 석사 후 박사 준비 과정을 밟고 있었는데, 사실 박사가 될
마음이 하나도 없이 단지 체류를 하기 위해서 학교에 다녔던 거예요.
늘 때려치울 준비가 되어 있었던 거죠. 그런데 우연히 그럴 기회가
왔고, 더 이상 공부에 뜻도 없고 미련도 없었어요. 영화를 만들고
싶었기 때문에 현장 경험을 쌓을 수 있다는 게 너무 좋은 거예요. 미련
없이 보따리를 쌌어요.

영화계에서 홍상수 감독에게 접촉하려면 '김초희 PD에게
연락하라.'고 했죠. 그래서 제게도 일찌감치 당신의 연락처가
있어요. 어떤 일부터 시작했나요?
한국에 들어와서 제작부를 했는데 스태프면 다 괜찮다고 생각했어요.

일하면서 1년에 한 편씩 단편영화를 찍어야지 마음을 먹었는데 여러 일이 있다 보니 잘 안 되더라고요. 간간이 찍긴 하다가, 영화 잘 만드는 감독이 있으면 그 사람을 돕는 것도 영화를 사랑하는 방식 중 하나라고 생각하게 됐어요. 그러니 프로듀서로 살아도 상관없었어요. 일이 저한테 만족스러웠기 때문에 감독의 꿈도 사실 잊어버렸었어요. 실직하기 직전에는 프로듀서가 천직이려니 생각했어요. 그래서 실직이 더 마음 아팠죠. 인생이 원래 계획대로 안 흘러가는 거니까요.

그 실직이 직접 연출을 하게 된 중요한 계기가 되었어요. 말 그대로 위기가 기회가 된 거죠.

윤여정 선생님이 오스카상을 타면서 데뷔작인 「산나물 처녀」를 웨이브에서도 볼 수 있게 되었어요. "이별의 맛은 씀바귀다."라는 대사가 기억에 남아요.
그 망작을 보셨어요?(웃음) 그땐 워낙 제가 정신이 없고 힘든 상황이었어요. 「산나물 처녀」는 제가 연출을 해야겠다고 마음먹고 찍은 게 아니었어요.

어떻게 시작하게 되었나요?
일을 그만두고 나서 거기에 제가 사랑하는 모든 게 있다는 걸 깨달았어요. 제가 영화를 안 찍으면 사랑하는 스태프들과 배우들을 볼 일이 없더라고요. 그래서 만든 영화예요. 예전에 영화 제작했을 때 만났던 스태프들과 배우들을 다시 한번 보고 싶은 마음에 찍은 거예요. 그 사람들을 그냥 보낼 수 없는 애통한 마음이었죠. 정작 「찬실이는 복도 많지」를 찍을 때는 같이 해 온 스태프나 배우와 작업을 많이 못 했어요. 몇 명은 있었지만, 시간이 지나면서 소식도 뜸해지고…… 세월을 이기지 못하더라고요. 헤어지지 않고 끝까지 같이 가겠다는 제 마음처럼 되진 않더군요. 그래서 새로운 인연들과 함께 「찬실이는 복도 많지」를 만들게 되었어요.

같은 꿈을 꾸고, 같이 일해 온 사람들과의 사이에 정이 있죠. 당신은 특별히 더 애착이 있는 것 같고요.
그래서 PD라는 직업을 사랑했던 것 같아요. 일에 대한 만족도가 굉장히 컸어요. 영화는 협업이잖아요? 노동 후에 오는 그 끈끈함……. 사실 놀면 뭐가 재미있겠어요. 일하는 게 제일 재미있지.

하하. 화제가 된 윤여정 선생님의 말과 같네요. 왜 두 분이 함께 작업하는지 짐작이 됩니다. 넷플릭스를 통해 점점 더 많은 사람이 「찬실이는 복도 많지」를 만나고 있어요. 작은 영화가 커졌어요.
꺼지지 않는 불꽃이네요. 감사하지만 꺼졌으면 좋겠는데…….(웃음) 저는 다음을 준비하고 있으니까요.

배우도 시나리오를 보고 작품을 선택해요. 직접 쓴 「찬실이는 복도 많지」로 캐스팅을 했을 때에는 어땠나요? 첫 장편 시나리오인데 긴장되었나요?
너무 절박하니까 긴장이고 뭐고 그런 거 없더라고요. 그냥 눈이 멀었어요. 어떻게든 영화를 만들어야 한다는 절박함이 있었어요. 오랜 인연과 새로운 인연이 과도기처럼 섞여 있어요. 강말금 배우는 시나리오를 보고 선택해 줬죠. 일단 저를 모르고 시나리오를 선택했던 배우들은 시나리오가 좋아서 오는 거니까요. 윤여정 선생님의 힘도 컸을 거라고 생각해요. 선생님의 출연이 결정된 후에 시나리오를 돌렸거든요. 선생님과 같이 하면 재미있겠다 싶어서 선택한 사람들이 순수하게 제 시나리오가 좋아서 온 사람들보다 많지 않을까요?(웃음)

'보이지 않는 힘'이라는 것도 분명히 존재하는데 그걸 가장 크게 실어 준 사람이 윤여정 선생님이라고 생각해요.
인생이 그렇게 힘들 때, 아주 드물지만 귀인이 나타나잖아요? 사람이 꼬꾸라졌다가 다시 올라올 때는 누가 도와주지 않으면 못 올라와요. 그래서 우리는 혼자 못 살아요. 분명 누군가 도와주는 사람이 있어서 다시 일어날 수 있다고 생각해요. 저는 「찬실이는 복도 많지」를 찍으면서 그걸 느꼈어요. 크고 작은 보이지 않는 도움과 응원이 있었기 때문에 가능했어요.

> '복도 많지'라는 제목이 거기에서 왔을 수도 있겠군요.
> 「찬실이는 복도 많지」 이후 배우 강말금, 김영민도 활동이 더 활발해졌어요.

덤처럼 복이 온 거죠. 운이 많이 따라줬던 것 같아요.

> 실직한 영화인이라는 소재로 인해 「찬실이는 복도 많지」가 감독의 자전적인 이야기라고 생각하는 사람이 많아요. 실제와 허구를 어떻게 가져갔나요?

저는 영화나 문학이나 장르적인 특성을 제외하면 다 작가의 이야기에 기반하고 있다고 생각해요. 「찬실이는 복도 많지」가 제 상황 때문에 더 그렇게 보이겠지만, 창작은 무조건 자기 이야기를 기반으로 하고, 본 거, 들은 거, 겪은 게 다 섞여서 결국은 그걸 재배치하는 거지 완벽하게 새로운 건 있을 수 없다고 생각해요. 제 영화를 제 이야기라고 보는 분들이 많은데 영화 안에 제가 안 겪은 것도 너무 많아요. 김영이나 박 대표, 장국영은 완전히 창작이고, 제 옆에는 저를 응원하는 배우들이 있었지만 그게 한 사람이 아니에요. 아버지의 편지도, 저희 아빠가 편지를 보낸 건 맞지만 "추신. 이제 와서 말이지만 사실 지 감독 영화는 별로였다." 이런 말은 하신 적이 없어요. 그거보다 더 심하게 말했죠.(웃음) 모두 내 얘기로 볼 것 같다는 부담이 처음엔 있었어요. 그런데 많은 시간이 지나면서 좀 달라졌어요. 누구든 자유롭게 볼 권리가 있잖아요? 100퍼센트 제 얘기라고 생각하면서 봐도 상관없어요. 그런 재미도 있어야죠.

김초희의 영화에는 항상 유쾌함이 녹아 있죠. 평소에는 어떤 책을 좋아하나요?

저는 영화도 책도 저와는 정말 다른 걸 좋아해요. 왜 내가 나랑 이렇게 다른 작품을 좋아할까? 그런데 저도 아직 답을 찾진 못했어요. 영화 같은 경우는 예술영화 좋아해요. 친절하지 않은 영화와 문학이 좋아요. 저는 친절함이 싫어요. 친절하면 자유로움이나 감흥이 조금 덜 한 것 같아요. 독자나 관객으로서 내가 더 주체적인 감상이 가능해서 그런 거 같아요. 그런 책이 정말 재미있어서 읽느냐? 그건 또 아니에요. 재미없는 건 저도 알아요. 결국은 주체적 감상을 가능하게 만드는 작품이 마음에 오래 남더라고요.

불친절한 작품 중에서는 무엇을 아끼나요?

나한텐 불친절했는데, 사람들이 친절한 작품이라고 하면 어떻게 하죠?(웃음) 페르난두 페소아의 『불안의 서』를 좋아해요. 정말 불친절하지 않습니까? 제가 힘들지 않았으면 이 책을 부여잡지 않았을 텐데……. 불친절보다는 산발적인 문장과 파편화된 글이라고 할 수 있겠네요. 일기 같기도 하지만 사실 일기도 아니죠. 작가 사후에 편집해서 나온 책이기 때문에 그렇기도 하겠고요. 상당히 두꺼워서 한 번에 다 못 읽어요. 책을 여러 권 돌려 볼 때 들추기 좋은 책인 것 같아요. 왜 그런지 모르겠지만 제가 페소아 같은 사람을 진짜 좋아하거든요.

제가 있는 《얼루어 코리아》 촬영장에서 당신을 처음 만났죠.

스튜디오에서 박상영 작가를 만나고 크게 기뻐하던 모습이 눈에 선하네요.

맞아요. 엄청 신났었어요. 진짜 팬입니다! 박상영 작가님은 사람도 책도 불친절하지 않아요. 박상영 작가의 책은 저랑 비슷해서 좋아해요. 이 사람과 내가 표현히고자 하는 것이 비슷한 거 같다고 느꼈어요.

박상영 작가의 작품을 주변에 서로 추천했다고요. 처음에는 누가 추천했나요?

미국에 있는 친구인 에세이스트 이소희 씨가, 저랑 비슷한 점이 있는 작가가 있다, 재미있어할 거라면서 『대도시의 사랑법』을 추천해 줬어요. 그래서 읽어 봤는데 그 작품도 약간 웃기고 슬프잖아요. 요즘 말로 '웃프'잖아요? 그래서 추천했구나 싶었어요. 글이 너무 단숨에 읽히더라고요. 너무 재미있어서 다른 책들도 역으로 찾아보기 시작했어요. 그래도 가장 좋아하는 건 『대도시의 사랑법』이에요. 저는 다시 배우 정유미 씨와 윤여정 선생님께 추천했죠.

지금은 서로 연락하는 사이가 됐나요?

반말도 하고 누나라고 부르고 우리 집에 와서 밥도 먹고 밤에 가끔 통화도 하는 사이가 되었죠. 글 쓰는 게 얼마나 힘든지 같이 토로하고…… 가깝게 지내고 있어요. 지금은 둘 다 글을 쓰니까 마음만큼 자주 못 만나요.

누군가에게 책을 추천해 준다는 건 그 사람에 대한 굉장한 이해가 필요한 일이에요. 그 사람의 취향까지 아는 거니까요.

그런데 제 주변에는 책 추천해 주는 사람이 많이 없어요. 제 주변 사람들이 책을 잘 안 읽어요.(웃음)

모든 감독이 직접 시나리오를 쓰는 건 아니에요. 영화로 옮기고 싶은 책도 있나요?

제가 제일 많이 읽은 책은 나쓰메 소세키의 『마음』이에요. 이건 불친절하지 않네요. 심리묘사로 가득한 소설이죠. 주인공이 '나'고, 배경은 가마쿠라 근처 어떤 해변인데 거기서 고레에다 히로카즈 감독이 「바닷마을 다이어리」를 찍었어요. 『마음』에서 주인공이 노년의 선생님을 처음 만나는 장면이 너무 영화적이에요. 또 K라는 인물에 대한 선생님의 질투랄까, 불안이랄까…… K가 죽었을 때 남은 방의 묘사 등이 이미지적으로 강렬하게 상상되는 게 있어요. 아무래도 못 만들겠지만요.

지금까지 작품의 시나리오를 모두 직접 썼어요. 앞서 말했듯 연출만 하는 감독도, 기존 작품을 각색하는 감독도 있고요. 직접 쓰는 마음 속엔 무엇이 있나요?

제가 영화 산업 속에서 어떻게 살아남느냐의 문제가 있지만, 그 문제만 아니라면 제 얘기를 하는 게 저한테는 기쁨이죠. 확실히 글쓰기에는 치유의 힘이 있어요. 스스로를 들여다볼 수 있으니까요. 결국 영화로 만들어지지 않는다고 해도 그 시간은 의미 있는 시간이에요. 그래서 시나리오 작업을 계속하고 싶어요. 하지만 영화라는 게 결국은 산업으로 움직이는 매체이다 보니 그것만 고집할 수는 없고, 균형을 찾아야죠. 아직은 제가 글을 쓰는 것에 더 매력을 느끼고 있으니 일단 가 보는 거예요. 어떻게 될지는 모르죠.

영화를 위한 글이 아닌 독자를 바로 만나는 글을 써 보고 싶진 않나요?

먼 미래를 내다보지 않고 지금 하는 거에 집중하려고요. 에세이를 쓰는 것과 이야기를 만드는 것 중 이야기를 만드는 것이 더 재미있거든요.

> 지금 쓰고 있는 이야기는 어디쯤 왔나요?

쓰긴 했지만 고쳐야 하는 단계고요. 갈 길이 멀어요. 상업 영화는 시나리오를 한 번 쓰기 시작하면 굉장히 오랫동안 쓰더라고요.

> 「찬실이는 복도 많지」도 시나리오 버전이 다섯 가지나 있었다면서요.

그게 저만 좋아서 되는 게 아니라 다수의 의견에 맞추려고 하다 보니까 그렇게 돼요. 이 방향으로도 가 보고 저 방향으로도 가 봐야 어느 방향이 가장 나은지 알 수 있으니, 어쩔 수 없이 계속 가 봐요. 그게 소설과 영화의 가장 다른 점인 것 같아요. 소설은 출판사가 작가를 크게 터치하지 않는 거 같더라고요. 그런데 영화는 그렇지 않거든요.

> 글을 쓸 때나 책을 읽을 때 습관이 있나요?

글을 쓸 때는 사람을 못 만나요. 그게 제일 괴로워요. 멀티태스킹이 되는 사람들이 있는데 저는 글을 쓸 때 사람을 만나면 짧게는 반나절 길게는 3일 동안 글을 못 써요. 그렇다고 하루 종일 글을 쓰는 것도 아니거든요. 그래서 글을 쓰면 생활이 규칙적이고 단조로워요. 일어나서 쓰고, 먹고, 산책하고 이게 다예요. 계속 혼자예요. 계속 너무 혼자여서 울었던 적도 있어요. 그런데 그게 전혀 싫지도 않아요. 저는 하고 싶은 걸 두고 우회를 하다가 여기까지 온 사람이니까 그거보다 이게 좋다는 걸 이제는 알아요. PD 일이 만족스럽고 보람됐지만, 그것보단 지금이 더 좋다는 걸 알아요. 그러니까 다시 돌아가고 싶지 않은 거죠.

그래서 독서를 길게 하지 못해요. 옛날에는 그냥 일어나면 독서를 했어요. 자기 전에도 보고요. 독서를 하는 루틴이 있었는데 이 원수 같은 스마트폰이 생기면서부터 책을 예전만큼 집중해서 못 읽게 되고,

시간을 내서 읽어야 하는 걸로 바뀌었어요. 요즘엔 글을 쓰다가 책을 봐요. 책은 20대에 가장 많이 읽은 것 같아요.

그때는 어떤 책을 읽었나요?
온 세상 유행하는 책은 다 봤어요. 하루키 책은 당연하고 무라카미 류, 마루야마 겐지…… 그때는 일본 소설이 인기가 많을 때여서요. 한국 소설은 은희경, 신경숙, 김형경……. 다자이 오사무의 『인간 실격』을 대학생 때 정말 좋아했어요. 나 같더라고요. 제가 살 이유 없는 쓰레기 같이 느껴져서.(웃음) 젊었을 때 읽어야 더 재미있는 소설이 있는 것 같아요. 그땐 '내가 사람 구실 하고 살 수 있을까?' 싶고, 혼란스러워서 많이 울 때라 마이너한 책에 더 끌렸어요.

요즘에도 읽는 책은 직접 고르나요?
네, '추천 도서'를 잘 안 보고 그때그때 끌리는 걸 읽어요. 반복해서 보게 되고 마음이 심란하면 필사도 해요. 마음이 혼탁해질 때마다 필사하는 시가 있어요.

어떤 시를 필사해요? 필사하면서 마음을 가라앉히는 건가요?
김수영의 「봄밤」이라는 시요. "애타도록 마음에 서둘지 말라"* 이러면서 시작하는. 결국 자기만의 템포대로 살아야 하는 것 같아요. 자기가 있고 자기의 속도대로 살아야 하는데 그걸 조금만 게을리하면 세상의 속도대로 살게 되는 거 같아요. 삶의 방향성이나 속도를 조절하게 해 주는 시가 그 시예요. 그래서 제가 그 시를 마음이 혼탁할 때마다 필사해요. 그냥 아무 종이에나 해요.

어떤 이들은 「찬실이는 복도 많지」가 꿈을 이루는 이야기라고도 하고, 또 다른 이들은 꿈을 포기하는 이야기라고도 해요.

* 김수영, 「봄밤」, 『김수영 전집 1』 (민음사, 2018).

> 어떻게 생각하나요?

이렇게 봐도 상관없고 저렇게 봐도 상관없어요. '전부'라는 말 속에는 불확실함, 온전하지 못함이 함께 들어 있어요. 전부의 뜻이 그런 거잖아요. 꿈도 그래요. 꿈을 꾸는 건 좋은데, 사실 불확실하고 온전치 못한 게 꿈이에요. 꿈이 가진 그 온전치 못함을 드러내고 싶었어요. 그 전부 안에 모자람과 불확실함, 알 수 없음, 불안이 다 들어 있는 거잖아요. 그걸 표현하고 싶었나 봐요.

> "목이 말라서 꾸는 꿈은 행복이 아니다."라는 찬실의 대사에 그 마음이 들어 있네요.

20대 때 한창 방황할 때 한 생각이에요. 영화를 만들면서 그 대사가 지금의 찬실이 입에 붙으면 더 설득력을 가질 수 있을 것 같아서 썼어요.

> 40대에 데뷔작을 만들기까지 오래 꿈을 꾸었고, 꿈이 때때로 모습을 바꾸기도 했어요. 우리가 꿈을 이어 가려면 어떻게 해야 할까요?

제가 그래서 페르난두 페소아를 좋아하는 것 같아요. 그 사람은 그걸 끌어안고 사는 사람이거든요. 제가 그의 작품을 절박하고 힘들 때 보지 않았다면 그렇게 좋아했을까 싶어요. 작가가 자신을 묘사할 때 자칫하면 관념에 빠지기 쉬운데, 페소아의 책도 얼핏 보면 관념적인 것 같지만 사실은 그렇지 않아요. 얼마나 치열하게 자신을 들여다보고 불안에 대해 고민했을까요. 욕망이 있으니까 불안해요. 불안은 욕망의 그림자 같은 거예요. 그런 책이 있다는 게 큰 위로가 돼요.
20대 때 보는 책과 나이가 들어서 보는 책은 굉장히 다른 것 같아요. 나이가 드니까 사람들이 위로 받으려고 책을 보나 하는 생각이 들어요. 작가가 글로 직접적인 위로를 해 준다는 게 아니라, 이 작가가 글을 쓸 때 얼마나 외롭고 힘들었는지 그 처절한 흔적들이 책 속에 있어요.

그래서 불친절한 책이 좋아요. 이 사람이 얼마나 고독하게, 치열하게 이걸 썼는지가 보이면 '나보다 더한 사람이 있네? 감사하다.' 이런 생각이 들어요. 그런데 그게 어렸을 때는 도무지 보이지가 않았어요.

"영화가 뭔지도 모르면서"라는 대사를 바꿔 볼게요. 당신에게 책과 영화는 무엇인가요?

책도 친구고 영화도 친구죠. 삶에 관해 이야기를 나눌 수 있는 사람이 친구라고 생각해요. 나이가 드니까 내가 무슨 생각을 하고 있고, 내가 어떤 방향성을 가지고 사는지 얘기할 수 없는 사람이 과연 친구인가 싶더라고요. 삶을 나눌 수 있는 게 벗이라고 생각할 때 그런 사람을 만나는 게 쉽지 않아요. 그런 친구가 제 주변에도 많지 않아요. 그런데 이 논리 안에서는 책도 그렇고 영화도 그렇고 친구가 될 수 있어요. 우연히 읽은 책이나 영화에서 마치 친구와 나눈 것 같은 동질감을 느끼잖아요. 그러면 쓸데 없는 남자 만나서 고생하는 것보다 백배 낫죠.(웃음) 결국 사람을 통해 얻고 느끼면 제일 좋겠지만 저는 그게 쉽지 않더라고요. 내가 원하는 만큼 얻어지지 않아요.

수많은 책이 친구가 되어 우리 곁에 있네요.

외로운 건 그냥 견딜 수 있는데 고독. 고독은 아무리 즐기려고 해도 즐길 수 없더라고요. 그걸 누군가를 통해 달랠 수 있으면 제일 좋겠죠. 그런데 그런 사람을 인생에서 한 번 만나기도 힘들어요. 그럴 때 좋은 책과 영화가 비슷한 모습으로 올 때가 있어요. 그래서 친구도 책도 영화도 결국은 자기가 찾아봐야 하는 거 같아요. 결국 저한테 맞는 건 따로 있더라고요.

배우
서지혜

시적인
마음

사진 ⓒ 고원태
2021년

이제 조금씩 이름을 알리기 시작한 신인 배우 서지혜는 시를 좋아한다.
그가 시집을 읽을 때면, 아무 설명도 필요치 않은 마음이 된다.

시집을 가장 좋아한다고 해서 기뻤어요. 지금까지 인터뷰로
서른 분을 만났지만, 시를 가장 좋아한다는 사람은 없었거든요.
진짜요? 시 좋아하는 분 많을 것 같은데. 저는 집중력이 좋은 스타일이
아닌가 봐요. 이어지는 이야기는 앉은자리에서 쭉 보지 않으면 나중엔
안 보게 되더라고요. 시나 에세이는 기분에 따라 원하는 대로 읽을 수
있고, 뒀다가 다시 꺼내서 보면 또 다른 느낌이라서 좋아하게 되었어요.

시 다음으로는 뭘 좋아하나요?
에세이를 좋아해요. 사실 에세이도 시를 읽다가 좋아하게 되었어요.
좋아하는 시인이 생기면 그분이 쓴 작품을 찾아보는데, 에세이를 내신
경우가 많더라고요. 그렇게 에세이를 찾아보다가 좋아하게 된 거예요.
제가 좋아하는 에세이들이 거의 시인분들이 쓰신 거더라고요. 감성이
풍부해서 그런지 글이 참 좋아요.

우리는 학교에서 처음 시를 접하게 되죠. 학창 시절에도 시를
좋아했나요?
언어 영역에서 비문학을 정말 못했어요. 그래서 비문학에서 시간을 다
쓰곤 했죠. 비문학에 지쳤다가 문학으로 가면 재밌다고 느껴졌어요.
시험에서도 시가 나오면 좋아했던 것 같아요. 소설이나 긴 지문은
읽다가 딴생각을 하게 되는데, 시는 함축적이어서 그런지, 아니면 읽는
사람의 몫이 커서 그런지, 여러모로 좋았나 봐요.

시는 읽는 사람의 몫이 크죠. 본격적으로 시를 읽기 전에도, 이

　　　　　시는 정말 아름답다고 우연처럼 와닿은 시가 있었나요?
기형도 「질투는 나의 힘」과 황동규 「즐거운 편지」도 생각나요.
문제집에서 본 시인데도 읽으면서 막 좋았어요. 아무래도 고전
시이거나, 독립을 주제로 한 시가 많다 보니 오히려 좋았어요.

　　　　　내 얘기 같아서 그럴 수도 있을 것 같아요. 소설에 관해서
　　　　　이야기를 나눠 보면 감정이입이 되었다는 말을 하게 되는데,
　　　　　시도 다를 것은 없으니까요.
시도 똑같은 것 같아요. 오히려 저는 소설보다 시에 이입을 많이 해요.

　　　　　어떨 때 이입해요?
저는 제 감정에 대해서 가까운 사람들한테도 말을 많이 하는 편이
아니에요. 사실 슬프다, 힘들다, 기쁘다는 말 안에도 여러 가지 감정이
있는데 말로는 표현이 잘 안 되어서 그런 것 같아요. 구체적으로
설명하는 능력이 없는 것 같아요. 힘들 때에도 힘들다는 말로 설명하기
힘든 감정들이 있고요.

　　　　　내 마음에도 여러 갈래가 있으니까요.
그래서 자기를 위로해 줄 수 있는 것은 자기뿐이라고 하는 것도
같아요. 아무리 감정을 설명하고 이해하려고 해도 다른 사람들이 무슨
생각을 하고 어떤 감정을 느끼는지 정확히 알 수 없다고 생각해요.
그런데 시는 그런 이해할 수 없는 것들에 대해서 말해 주는 것 같아요.
추상적인 게 구체적으로 형상화된 느낌이 들어요.

　　　　　대신 나의 마음을 읽어 주는 것 같나요?
맞아요. 시는 소설처럼 구체적으로 언제 어디서 어떻게 무엇을 했다고
알려 주진 않잖아요. 그래서 오히려 이해가 안 된다는 사람들도 많고

저게 대체 무슨 뜻이냐고 할 때도 있지만 '딱 내 마음에 맞는 말이야.' 하는 문장을 찾을 때 희열이 느껴져요.

때로는 전부를 이해할 수 없을 것 같은 시도 만나겠죠. 그럴 땐 어떻게 해요?

그냥 지나가요. 그래서 시집을 사면 일단 쭉 읽히는 대로 읽어요. 그리고 한두 문장 읽고 마음에 와닿지 않으면 그냥 넘길 때가 많고요. 신기하게 처음에 봤을 때 와닿던 시들을 읽다가 덮어 놓고 나중에 생각이 나서 다시 꺼내면 다른 시가 이해될 때가 있어요. 시는 그런 매력이 있어요. 저도 이해 못 하는 시들이 너무 많지만, 나이가 좀 더 들면 더 이해할 거라고 생각해요. 그 시들을 얼마나 자주 보는가, 언제 보는가에 따라 다른 것 같아요.

어떤 시인을 각별히 좋아해요? 가장 좋아하는 세 명만 꼽는다면요?

이제니, 김소연, 심보선 시인. 더 최근에 나온 시들도 좋아하고 소장하고 있는 게 많은데 아무래도 이 세 분은 팬이 된 지 오래되다 보니, 시집을 더 많이 소장하고 있고 진짜 많이 보거든요.

동시대를 사는 시인이면서 섬세하고 서정적인 시 세계를 가진 시인을 좋아하는군요. 이제니 시인은 음운에서 나오는 정서가 있잖아요. 운율이 굉장히 아름답기도 하고요.

이제니 시인을 제일 좋아해서 시집을 다 모았거든요. 한번은 이제니 시인이 저희 학교에서 낭독회를 한 적이 있어요. 학교를 안 간 지 진짜 오래됐는데, 이제니 시인 계정을 비공개로 팔로우하다가 학교에 오신다는 말씀을 듣고 시집을 다 들고 갔어요.

'성덕'이 되었군요.(웃음)
시집마다 다 사인을 받았어요. 평생 소장할 거예요.(웃음)

시를 읽는 것이 아직 낯설 무렵, 시를 읽는 즐거움을 알려 준 시집은 무엇이었어요?
그게 이제니 시인이었어요. 『왜냐하면 우리는 우리를 모르고』를 제일 좋아하는데, 맨 처음 이제니 시인을 접했던 시집이에요. 그다음에는 『아마도 아프리카』를 좋아해요. 제가 주변에 전도를 많이 했어요. 선물도 많이 하고요. 배우를 준비하는 친구들이나 함께 활동하는 친구 중에 책을 추천해 달라고 하는 친구들에게 그 시집을 많이 선물했어요. 감성이 맞으면 정말 좋아하더라고요.

하지만 한 장도 안 펴 본 사람도 있을 거라고 생각해 본 적은 없나요?(웃음)
그럴 수 있을 것 같아요. 시는 호불호가 많이 갈리는 장르라서 제가 아무리 읽어 줘도 안 듣는 친구들도 많아요. 꾸준히 영업하고 있어요. "시가 좋아지는 날이 올 거야!" 하면서.

시집은 어떻게 고르나요?
서점 가는 걸 좋아해요. 가면 이것저것 읽어 보게 되거든요. 그날 집에 돌아가서도 생각나는, 마음에 확 박히는 시가 있으면 다시 서점에 가서 다 사 버리기도 했어요.

직접 낭독회를 열어 보아도 좋겠어요. 최근에 오디오북을 녹음했죠? 어떤 시를 읽었어요?
소속사 분들과 함께한 프로젝트로 시 낭독을 해 봤거든요. 아침달 시집 중의 하나인 민구 시인의 『당신이 오려면 여름이 필요해』를 읽었어요. 쉽지 않았지만 재미있었어요. 평소에는 시를 소리 내어 읽지는 않으니까요.

때때로 외국 시도 읽나요?
아까 촬영 때 주셨던 『초콜릿 이상의 형이상학은 없어』도 제가 가지고 있는 책이에요. 페르난두 페소아의 『불안의 서』가 좋았거든요. 가끔은 좀 깊은 감정에 닿고 싶어요. 최근에 인터뷰 때도 기형도 시인의 시집을 추천했어요. 『불안의 서』를 읽고 찾아보다 시 하나에 꽂혀서 사게 됐는데 와닿는 시가 많지 않아서 어렵더라고요. 역시 아직 외국 시는 좀 어려운 것 같아요.(웃음)

페소아는 흥미로운 이야기가 많은 작가예요. 책을 읽으면 그 작가의 삶에도 관심을 두고 찾아보는 쪽인가요?
제 감정을 이해하기 위해서 시를 접하게 됐고 그게 좋아서 읽는 것이라, 문장이나 단어에 초점을 맞춰요. 작가들의 삶을 알아보는 것도 좋지만 내가 위로받고 나를 위해 시를 느끼는 걸 더 중점적으로 생각해요.

그렇게 소장 중인 작가는 또 누가 있나요?
김소연 시인이나 심보선 시인은 에세이도 많이 쓰시니까 최근에 나온 작품도 다 소장하고 있고 박연준 시인님 책도 많이 사요. 『모월모일』이나 『인생은 이상하게 흐른다』 이런 작품이요. 『소란』도 그렇고요. 신기하게 에세이는 특히 하나가 마음에 들면 그분의 다른 에세이도 똑같이 좋은 것 같아요. 최근에는 오은 시인님의 『다독임』도 좋았고요.

정말 시인이 쓴 에세이를 좋아하네요. 시인의 결이 일상에서도 느껴지는 작품들이죠.

그러려고 그런 건 아닌데 하다 보니까 그런 공통점이 있더라고요. 오히려 에세이만 쓰는 작가님들 책은 많이 안 읽어 봤어요. 김소연 작가님 작품 중 『수학자의 아침』이라는 시집을 보고 『마음사전』을 봤어요.

아직 누군가에게 서지혜를 소개할 때는 「하트 시그널」이란 말이 필요한 것 같더군요. 그만큼 중요한 사건이겠죠, 「하트 시그널」은.

배우가 꿈인지는 오래되었어요. 「하트 시그널」을 통해서 제가 하고 싶은 일을 하게 된 것이 사실이에요. 하지만 배우로서는 숙제처럼 생각되는 것 같아요. 연기에 대한 사랑과 진정성을 보여 주기 위해서는 내가 더 노력해서 내 진심을 전해야 한다는 생각을 많이 했어요.

유명인 서지혜에서 배우 서지혜로 가는 과정 중에 있는 셈이에요. 요즘은 어떤 생각을 해요?

저는 배우가 꿈이어서 공부를 시작했거든요. 부모님이 너무 반대하셨는데, 제가 공부를 해서 뭔가 보여 주면 그다음을 인정해 주겠다고 하셨어요. 그때까지는 서울만 가면 뭐든 이루어질 거라고 생각하고 공부를 열심히 해서 상경에 성공했지만 일과 연결되지는 않았어요. 그래서 휴학하고 아르바이트를 많이 했어요. 연기 학원에 다녀야 하나? 학원에 다니려면 돈이 필요한데? 하는 마음이었어요. 그러다 《대학 내일》 표지모델을 하고, 또 「하트 시그널」에 출연했어요.

보이지 않았지만 스스로는 적극적이었던 거네요?

네, 엄청 적극적으로 했죠. 《대학 내일》 표지모델도 제가 지원했거든요. 촬영 아르바이트를 하다가 아버지가 직장을 그만두게 되시면서 오빠랑 제가 좀 더 미래를 현실적으로 보게 되는 시점이 왔어요. 그때 「하트 시그널」 제의가 들어왔어요. 처음에는 이렇게 잘될 줄 몰랐고 인지도가 이렇게 올라갈 줄 몰랐어요. 섭외도 학과 사무실로 왔거든요. 다양한 직업의 사람들이 모이는 프로그램이 있는데 대학생이 있으면 재밌을 것 같다고요. 사람들이 그 프로그램으로 저를 알아보니까. 부모님이 '하고 싶은 걸 해 봐라. 너에게 기회가 온 것 같으니까.' 하시더라고요. 그렇게 부모님은 포기하신 거죠.

결국 인생의 방향이 바뀌었군요. 그렇게 처음 받아 본 대본집이 뭐였어요? 그때의 감정은 어땠나요?

「하트 시그널」로 인지도가 쌓이면서 웹드라마로 데뷔하게 됐어요. 복이 많은 거죠. 연기를 배워 본 적도 없는 제게 좋은 기회가 와서 놀랐고 촬영하면서 많이 배웠어요. '와, 정말 행복하다. 내가 하고 싶었던 일이 맞나 보다.' 싶었어요. 이래서 사람들이 힘들어도 좋아하는 걸 하나 보다 싶었어요. 지금 회사와도 작년 10월에 만났어요. 이제부터가 진짜 시작이라고 생각하고 있어요.

지금은 드라마 「크라임 퍼즐」 촬영 중이고 영화 「더 와일드」에서는 주연을 맡았죠. 신인 배우로는 시작이 좋아요.

네, 너무 운이 좋게. 믿을 수가 없죠, 지금도.(웃음) 사실 이런 이야기를 하면 선배들한테 많이 혼나는데, 저는 어딜 가서 배우라고 말을 안 했어요. 저는 지망생이고 연기를 준비하고 있다고 말했죠. 스스로 너무 부족하다고 생각하고, 아무래도 「하트 시그널」이라는 프로그램으로 각인되어 있으니, 이 꼬리표를 떼고 배우라는 수식어가 당당해지는 날에 '배우'라고 이야기를 하고 싶었어요. 하지만 선배들한테 이렇게 말했더니 혼났어요.

선배들은 뭐라고 말해 주나요?

너는 오디션을 봐서 붙은 배우다. 같이하는 동료들한테 분명히 배우인데 작아지면 안 된다고요. 그런데 아직은 제 마음이 좀 그런가 봐요.

작품 속에서 인물을 연기하는 경험은 어때요?

저도 아직 제게 어떤 모습과 표정이 있는지 잘 모르는데 신기하게도 이번 영화와 드라마에서 모두 강한 역할을 맡았어요. 둘 다 생각지도 못한 작품이고 역할이에요.

책을 좋아하는 사람들이 좋아할 만한 작품인가요?

딥한 것을 좋아하시는 분들은 좋아하실 것 같아요. 「더 와일드」에서 제가 맡은 인물은 현실에서 버려지고 타락한 사람이에요. 하지만 사랑에 대한 끈을 놓지 않고 구원받고 싶어 해요. 그럼에도 현실은 그 친구를 끝의 끝의 끝까지 떨어트리는 것 같아요. 촬영하고 대본 읽으면서 정말 힘들었어요. 메소드 연기는 아니지만 그 인물을 이해하려고 계속 생각하다 보니까 저도 모르게 다운이 많이 되더라고요. 그 인물로 살아가면서 힘들었던 것 같아요. 드라마는 프로파일러가 중심이 되는데, 제 역할은 막내 형사 역할이에요. 여기까지만 말씀드릴 수 있어요.

이제 서지혜가 아닌 다른 사람의 삶을 신나게 살고 있네요. 꿈꾸던 모습 아닌가요?

정말 신기해요. 평소에 생각하지 못했던 인물들이죠. 절대 될 수 없는 인물들이니까 더 재미있는 것 같아요. 내가 100퍼센트 이 사람이 될 순 없지만 새로운 사람을 만드는 느낌? 당연히 현실에 존재하지는 못하겠죠. 제가 새로운 사람을 창조해 내는 느낌인데 그게 정말 재미있어요.

여러 가지 일들이 벌어지는 틈틈이 시집도 읽고요?
틈틈이 읽고 있죠. 최근에 기형도 시집을 다시 읽고 있어요. 특히 새벽에 찾게 되더라고요. 자다 일어나 책을 꺼내 본 적 없으신가요? 요즘 새벽 2~3시까지 잠을 안 자는데 그 시간이 정말 좋아요.

오늘의 마음을 좋아하는 시로 표현해 보면 어때요?
지금 떠오르는 건 심보선 시인님의 『슬픔이 없는 십오 초』에 실린 「먼지 혹은 폐허」라는 시예요. "차라리 심연의 주름과 울림과 빛깔을 닮은 가면의 가능성을 꿈꾸시게."*

* 심보선, 『슬픔이 없는 십오 초』(문학과지성사, 2008).

뮤지션, 배우, 작가
전효성

보다 그리고
읽다

사진 ⓒ 김상곤
2021년

책은 어려운 것이라고 생각한 전효성은 김영하의 책을 읽으며 보고 읽는 법을 다시 배웠다. 책을 읽는 방법을 알고 난 이후에는 더 행복해졌다. 그의 세상이 그만큼 넓어졌기에.

「전효성의 꿈꾸는 라디오」를 종종 들어요. 코로나19로 혼자 할 수 있는 독서나 라디오 청취가 더 의미 있어졌죠.

코로나19 이후 라디오를 듣는 층이 다시 많아지고 있다고 하더라고요. 집에서 텔레비전만 보는 것도 지치니까 안구 피로도가 적은 라디오를 듣는다고요. 어릴 땐 언니가 라디오를 들어서 자연스럽게 따라 듣게 됐어요. 제가 좋아하는 아이돌이 DJ가 되어서 듣기도 했고요. 오히려 막상 활동하면서는 라디오의 매력을 몰랐어요. 그런데 DJ가 되고 매일 업으로 삼다 보니 라디오의 매력을 알게 됐어요.

DJ로는 어떤 매력을 느꼈어요?

신선했던 건 비주얼적 차단이 있다는 점이에요. 요즘엔 지나치게 정보가 많잖아요. 무엇이든 사진이나 영상 싸움이고요. 그런 데에 늘 시각적인 피로도가 있었어요. 라디오 청취자들은 목소리와 내용에 집중해 주시니까 오히려 더 친밀하게 소통하는 느낌이 들어요. 속 얘기를 다 털어놓으시기도 하고요. 매일 들어 주시는 분들은 사소한 변화도 다 알아차리세요. 이런 애정 어린 관계도 큰 매력인 것 같아요.

라디오 프로그램은 늘 정해진 시간이 있어요. 규칙적인 일을 하는 건 어때요? 연예인으로서는 드문 일이니까요.

직원 느낌이죠. 출입증을 주시니까요.(웃음) 원래 그런 삶을 좋아했어요. 스케줄이 없는 날에도 혼자 연습이나 케어 일정을 정리할 정도로 미리 계획 세우는 걸 좋아해서 그런 부분에서는 잘 맞아요.

그런데 프리랜서는 방치된 느낌이 들 정도로 쉬는 기간이 길 때가 있어요. 반면 라디오는 길어야 사흘 정도 쉬니까, 가끔은 쳇바퀴 안에서 살아간다는 느낌이 들 때도 있어요. 적응해 가는 중이에요. 1년이 넘었는데도 여전히 적응 중이네요.

> 2014년 이후론 시크릿의 무대가 없었죠. '시크릿'의 전효성이 아닌 '전효성'으로 활동하는 것은 어떤가요? 익숙한 일인가요?

이미 제가 말하지 않아도 '전효성' 하면 '시크릿'이 자연스럽게 따라오는 수식어잖아요. 그럼에도 어린 분들은 제가 시크릿 출신인지 모르는 경우가 있는데, 여전히 그 수식어를 쓰면 '시크릿'이란 이름을 이용한다는 느낌이 들 때도 있어요. 20대 때 열심히 활동을 했지만, 지금은 '전효성'으로 활동하는 모습이 더 많아졌어요. '전효성'으로서도 많은 걸 쌓아 가야 한다고 생각해서 굳이 사용하지는 않는 것 같아요. 저도 가끔 시크릿의 노래를 들을 때 옛날 생각이 나요. 와, 그때 정말 열심히 했다…….(웃음)

> 열심히 산 것은 어디 가지 않는 것 같아요. 특히 요즘은 유튜브에 다 기록처럼 남잖아요.

맞아요. 보면 옛날 생각나면서 스스로 칭찬해 주고 싶기도 해요. 열심히 살면서 그 시절을 잘 지내 왔고 그립긴 하지만 다시 돌아갈 수 없는 걸 아니까 더 소중하기도 해요.

> 작년에는 에세이 『나도 내가 처음이라』를 냈고요. 책을 내는 게 꿈이었나요?

원래 책과 가깝지 않았어요. 우연히 공백기를 가지게 되면서 불안하지만 그 시기를 견뎌 내야 하니까 마냥 버티기만 했죠. 그러다 친구랑 여행을 가게 되었는데 그때 비행기 안에서 전자책으로 김상현 작가님의 책 『그러니 바람아 불기만 하지 말고 이루어져라』를 읽고 정말 위로를 받았어요. 힘들 때 책으로도 위로받을 수 있다는 걸 느꼈고 나도 책으로 다른 사람에게 위로를 줄 수 있었으면 좋겠다는 마음이 생겼어요.

그 책의 무엇이 마음을 두드렸어요?

위로와 응원의 말이 좋았어요. 책을 생각하면 어렵기도 하잖아요. 처음부터 완벽하게 이해하려고 하다 보니 책을 읽을 때 진도가 잘 안 나가는 경우가 많았어요. 등장인물의 이름을 외우려다 지치기도 하고요. 그런데 그 책은 쉽게 읽혔어요. 마음이 불안한 시기에 듣고 싶었던 말들이 있기 때문인 것 같아요. 지금 잘하고 있고 괜찮고 잘될 거라는 따뜻한 말들이었는데 큰 위로가 됐어요.

주변에서 응원을 듣는 것과는 또 달랐나요?

불안한 시기였거든요. 일을 쉬고 있으니까. 공백기 동안 잊히는 것도 두려웠어요. 사람들을 만나면 "어떡하니, 연예인은 젊을 때 많이 일해야 하는데." 이런 말씀을 하시더라고요. 20대 후반인데 이 좋을 때를 놓치면 어떡하냐는 말이요. 그게 저를 더 불안하게 했어요. 물론 걱정돼서 하는 말이겠지만 그게 전혀 도움이나 위로가 되지 않더라고요. 제 불안을 자꾸 들추니까 사람을 만나고 싶지 않았어요. 그러다 보니 사람 이외의 다른 것에서 위로를 찾은 것 같아요. 고양이나 책이나 영화나 예능이요.

사람이 주는 말들조차 무거울 때가 있죠.

그때 처음으로 숨이 안 쉬어지는 걸 느꼈어요. 스트레스 때문이었던 것 같아요. 어느 날은 운전을 하는 중에 숨이 안 쉬어져서 창문을 열고 호흡을 해도 진정이 안 되더라고요. 결국 중간에 휴게소에 잠깐 내려서 걷고 나서 차 안에서 펑펑 울고 나니까 좀 괜찮아졌어요.(웃음) 결과적으로는 그 시간이 저에게 적절한 때에 찾아온 힘듦이었다고 생각해요. 살면서 한 번쯤 성장하기 위해서 겪어야 하는 시기. 제가 느낀 힘듦을 겪고 있는 사람에게 힘을 주고 싶은 마음이 제일 컸어요. 제가 그렇게 위로받았으니까. 그리고 책을 써 보니, 지 자신에 대해서 정리가 되었어요.

그 힘을 느꼈나요?

그게 신기하더라고요. 혼자 일기를 쓰는 것이 아니니 기승전결, 시작과 끝이 있어야 하잖아요. 계속 써 내려가며 마무리를 어떻게 지을까 고민하다 보니 그동안 겪은 일을 통해 깨달은 점이 명확히 정리되었어요. 그래도 나쁘지 않았다, 그래도 내가 열심히 살아왔다는 걸 알게 돼서 위로가 많이 됐어요. 이룬 게 많지 않다고 생각했고 앞으로 하고 싶은 게 너무 많았어요. 그래서 저 자신에게 관대하지 못했던 것 같아요. 오래 활동하시는 분들을 보는 게 쉴 때 많이 위안이 됐어요. '그래, 사람 인생은 모른다. 지금은 내가 쉬는 시간을 보내고 있지만 그렇다고 해서 주저앉아 있을 게 아니다.'라고 생각하면서요.

쓰기 쉬운 책은 없다지만 첫 책은 더욱 그렇죠. 글이 막힐 땐 어떻게 풀어 갔어요?

막상 제 책을 쓰려고 하니 너무 부담스러웠어요. '이게 맞나?' 하면서 고민했죠. 그러다 어차피 필력 좋으신 분은 많으니까 나는 그냥 내 말투와 스타일대로 가자고 했어요. '전효성이 말한다.' 느낌으로요. 최대한 구어체로 읽다가 막히거나 어색한 부분이 없도록 쓰려고 노력했던 것 같아요. 활동으로 바쁘기 전까지는 일기를 꾸준히 썼어요. 그리고 가사를 써야 하니 떠오르는 생각이 있을 때마다 그때그때 메모로 써 내려갔던 게 책을 쓸 때 도움이 됐죠.

책에서 "나는 나에게 용서받았다."는 부분이 오래 남았어요.
그것 때문에 이 책을 썼다는 느낌마저 들더군요.

그건 제가 진하게 느꼈던 기억이라 그랬나 봐요. 다 직업에서 비롯된 것 같아요. 남에게 인정받으려고 애쓰는 것에 방전되다 보니 남한테서 행복을 얻다가는 평생을 행복할 수 없겠다 싶었어요. 내가 나를 봤을 때 떳떳하고 인정해 줄 수 있는 정도만 되면 성공한 거라는 생각이 들더라고요.

제목인 '나도 내가 처음이라' 그리고 뒤에 이어지는 문장은 무엇이었나요?

'서툴러도 괜찮다.'였어요. 제가 지은 제목이에요. 책은 제목이 정말 중요하더라고요. 그런데 어려워요. 생각해 보면 제가 책을 살 때도 제목을 보고 사고, 그렇게 샀는데 막상 내용이 별로인 경우도 많고요. 책이라는 게 제목으로 갈린다고 해서 많이 고민했죠. 그래서 내가 이 책을 통해서 하고 싶은 말이 무엇일까 크게 생각해 보니, 나로 살아가는 건 누구나 처음이니까 실수해도 괜찮다, 다시 잘하면 되지, 이런 메시지를 주고 싶었던 것 같아요.

중요한 말이네요. 좋아하는 마음을 가지고 있으려고 한다는 게 책의 큰 주제더라고요. 긍정의 힘을 믿나요?

완전히 믿어요. 그 힘을 믿었던 시기가 있었어요. 어릴 땐 삶에서 좌절을 못 느끼잖아요. 노력에 비례해서 보상받으니 인생이 즐거웠어요. 늘 긍정적이고요. 그런데 하나하나 실패를 해 보니 어릴 때 하지 않았던 불평이나 핑계를 찾고 있더라고요. 뭘 하나 시작하려 해도 안 좋은 점을 찾으면서 방어적인 태도로 변하고요. 어릴 땐 '그럼에도 불구하고' 무언가를 하려고 했었는데, 어떻게 그럴 수 있었는지 싶어요. 생각해 보면 무서웠던 마음보다 하고 싶은 마음이 더 컸기 때문인 것 같아요. 설렘이 두려움을 이기면 용기가 생기잖아요. 그걸 깨달았던 순간이 많았어요. 예를 들면, 운전도 무섭지만 하고 싶다는 마음이 생기면 무서워도 해내잖아요. 그렇게 긍정이나 희망이 주는 힘은 우리의 생각보다 훨씬 큰 것 같아요.

요즘 새롭게 좋아하는 것은 무엇인가요?
엠넷에서 하고 있는 「스트릿 우먼 파이터」요. 「스우파」 너무 좋아요! 미쳤어. 정말 멋있어요. 허니제이 씨 춤 정말 잘 추시죠. 나오는 모든 댄서들의 팬이에요. 다들 멋있어요. 춤을 잘 추기 때문에 멋있는 것도 있지만 자신이 하는 일에 대해서 자존감이 높은 게 멋있어요. 저희는 늘 평가를 받는 위치다 보니, 잘하더라도 겸손을 미덕으로 여기잖아요. 「스우파」에서는 겸손하지 않아요. 빼지 않고 '내가 너보다 더 잘해, 내가 널 이길 수 있어.'라고 말하잖아요. 설령 졌다고 해도 좌절하는 게 아니라 인정하고 다음엔 이길 거라는 깔끔한 태도가 멋있는 거예요. 멋진 프로들의 세계죠.

어릴 적에는 어떤 책을 좋아했어요?
잡지를 많이 봤어요. 연습생 때부터 잡지에 나오는 새로운 다이어트 방법이나 패션이나 뷰티 트렌드나 문화 소식을 챙겨 봤어요. 어떤 잡지들이 폐간할 때는 제가 더 속상했어요. 없으면 안 되는 분야인 것 같아요. 부록을 좋아해서 많이 사기도 했죠.

지금은 직접 읽을 책을 어떻게 고르나요?
제목도 많이 보지만 리뷰를 많이 봐요. 온라인 서점에서 구매한 사람들만 쓸 수 있는 리뷰를 보죠. 그러면 제목만 보고 샀을 때보다 실패가 덜하더라고요. 아무래도 많은 사람이 좋아하는 책을 보게 되는 것 같아요. 그런데 베스트셀러라고 해서 샀는데 실패한 때도 있어서 확실히 책이라는 게 취향을 타는 것 같다고 생각했어요.

직접 고른 책 중 아끼는 책은 무엇인가요?
김영하 작가님의 산문 3부작 『보다』, 『읽다』, 『말하다』와 문유석 판사님의 『개인주의자 선언』을 재미있게 읽었어요. 같은 사람이라도 사람을 좋아하는 사람이 있고 혼자 에너지를 충전하는 사람이 있잖아요. 저도 그런 성향인데, 특히 그 당시에는 사람에 지쳐 있었거든요. 그래서 그런지 문유석 판사님의 책을 읽고 나랑 비슷한 생각을 하는 사람이 있구나 공감이 많이 됐어요. 그리고 강이슬 작가의 『안 느끼한 산문집』은 추천받아서 읽었는데 재미있었어요.

다양한 개성이 존중되는 사회에 대해 말하잖아요.
그렇죠. 저도 평가받는 직업이다 보니 이걸 하면 사랑받을 수 있을까, 저걸 하면 사람들이 욕하지 않을까 하고 눈치를 많이 봤죠. 일할 때의 기준이 항상 타인의 평가, 판단, 그리고 시선이었어요. 평생을 눈치 보면서 산 것 같았어요. 어떤 일을 할 때 '내가 지금 오버하는 건가, 다른 사람에 비해 뒤처지는 걸까.' 항상 이런 생각을 염두에 두니까 지치더라고요.

연예인이니 그럴 수 있을 것 같아요. '이런 행동을 하면 나를 덜 사랑해 줄까?'를 생각하면 대중의 시선에서 자유로울 수 없죠.
대중의 인기로 사는 직업이니까요. 그런 생각이 꼬리를 물고 가다가 '꼭 잘돼야 할까, 꼭 돈을 잘 벌어야 할까, 꼭 톱스타가 돼야 할까?'라는 생각까지 가더라고요. 연예인이 잘되다 내려가는 시기가 올 수 있잖아요. 그럴 때 '이제 쟤는 인기가 없네.'라는 이야기를 사람들은 아무렇지 않게 하잖아요. 좀 떨어지면 어때요. 이런 사람 저런 사람 있는 건데요. 꼭 잘되어야 하나 이런 생각까지 가더라고요.

　　　　　김영하 작가의 책은 어떻게 남았어요?
새로운 시선을 가질 수 있다는 것. 저는 항상 음악, 무대, 춤, 퍼포먼스에만 초점을 맞추며 살아왔어요. 다른 아티스트를 볼 때도 어떤 음악과 무대와 스타일링을 하는지만 봤고요. 그런데 작가님은 어떤 현상을 정말 다양한 시선으로 접근하시더라고요. 나는 왜 세상 모든 것들을 다른 방식으로 바라볼 생각을 하지 않았을까 싶더라고요. 『보다』에서 시간을 바라보는 시각에 대해서 나올 때, 나는 왜 한 번도 이렇게 생각하지 못했을까 했어요. 저는 무조건 열심히 일해서 성공해서 돈을 벌고 행복하게 사는 것만 생각했거든요. 그런데 세상살이는 그런 차원이 아닌 거예요. 정말 신세계라는 생각이 들었어요. 그래서 『보다』를 가장 좋아해요. 보는 방식에 대한 것이니까요.

　　　　　『안 느끼한 산문집』은 추천을 받아 읽었다고요?
담당 편집자분이 다양한 책을 추천해 주셨는데, 그렇게 알게 된 책이에요. 엄청 재밌는 책이에요. 「SNL」 작가님이 쓰셔서 그런지 거의 예능 같은 느낌이 들기도 하죠. 디테일하고 유쾌하고 재미있어요. 그 책을 보며 웃었다 울었다 했죠. 부모님과의 일화를 쓴 글은 눈물이 났어요. 과거의 에피소드를 어른의 관점에서 이해할 때 비로소 부모님의 마음을 이해할 수 있잖아요. 공감이 됐어요.

　　　　　책을 읽으면서 더 행복해졌나요?
책을 읽는 방법을 알고 난 이후부터 행복했던 것 같아요. 아무래도 김영하 작가님의 책이 결정적이었어요. '나는 왜 책 읽는 게 힘들지?'라고 생각했는데 김영하 작가님 책 읽고 나서는 '이제 나도 책이 읽히네?'라며 책 읽는 방법을 깨달았던 것 같아요.

라디오에서도 책 소개 코너가 있어요. 소개한 책 중엔 어떤 책이 기억에 남나요?

너무 많아요. 개인적으로 좋았던 건 '루나 크로니클' 시리즈라고, 옛날 동화들을 SF 버전으로 재창작한 소설이에요. 예를 들면 『백설공주』나 『신데렐라』를 SF 장르로 각색한 건데 정말 재밌어요. 아는 이야기니까 더 쉽게 몰입이 되는데 거기다 SF적인 상상력이 가미되어서 정말 좋더라고요. 양희은 선생님의 『그러라 그래』, 박막례 할머니의 『박막례, 이대로 죽을 순 없다』도 기억에 많이 남아요.

다음엔 어떤 책을 읽을 계획인가요?

「꿈꾸는 라디오」에서 접하고 너무 좋아서 읽으려고 사 놓은 책들도 많은데, 『잊기 좋은 이름』, 『달러구트 꿈 백화점』, 『어린이라는 세계』를 읽으려고 해요. 주변에서 추천을 많이 해 준 『한국이 싫어서』와 『기분이 태도가 되지 않게』라는 책도 읽어 보고 싶어요. 아, 『존리의 부자되기 습관』도요. 요즘 경제에 눈을 떴어요. 이런 것도 왜 이렇게 늦게 알았는지, 저는 왜 지금까지 노동으로만 돈을 벌려고 했을까요?(웃음) 세상을 보는 시각이 책으로 정말 달라지고 있어요.

배우
김신록

책이 궤도를
흔든다

사진 ⓒ 김상곤
2021년

배우 김신록과 마주할 땐 질문지를 볼 필요가 없었다. 작품이, 책이 이끄는 대로 이야기는 이어졌다. 책이 매번 자신의 궤도를 수정했다는 그의 말처럼, 인터뷰의 궤도도 그렇게 흘러갔다.

'신록'. 새삼스럽지만 이름이 예쁩니다. 문학적이기도 하고요. 실제로는 잘 쓰지 않지만, 문학에서는 자주 보이는 단어죠. 학창 시절 교과서에 「신록예찬」이 실려 있었죠.(웃음)

누가 지어 준 이름인가요?
아버지가 지어 주셨어요. 5월의 신록을 좋아하셨대요. 저는 '신록'이고 언니의 원래 이름은 '신춘'이었는데 놀림을 많이 받아서 나중에 이름을 바꿨죠. 중·고등학교 때 한문학자이신 아버지를 따라서 지역에 있는 극단에 갔었어요. "연극을 배우라는 게 아니라 인생을 배우라고 거다."라고 하셨죠.

그렇게 해서 연극부터 시작하게 된 거군요. 첫 드라마 출연작이 「방법」이죠?
대학에서 연극 동아리를 했고, 2004년부터 연극을 해 왔어요. 2014년에 「씨 유 투모로우」란 단편영화를 찍었는데 당시 현장에 김용완 감독님이 놀러 왔었거든요. 그때 저를 기억하시고 「방법」을 준비하시면서 연락을 주셨어요. 해 보겠냐고. 「방법」이 드라마 데뷔작으로 알려졌는데 실제 드라마 데뷔작은 2005년작 「토지」였어요. 김현주 선배님이 서희로 나오셨고 지금은 은퇴하신 이종한 PD님이 연출하신 작품이에요. 당시 국민 오디션에 지원해서 '한복의 처'를 맡았어요.

　　　　　그럼「토지」이후 오랫동안 드라마를 쉰 거네요.
대학교를 졸업하고「토지」에서 처음 드라마 연기라는 걸 해 본 거죠. 연기를 너무 몰랐어요. 열심히 했지만 잘하지 못했고, 잘 모르는 상태에서 어떻게든 그냥 했죠. 그러다 보니 드라마에 재미를 느끼진 못했어요. 그다음에는 열심히 연극을 했고, 대학원도 다니느라 가끔 드라마 쪽에서 연락이 와도 할 수가 없었어요. 계속 연극이 좋았어요.

　　　　　연극의 무엇이 그렇게 좋았어요?
연극은 연기 이상의 것을 해야 하는 장르인 것 같거든요. 배우가 해내야 할 몫이 많아요. 워낙 소규모 자본이 움직이는 곳이기 때문에 내가 뭔가를 실험할 수도 있고, 부딪쳐 볼 수도 있고, 실패할 수도 있는 그런 곳이죠. 하고자 하는 것을 탐구해 볼 수 있는 장인 것 같아요. 그런 부분이 재미있었죠.

　　　　　그래서「토지」이후 15년이 지나서「방법」으로 다시 드라마 시청자를 만나게 된 거군요. 극 중 방법사인 백소진(정지소)의 어머니이자 무당 역으로 나와 인상적인 연기를 보여 주었습니다.
처음에는 드라마가 새로운 시도가 될 수 있을 것 같아서 해 보고 싶은 마음 반, '왜 맨날 연극배우들을 불러다가 무당 역할을 시키는 거야.' 이런 마음 반이었어요.(웃음) 그래도 저는 새로운 제안이 들어오면 해 보는 편이거든요. 그래서 해 보자 하고 했는데 막상 해 보니 너무 재미있었어요. 오히려 몸으로 실제 에너지를 쓰는 역이다 보니 실제감 있게 연기하는데 더 유리했던 것 같아요.「방법」은 제게 되돌릴 수 없는 걸 되돌리려고 처절하게 몸부림치는 이야기였어요.

　　　　　왜 매번 연극배우에게 무당 역을 맡기냐는 말이 재미있네요.

사실 무당 역할을 하면 좀 잘해 보여요. 저는 그렇게 생각해요. 실제로 그냥 몸이 힘드니까 더 자의식 없이 잘하게 되는 것 같아요. 힘드니까 진짜 넋이 나가는 거예요. 영화 「곡성」의 무당 연기를 디렉팅했다는 자문 팀이 있어요. 저도 그분들의 자문을 받으면서 같이 연습을 했죠. 체력적으로 힘들었지만, 실제로 에너지를 쓰기 때문에 연기가 자연스러울 수 있었던 것 같아요.

이어진 드라마 「괴물」도 웰메이드 드라마이고, 화제작인 「지옥」은 곧 넷플릭스로 공개됩니다. 제각기 개성이 다른 작품들이죠. 어떻게 선택했어요?

제가 선택을 한 게 아니라, 선택을 받은 거죠. 외모가 주는 이미지가 한몫하는 것 같습니다.(웃음) 저는 극적인 걸 좋아해요. 극적인 순간을 가상 체험해 보는 것이 삶에 대한 통찰을 주는 것 같아요.

「지옥」 홍보용 포스터에 당신이 있더군요. 이번엔 무엇에 끌렸어요?

「지옥」 웹툰을 너무 재밌게 봤어요. 발상이 흥미롭고요. 저는 「지옥」에 간다는 고지를 받는 아주 평범한 미혼모 역할이에요. 연상호 감독님의 웹툰과 이전 작품들 찾아봤어요. 드라마를 촬영할 때에는 분석보다 '모먼트'를 살아 내는 게 훨씬 중요한 것 같아요. 옳고 그르다는 가치 판단을 내릴 수 있는 세계 안에, 어떤 행동을 하면 벌을 받는다는 세계 안에 인간이 내던져졌을 때 사람들이 어떻게 살아갈 것인가? 「지옥」은 그걸 평이하게 묻지 않고 아주 극단적인 틀로 드라마틱하게 제시해요.

다시 연극과 드라마 양쪽을 경험해 본 지금은 어떤가요?

둘 다 재밌어요. 이건 최근에 든 생각인데, 드라마나 영화 같은 영상 매체에서는 우리가 어릴 때 배우가 되고 싶다고 꿈꿀 때 하고 싶었던 '연기'를 할 수 있는 것 같아요. 연극은 하면 할수록 '연기를 한다'기보다는 '연극을 하는 것'이란 생각이 들 거든요. 연기를 하긴 하지만 그걸 통해서 어떤 이야기를 보여 주고자 하는 것이 굉장히 중요한 거죠.

> 직접 연기하고 싶은 이야기와 책으로 읽고 싶은 이야기가 같은가요, 다른가요?

눈앞에 현현했을 때 오히려 시시해지는 것들이 있는 것 같아요. 그런 건 그냥 읽고 싶어요. 책을 많이 읽는 건 아니지만 분석적으로 뭘 보는 걸 좋아해요. 사실 저는 책을 빨리 못 읽고 많이 읽지도 못해요. 작품 연구가 필요할 때, 궁금한 게 있을 때 책을 읽는 편이에요. 그래도 기억에 남는 책들은 있어요.

헬렌 니어링의 『아름다운 삶, 사랑, 그리고 마무리』를 읽고 20대 후반에 잠깐 채식을 한 적이 있어요. 요시 오이다, 로르나 마샬의 『보이지 않는 배우』는 제 연극원 전문사 실기 석사 논문 메인 레퍼런스였죠. 연기에 대한 철학과 삶의 통찰로 가득해요. 안톤 체호프의 『갈매기』는 제가 연극을 시작할 무렵부터 30대 초반까지 가장 좋아하는 희곡이었습니다. 지금은 체호프에서 벗어났어요.(웃음)

> 요즘은 『숲은 생각한다』를 읽고 있다고 했죠. 아마존 숲속의 생활상을 관찰하고 사색한 책인데. 이 책에는 왜 끌렸나요?

요즘 생태 연극 스터디를 하고 있거든요. 팬데믹을 거치면서 감각적으로 세상의 패러다임이 넘어갔다는 생각이 드는데 어디에서 어디로 넘어갔는지 잘 모르겠더라고요. 다만 그전에 내가 중요하게 여겨서 탐구하고 작품으로 만들던 것들이 다 끝났다는 걸 체감했어요. 그렇다면 다음은 무엇으로 넘어가야 하는지 전혀 감을 잡을 수가 없더라고요. 그다음 세계가 뭐가 올지 궁금한데, 거기에 대한 답을 주는 것 같아요. 도나 해러웨이의 『트러블과 함께하기』도 그래서 읽은 책이에요. 새로운 세계를 읽어 내기 막막한 지금 저에게 방향키가 되어 준 책이었어요.

갑자기 서울대 지리학과를 졸업했다는 이력이 떠오르네요. 한예종과 한양대학교 연극영화과에서 받은 석사 학위도 두 개나 있고요. 연구하고 공부하는 걸 즐기나요?

알아보고 배우는 걸 좋아해요. 연극을 하겠다고 왔는데 연극 전반에 대해서 너무 몰랐거든요. 처음 연극을 시작했던 극단에 한양대 출신들이 많았어요. 내 눈에는 정말 연기를 잘하는 그 사람들이 한양대 연극영화과 대학원을 한번 가 보라고 제안해서 저도 다닌 거예요. 다른 얘기인데, 저는 책 보면서 몸으로 상상하는 걸 좋아하거든요. 예를 들면 『숲은 생각한다』 같은 책을 읽으면서 이 세계가 어떤 몸을 이야기하는 건지 알고 싶어 해요. 가장 책을 많이 읽었던 건 한양대 대학원에서, 그리고 연극원 전문사에서 논문 쓸 때였어요. 많이 읽고 싶어서 논문을 다시 쓰고 싶기도 해요.

몸으로 상상할 수 있는 책. 어떤 책을 읽을 때 그 상상이 생생했나요?

페터 한트케의 『왼손잡이 여인』이라는 소설을 읽은 적이 있어요. 어느 날 한 여자가 남편을 생경하게 바라보게 되면서, 남편에게 결별을 선언하고 혼자 살아 내는 굉장히 고독한 이야기인데, 그때 그 여자가 취하는 몸짓들을 상상하게 되더라고요. 방을 빙글빙글 돌면서 옷을 입거나 남편을 오랫동안 쳐다보는. 물구나무 선 남자를 쳐다보고 있다가 그 남자가 다가오니까 갑자기 자작나무를 보면서 뭐라고 이야기를 한다는 구절이 나와요. 그러면 저는 그 몸이 어떤 몸일까, 남자가 다가와서 자작나무를 본다면 자작나무랑은 어떻게 연결되어 있을까, 무슨 생각을 하는 걸까, 이런 것들이 궁금해요. 그렇게 책을 만나는 게 좋아요.

　　　　이렇게 들어 보니 굉장히 연극적이네요. 당신의 독서는 연기와 늘 함께인 것 같아요.

그런 것 같긴 해요. 『숲은 생각한다』도 연기적으로 굉장히 영감을 준 부분이 있어요. 이런 걸 탐구하는 게 너무 재미있고 연극 무대에서는 그런 걸 표현할 수 있는 것 같아요. 그런 책 읽기를 계속하고 싶어요. 특정 장르를 좋아하거나 특정 주제를 좋아하는 것이 아니고, 지금 내가 그 문제에 천착해 있기 때문에 그 책을 읽는 거라서요. 대신 읽고 난 후엔 정말 빨리 잊어버려서, 내가 책은 뭐 하러 읽냐 이런 생각이 들기도 해요. 시간이 지나면 내용이 기억이 하나도 안 나요. 기억해 내려고 공을 들이고 싶지도 않죠. 다만 그 시절에 내가 그때 읽은 책에 의해서 나의 궤도가 바뀐 것 같아요. 책이 그 궤도를 바꿔서 내가 지금 여기에 있는 거예요. 책이 나라는 공을 쳐 준 거죠.

　　　　그럼 과거의 책 대신 최근에 읽은 책 이야기를 해야겠어요. 요즘은 또 어떤 책을 읽고 있어요?
유진목의 『거짓의 조금』, 『연애의 책』도 기억에 남고요.

　　　　유진목의 작품은 날카롭고, 비관적이라서 더 아름답죠. 어떻게 만났나요?
저희 회사 배우들이 오디오북을 녹음하는 프로젝트가 있었어요. 후보 몇 권 중에 제가 낭독할 책을 선택할 수 있었는데, 그중에서 마음을 끄는 작품이 유진목의 시집 『식물원』이었어요. 책의 앞부분에는 사진이 있고 뒷부분에 시가 나오는데, 저는 형식 자체가 내용이라고 생각하는 사람이라서 그런 형식이 정말 좋았어요. 목차를 보면 제목이 없고 1, 2, 3, 4, 5 이렇게 숫자로 되어 있는 것도 좋았죠. 식물원의 나무들에 포커스가 맞춰져 있는 게 그냥 좋았어요. 이거 읽겠다고 하고 낭독을 시작하는데 '바람이 불고' 이렇게 발화하자마자 눈물이 너무 나는 거예요. 정말 엉엉 울면서 낭독했죠.

연결이 된 거네요, 시집 속의 세계와.

그때 그 세계가 나한테 되게 가깝게 왔는데 활자 너머의 시인이 어디에 발 딛고 있는지가 너무 잘 통풍이 되는 느낌이었어요. 그게 저한테 굉장히 귀한 경험이었죠. 이 시가 너무 깊고 좋다는 생각이 들어서 팬이 됐는데 유진목 시인한테 연락이 온 거예요. 저와 단편영화를 찍고 싶다고요. 그래서 「접몽」이라는 단편영화를 찍었지 뭐예요? '목년사'라는 제작사도 운영하시더라고요. 그걸 계기로 최신작 『거짓의 조금』하고 첫 시집을 찾아서 읽었는데 다들 되게 '징한 세계'예요.

좋은 얘기네요. 시를 낭독하는데 첫 마디에 눈물이 났다는 것은 이성을 넘어선 무엇인가기기 작동한 것이죠.

맞아요. 정말 그런 기분이죠. 『식물원』하고 또 느낌이 다르더라고요. 삶과 죽음에 대한 어떤 세계를 좀 알 것 같다는 느낌? 지금 「마우스피스」라는 연극을 하고 있는데 그 작품도 『거짓의 조금』과 되게 맞물리는 면이 있어요. 그리고 「접몽」이라는 그 단편영화 찍을 때도 이 책이 큰 도움이 됐었어요. 유진목 작가님과 긴밀한 얘기를 나누지 않았지만 서로 정말 좋아하는 마음으로 한 것 같아요.

작품을 읽으며 연기해 보고 싶은 인물을 만나기도 하나요?

한강 소설 『채식주의자』를 읽으면서 연기해 보고 싶다고 느낀 적이 있어요. 페터 한트케의 『왼손잡이 여인』의 주인공도 연기해 보고 싶었고요. 저는 캐릭터라고 하면 충돌하고 모순되는 면을 많이 가진 인물이 좋습니다. 사실 저는 '인물' 혹은 '캐릭터'라는 말을 잘 믿지 않아요. 한 인물이 만나는 세계의 총합이 그 인물이라고 믿거든요. 그래서 역할을 맡으면 그 역할이 만나는 세계를 구체적으로 조사하고 풍성하게 상상하려고 합니다. 문학의 주요 캐릭터는 사실 모두 모순된 것 같아요. 인간이 그러니까요.

고민에 대한 답을 책에서 발견한 적도 있나요?
저는 인생 고민은 별로 없고 연기 고민이 많습니다. 그 고민에 대한 답은 아주 높은 타율로 책을 통해 발견합니다. 그런데 사실 연기 고민은 인생 고민으로 이어지기도 하죠. 하하!

이 세상의 문학작품 중 단 한 작품만 선택해 계속 읽어야 한다면 어떤 책을 고르시겠어요?
클라리시 리스펙토르의 『달걀과 닭』이에요. 친구 추천으로 샀는데 어려워서 도저히 못 읽겠더라고요. 다시 읽어 보고 싶어요. 어떤 문학작품을 이해할 수 없다는 건 그 작가가 맡을 수 있는 세계의 냄새를 나는 못 맡는 거잖아요. 그 후각을 개발하고 싶어요.

지적이고 냉정하고 냉철한 사람이 그 자신을 뛰어넘는 어떤 감정을 느끼는 통로는 결국 예술이죠.
제가 사주를 보면 '금'이 많다고 해요. '너는 예민하다, 예리하다. 분석적이야.' 이런 말을 많이 들어요. 저도 '맞아, 맞아.' 하는데 최근에 사주를 봤더니 '너는 재롱둥이다.'라고 하더라고요. 저는 지성의 반대편이 굉장히 열려 있어요. 다만 공부를 계속하다 보니 이것으로 세계를 보는 연습을 많이 한 것 같아요. 그런데 그 너머의 부분을 내가 딱 받아들였을 때 훨씬 많은 것을 알 수 있는 것 같아요.

그 너머의 부분을 알기 위해 우리가 오늘도 책장을 넘기는지도 모릅니다.

『숲은 생각한다』에 아주 그냥 좋은 구절이 있는데, '우리는 계속해서 이야기해야 한다. 계속해서 이야기를 만들어 내야 한다.' 이런 말이에요. 그 말이 맞다고 생각해요. 지금 하고 있는 연극 작품 마지막 대사는 "나는 작가다. 나의 일은 'Tell a Story'."예요. 초연 때는 "이야기를 들려주는 것이다."라고 했고 최근 재연하면서는 "나의 일은 이야기를 하는 것이다."로 바꿔서 해요. 저한테는 작품을 만드는 게 어떤 책에 관한 이야기를 더듬고, 발화하는 일인 것 같아요. '이야기라는 힘'이죠.

배우, 영화감독
조은지

영화는
이야기다

사진 ⓒ최문혁
2022년

오랫동안 배우로서 이야기를 표현해 온 조은지가 이제 자신이 하고 싶은 이야기를 만들고 있다. 「장르만 로맨스」는 그의 첫 장편 상업 영화로, 이후 백상예술대상에서 신인감독상을 수상하게 된다.

작년은 배우 조은지, 감독 조은지를 두루 만날 수 있었던 해였죠. 조은지는 어떤 사람인가요?

친해지는 과정이 길어요. MBTI 유형으로는 'INFP'인데. 집에서는 'I' 내향형인데 밖에서는 'E' 외향형으로 바뀌는 것 같아요. 저도 일하면서 저를 좀 바꾼 거예요. 제가 연기하는 캐릭터와 저 자신이 너무 달라서 도움이 안 되더라고요. 제가 시크할 거라고 오해하는 분들이 많은데 저는 쉽고 친절한 사람이에요.(웃음)

드라마 「인간 실격」에서 연기하는 모습을 한참 보고 있었는데 직접 연출한 영화 개봉 소식이 들려왔어요. 그동안 독립영화를 발표하기도 해서 영화 작업에도 흥미가 있다는 건 알려져 있었지만, 상업 영화는 또 남다르게 다가오네요.

사람들이 잘 모르더라고요, 제가 영화를 찍고 있었다는 걸. 동료들도 아시는 분들만 아시고 모르는 분들은 전혀 모르세요. 이번에 알게 됐다는 분들도 많고요.

영화 연출은 하고 싶은 이야기가 있는 사람이 한다고 하죠. 어떻게 생각해요?

저도 하고 싶은 이야기가 있었던 것 같아요. 그런데 꼭 '연출을 해보고 싶다.'는 목표를 향했던 건 아니었어요. 하고 싶은 이야기를 글로 표현했고, 그걸 영상으로 만들고 싶은 생각이 들었어요. 머릿속에 떠오르는 그림이 있었어요. 그러니까 연출을 하게 되더라고요.

자연스럽게 연출이 꿈이 됐어요.

        전작인 「오늘, 우리」, 「2박 3일」과의 연결점도 있나요?
저한테는 닮아 있어요. 「장르만 로맨스」가 큰 틀에서 관계와 성장에 대한 이야기라면 부제로는 편견과 편협함을 말하고 싶었어요. 우리의 시선이 바뀌어야 하지 않는가, 하는 거죠.

        주제는 진지하지만 풀어내는 방식은 아주 유쾌해요. 지금쯤이면 「장르만 로맨스」에 대한 다양한 반응을 접했을 텐데요. 우선 저는 무척 재미있었어요.
재미있다고 하는 사람도 많지만 재미없다고 하는 사람도 많아요. 무슨 얘기인지 잘 모르겠다는 반응들 말이에요. 등장하는 관계들이 불편하다는 분들도 있더라고요. 그런 지점들도 받아들여야죠.

        "그런 지점도 받아들인다."라는 말이 새삼스럽게 들리네요. 여러 의견을 청취하는 게 의미 있다고 생각해요?
저도 연출을 하면서 하고자 하는 메시지가 전달이 안 되거나, 해석이 다르게 됐거나, 비판을 받으면 같은 생각을 해요. 아무래도 대중문화라는 것이 모든 사람의 입맛을 맞출 수는 없는 일이니까요. 받아들여야 하는 게 맞지 않을까 하는 생각이 들어요.

        하지만 모두에게 사랑받지 못한다고 해서 의미가 사라지는 건 아닐 거예요. 블랙코미디는 본래 호불호가 있는 장르 아닌가요?
사람마다 선호하는 코미디의 결이 다른 것 같아요. 각자의 유머 코드라는 게 확실히 있는 것 같아요. 저도 선호하는 코미디가 있더라고요. 저는 말맛에서 느껴지는 것 같은 코미디가 좋거든요. '어떻게 저런 코미디가 있지?' '어떻게 저런 캐릭터가 있지?' 하는 유머가 저는 좋더라고요.

> 유쾌한 영화인데 정작 개봉할 때 눈물을 흘렸다고요. 어떤 감정이었어요?

영화 개봉할 때 잠을 제대로 못 잤어요. 긴장도 많이 했고요. 자고 싶은데 잠이 오지 않는 나날들을 보냈죠. 시사회 당일도 한 시간 정도 잤나……. 사람들에게 스크린으로 처음 선보이는 날이라 너무 긴장을 하고 있었어요. 당시 언론사 배급 시사회였기 때문에 기자분들도 많이 계셨는데 끝나고 좋은 말씀을 많이 해 주시더라고요. 그때 저도 모르게 터졌던 것 같아요. 참았어야 했는데 말이죠. 펑펑 울지는 않았고 구석에서 눈물을 훔쳤죠.

> 너무 만들고 싶어서 내놨는데, 내놔도 여러 걱정과 염려가 사라지지 않죠.

사실 그런 반응도 저한테는 가치가 있어요. 관심이라고 생각하고요. 정말 관심이 없으면 제가 영화를 찍었는지 안 찍었는지 모를 일이잖아요. 그런 의미로 받아들이려고 노력해요. 상처는 받는데 극복하는 게 취미예요. 아니 특기예요.(웃음)

> 이번 「장르만 로맨스」는 각본가가 따로 있고 당신은 각색과 연출을 맡았어요. 어떻게 함께하게 되었나요?

이번에 같이 입봉했어요. 저희 영화 제작사 대표님께서 영화 공모전에 당선된 시나리오의 판권을 사고, 제가 연출을 하게 된 거예요. 그래서 그분에게도 제게도 첫 상업 영화가 됐어요.

> 좋은 대사가 많아요. "상처받은 사람의 뒷모습은 거의 다 똑같다.", "색과 색이 섞였을 때 합쳐지는 것이 아니라 본래

색은 그대로 있다."도 기억에 남고요. 특히 좋아하는 대사는 무엇인가요?

"나 불편한 거 되게 좋아해. 내가 쓸데없는 걸 얼마나 좋아하는데." 이거요. 저는 사람 대할 때 조심스럽거든요. 친해지면 쓸데없는 얘기도 많이 하지만, 평소에는 그런 말을 잘 못하잖아요. 제가 각색하면서 하고 싶었던 표현들, 얘기들을 쏟아 부었어요. 은근히 까고 싶은 걸 쓰기도 하고요. '그 사람이 만약 이 영화를 보게 된다면 이건 내가 당신을 저격하는 대사라는 걸 알게 될 거다, 남들은 모르겠지만.' 그런 것도 있었어요.

영화에서 문학과 작가가 중요하게 등장을 하죠. 영화 속 '김현'은 성공한 베스트셀러 작가입니다. 대중들이 그의 신작을 기다리고 일거수일투족 관심을 갖죠. 사생활이 이슈가 되면서 뉴스에도 등장해요. 염두에 둔 사람이 있나요?

롤 모델이 있지는 않았어요. 그래도 대중적으로 잘 알려진 작가분들을 참고하긴 했어요. 어떤 분이라고 특정할 수는 없지만 그런 분들을 찾아보았어요.

김현은 다소 결점은 있지만 인간적인 사람이죠. 거기에서 오는 담백함이 있어요.

김현에 대한 전사가 보이진 않았지만 그 나름대로의 이유가 있지 않았을까 해요. 저는 작품을 하면서 김현을 중심으로 보이는 그들의 생활이 우리의 모습과 닮아 있으면 좋겠다는 생각이 들었어요. 나이도 다르고 나이별로 고민하는 지점도 다른 모습이 우리와 닮았으니까요. 김현도 굉장히 복잡한 여러 관계 속에 있지만 우리 인생이 다 그렇다고 생각해요. 무수히 많은 가능성 안에 놓여서 어떤 선택을 하게 되고, 후회와 반성을 반복하고 그를 통해 성장하는 모습을 김현을 통해 보여 주고 싶었어요.

김현은 제자이자 성 소수자인 '유진'의 사랑 고백을 받죠. 어색해하지만 유진이라는 사람을 존중하고, 그의 재능을 발견합니다.

김현은 그런 사람인 거죠. 성향을 인정하지만, 나를 좋아하는 건 인정할 수 없는 거예요. 유진이라는 캐릭터 자체를, 그의 성향 자체를 받아들인 거죠. 그러니까 합숙 아닌 합숙을 하며 글을 집필해 나가는 것 같아요. 저는 제가 유진이라는 인물을 바라볼 때도 그랬지만, 성 소수자에게 한 번도 조심스럽게 접근하지는 않았어요. 제가 이걸 연출할 때 조심스럽고 예민할 수도 있겠다고 한 번이라도 생각을 했다면 아마 못 하지 않았을까 생각해요. 그렇지만 제가 고민한 지점은 그게 아니거든요.

고민한 지점은 뭐였나요?

가장 첫 번째로 하고 싶었던 얘기는 모두가 자신이 존중받고 싶은 만큼 다른 누군가도 존중받고 싶어 한다는 거였어요. 저도 인물의 있는 그대로를 받아들였어요. 상업 영화라는 틀 안에 있다 보니, 관객들이 바라봤을 때 성 소수자를 바라보는 시각이 저랑 다를 수 있잖아요. 그런 지점에서 그들한테 이 메시지를 어떻게 표현하면 좋을까 많이 고민했어요.

영화를 준비하면서 인상 깊은 말이나 응원도 들었나요?

생각보다 캐스팅이 많이 수월했어요. 재미있어하셨어요. 그런 의미로 다들 참여해 주셨어요. 시나리오를 본 김희원 선배와 함께 커피를 마시는데 프랑스 영화 같다고 얘기해 주셨어요. 가장 큰 응원이 된 말은 류승룡 선배님이셨죠. 대본에 궁금한 부분이 있다고 하셔서 미팅을 가졌어요. 이후에 전화해서 '잘해 보자'라고 하셨는데 그 말이 훅 들어왔어요. 진짜 잘해 보자 하는 마음이 스스로 들었고 그게 가장 큰 응원으로 다가왔어요.

후암동이 배경인데, 이야기와 잘 어우러지는 곳이에요.
열려 있는 곳이에요. 그런 곳이 있다는 것 자체가 좋은 것 같아요. 제가 LA에서도 게이 스트리트를 방문한 적이 있는데, 그때도 참 자유롭다는 느낌을 받았거든요.

영화를 보면 휴머니즘적인 따스함도 느껴지고 코미디도 느껴지고 로맨스도 있죠. 제목도 '장르만 로맨스'인데, 실제로는 어떤 장르를 좋아해요?
휴먼 드라마를 좋아해요. 드라마 안에서도 장르가 분류되잖아요. 그런 휴머니즘이 좋아요. 판타지물은 보긴 보는데 관심이 있진 않아요. 크게 느껴지는 바가 있는 것 같지는 않아요. 「베트맨 비긴즈」를 보면서도 뭔가 인간의 삶에 대한 철학적인 것을 사람들이 느꼈다고 하는데 저한테는 이미 설정 자체가 판타지이기 때문에 그런 것 같아요.

영화를 보는 취향과 책을 보는 취향은 어떻게 다른가요?
같기도 하고 다르기도 하고. 책 같은 경우는 주변에서 추천해 주는 걸 볼 때가 많아요. '요즘 내 심리가 이렇다.'라고 했을 때 주변에서 추천해 주는 경우가 있어요. 그런데 저는 전기나 자서전, 에세이 등 저자나 누군가의 삶의 흔적이 보이는 글을 좋아해요. 어떤 사람의 세계를 알아 가는 것이죠. 거기서 자극도 받고 동질감 같은 감정도 느끼거든요. 다큐멘터리 같은 책도 좋아하고, TV도 다큐나 시사 고발 프로그램이 좋아요. 다큐 하시는 감독님들은 최고인 것 같아요. 대단하시다는 생각이 들어요, 진짜.

다큐는 사실을 전달하기 위해 조사도 많이 해야 하고 팩트 확인도 해야 하죠. 더 가까이 가야 하고요.

맞아요. 그래서 세상을 알아 가는 느낌이에요. 결말이 딱히 나와 있는 게 아니잖아요. 시사 고발 프로그램 같은 걸 보면 한쪽으로 치우치는 경우도 많이 보여요. 그때, 저 사람들에게 얼마나 많은 갈등이 있었고 얼마나 저 부분에 확신이 있는지 생각을 하게 돼요.

문학 중에서는 어떤 작품을 간직하고 있어요?

소설 중에서는 페터 한트케의 『긴 이별을 위한 짧은 편지』가 기억에 남아요. 안 그래도 어떤 책을 이야기해야 할지 고민이 되었는데, 떠오른 책이 『긴 이별을 위한 짧은 편지』, 박연선의 『여름, 어디선가 시체가』, 배우 키키 키린이 생전에 남긴 말을 모은 『키키 키린—그녀가 남긴 120가지 말』이었어요.

『긴 이별을 위한 짧은 편지』는 왜 의미 있는 책으로 남았나요?

선주에서 들린 책빙에서 처음 봤어요. 표지에 노벨문학상을 수상했다고 써 있는 게 있어 보이더라고요.(웃음) 친구도 보고 "이거 읽고 싶었는데."라고 했어요. 그래서 함께 책방에 들어가서 책 두 권을 사 가지고 나왔어요. 제가 그때 쓰던 시나리오 중 하나가 부부에 대한 이야기였어요. 부부가 서로 굉장히 잘 알고 있다고 생각했는데 서로 내가 저 사람을 잘 알지 못했다고 깨닫는 순간이 찾아오면서 그 사람을 다시 알게 되는 이야기를 쓰고 있었거든요. 그 시나리오에 대해 좋은 영감을 받았던 작품이에요. 이별을 고하는 와이프를 찾아가면서 그 안에서 변화를 받아들이는 화자의 모습이 제가 하고 싶었던 이야기에도 도움을 줬던 것 같아요. 그 얘기를 하고 싶었어요.

부부의 어떤 이야기가 이번엔 흥미로웠나요?

사실 부부를 포함해서 가족들이 그런 것 같아요. 변화라는 건 계속 생기는 것인데 그 변화에 대해 관심이 없어지면, 나는 그 사람이 그 자리에 있다고 생각하지만 그 사람은 이미 저만치 간 거죠. 그런 이야기를 한번 하고 싶었어요. 가족이나 부부. 가장 가깝지만 가장 멀 수도 있는 관계이기 때문이에요.

   경험자만이 할 수 있는 말이네요.(웃음)
결혼 안 해도 돼요. "나중에 늙어서 등 긁어 줄 수 있는 사람 한 명만 있으면 되죠." 배우이자 감독인 김소이 씨의 단편영화 「마이에그즈」에 나오는 대사예요. 하나보다는 둘이 낫지만, 평생을 살아가야 하는 관계보다는 친구처럼 언제라도 헤어질 수 있는 관계 안에 있는 게 훨씬 자유롭지 않을까 생각해요. 가족은 이래야 해, 부부는 이래야 해 하는 것들도 다 학습 같거든요.

   『긴 이별을 위한 짧은 편지』의 부부는 어땠어요? 지루하다는
   사람들도 많거든요, 그 소설은.
저도 사실 처음에 그랬어요. 그래서 초반에는 책을 덮기도 하고 그랬죠. 처음에는 왜 자꾸 이런 부분이 묘사가 되는지, 어떻게 읽어야 하는지 하는 생각이 들었어요. 계속 보니 화자의 감정이 느껴졌어요. 이 사람은 변화를 받아들이기 위해서 예전에 느끼지 못했던 감정들을 조금 더 받아들이려고 하는 거죠. 친구도 찾아가고, 스스로 변화하기 위한 어떤 노력을 하지 않았나. 결론적으로 와이프인 유디트와의 이별, 이혼을 결심하게 된 그 순간까지도 느껴지는 것이 '아, 이 사람 굉장히 노력하고 있구나.' 하는 거예요. 원망과 증오 안에 있으면서도 이 상황을 인정하고 이해하려고 노력하고 있었구나 하는 생각이 들었고요. 그런 지점에서 영감도 많이 받고 자극도 많이 받았어요.

다른 책으로 『여름, 어디선가 시체가』를 말했는데, 의외성이 있는 작품이죠. 그런 면에서는 「장르만 로맨스」와 비슷한 점이 있어요.

이것도 운명처럼 찾아온 작품이에요. 추천을 받아 책을 읽게 되었는데, 제가 나이가 들수록 할머니와의 추억이 더 마음에 다가오더라고요. 제 휴대폰 바탕화면도 저희 할머니와 제 사진이에요. 그래서 남들이 보면 굉장한 효녀로 착각할 수도 있지만, 나이가 들어가면서 할머니의 삶을 다시 보게 되는 거예요.

어떤 건가요?

그 시대를 살아오며 굉장히 억압받은 모습, 많이 참으면서 사셨던 모습, 가족에게 헌신하는 그런 모습들이 눈에 자꾸 밟히기도 하고 그래요. 『여름, 어디선가 시체가』는 사실 그런 내용은 아니지만, 할머니의 모습에서는 제 할머니가 떠오르거든요. 가난이 억세기도 하고 그러니까요. 무순도 그렇게 기억하지 않을까 싶어요. 저와 결이 많이 비슷한, 저와 닮아 있는 것 같아요. 그래서인지 기기 기린의 책도 기억에 남고요.

처음 그녀를 접하게 된 영화는 「도쿄타워」였어요. 「어느 가족」이 마지막 작품인데, 엔딩에서 바닷가 장면의 대사가 키키 키린의 애드리브였다고 해요.

「어느 가족」에서 가족을 바라보며 "다들 고마웠어."라고 말하는데, 감독조차도 애드리브라는 걸 깨닫지 못했다고 하죠. 그 얘기를 들으면서 뭉클해지는 느낌이 있었어요. 죽을 날을 기다리고 있는 인물이 내가 죽었을 때 하고 싶은 말을 남기는 것이 정말 특별하다는 생각이 들었고 그래서 궁금했던 것도 있어요. 보면서 자극도 많이 받았고요. 이후에 『키키 키린』 책을 선물받아 읽어 봤는데, 굉장히 솔직하더라고요. 평전이나 전기를 읽다 보면 인물이 굉장히 한쪽으로 부각되어 보이는 지점들이 있어요. 태어날 때부터 남달랐다, 특별했다는 식으로 시작하니까요. 키키 키린의 책은 달랐던 것 같아요. 아무래도 그녀의 인터뷰를 토대로 만든 책이라서겠지만, 그분이 한 인간으로도 점점 성장해 왔구나 하는 생각이 들었어요. '예전의 나는 이랬지만, 지금의 나는 이게 필요 없다.'라는 말도 솔직하고 담백하죠. 대부분의 삶이 저는 그렇다고 생각하거든요.

작품에 대한 호기심이 실제 사람에 대한 호기심으로 연결되네요. 직접 자신의 이야기를 쓸 생각도 있나요?

제 얘기를 쓸 생각은 별로 없어요. 그런데 『러브 앤 프리』라는 에세이를 읽었을 때, 부부가 모든 재산을 처분을 하고 여행을 다니며 책을 냈다는 것 자체가 너무 멋있다는 생각을 했었어요. 나도 언젠가 뭔가를 다 처분하고 떠나면서 나의 이야기를 담고 싶다는 생각을 아주 오래전에 했었어요. 근데 엄두도 못 내죠. 사실 글재주도, 필력이 있는 사람도 아니고요.

시나리오 작업 등으로 계속 창작을 하고 있죠?

글 쓰는 건 되게 재미있어요. 그만큼 고통 받으면서 쓰지만요. 『키키 키린』 책에서도 나오거든요. 뭔가를 망가뜨리면서, 자기 자신을 깨뜨리면서 만들어 가는 게 창작이라고. 그런 의미가 있더라고요. 공감이 됐어요. '자꾸 깨 가면서 만들어 가는 게 창작인 것 같아.'라는 생각이요. 무대인사 다닐 때 「장르만 느와르」, 「장르만 코미디」 이런 식으로 시리즈로 가자는 농담을 종종 했어요. 아마 안 되겠지만.(웃음)

창작을 할 땐 그렇게 깨야 할 대상이 자기 자신이죠. 우리가 읽은 많은 문학도 그런 과정을 거쳐서 나왔을 거예요.

삶에는 그런 게 필요한 것 같아요. 그런 게 없는 사람들을 보면 더 이상의 발전이 없어 보여요. 스스로 계속 의심하면서 살아야 한다고 생각해요.

요즘은 어떨 때 주로 책을 읽나요?
집에 가만히 앉아 있다가 책이 눈에 보이면 슥 가져와서 보기도 하고 그래요. 사실 꼭 완독을 해야 된다고 생각하진 않아요. 재미가 없는 영화를 도중에 끄듯이, 나의 결이 아니라고 생각하거나, 읽히지 않는 책들이 있거든요. 매력이 있는 책이면 완독을 하고요. 이런 걸 취향이라고 할 수도 있는 것 같아요. 원래 관심 분야이긴 했지만 최근에 좀 더 깊게 파 보고 싶은 게 한국 근현대사인데요. 겉핥기식으로 알고 있었다면, 이제는 정말 알고 싶어요.

당신에게 책은 어떤 역할을 하나요?
알고 있는 것을 상기시킬 수 있는 방식이면서 동시에 자극을 주는 존재. 저를 더 선명하게 해 주죠. 타인의 삶을 들여다보고 사람에 대한 감정도 느끼면서 배워 가는 게 있어요.

배우
이청아

시절인연

사진 ⓒ 고원태
2022년

"우리가 음악을 들을 때 타이틀곡 말고 여덟 번째 트랙이 좋을 수도 있는 것처럼, 내게 영향을 미치는 문장들이 있는 게 중요하다고 생각해요." 어느 때고 마주칠 책을 기다리는 이청하의 말.

인터뷰를 앞두고 한동안 고민이 많았다고요?
책 읽는 게 저에게는 습관 같은 거예요. 그래서 《릿터》 인터뷰 준비하면서 '나 무슨 책 좋아했었지?' 하고 책들을 많이 훑어봤어요.

습관은 어느새 '되어 버린' 거죠. 책을 읽을 수밖에 없게 된 사람이 된 건가요? 김진영과 데이비드 흄의 책들, 케이트 커크패트릭 『보부아르, 여성의 탄생』, 김지연 『마리나의 눈』, 알랭 드 보통 『낭만적 연애와 그 후의 일상』, 샤를 와그너 『단순한 삶』, 조중걸 『러브 온톨로지』…… 다양하고 넓어요.
책이 있으면 안정되고, 쉴 때면 자연스럽게 읽고. 가끔가다 제 주파수랑 맞는 책을 만나면 거외 여행 갔다 오는 것처럼 너무 좋을 때가 있죠. 말씀드린 책은 최근에 읽고 좋았던 책인데, 그게 제일 먼저 생각이 났어요.

언제라도 좋은 책을 만날 수 있다고 믿나요?
작품도 그렇거든요. 어떤 작품의 캐릭터가 제일 좋으냐고 물어보면 저는 전작이 제일 좋아요. 항상 최근에 읽은 좋은 책이 제일 좋아요. 대신 기억력이 좋지 않아 잊어버려요. 다른 분들이 책 내용을 기억하고, 구절을 인용하는 걸 보면 깜짝 놀라요.

그럼에도 기억에 남는 책이 있어요?
책 한 권에서 인상 깊은 부분이 딱 하나 정도인데, 그것만 있어도 그게 기억에 남는 책이 되거든요. 그게 아니라고 해도 그때그때 읽고 좋다고 생각해요. 그렇게 독서를 이어 가는 것 같아요.

딱 하나의 인상적인 순간을 위해 우리가 계속 책을 읽는지도요. 장르는 안 가리나요?

장르보다는 책도 사람이 쓰는 거니까 '관계성'이란 게 있는 것 같아요. 어떤 때는 소설이, 어떨 때는 에세이가 당겨요. 하루키를 20대 때 엄청 좋아했는데 소설보다 에세이를 좋아했어요. 어떻게 보면 하루키라는 사람한테 반한 느낌이었어요. 우리가 음악을 들을 때 타이틀곡 말고 여덟 번째 트랙이 좋을 수 있는 것처럼, 내게 영향을 미치는 문장들이 있는 게 중요하다고 생각해요.

책을 읽는 게 알려지면 책 선물을 많이 받게 되죠. 그 안에서도 인상적인 문장을 만났어요?

작년 생일에 소설책을 선물로 많이 받았어요. 사실 아직 한 권도 읽지 않았거든요. 꽂아 두고 손에 집힐 때 읽어야지⋯⋯ 하고 있어요.

기다리는 거네요. 느긋하게, 언젠간 그때가 올 걸 아는 것처럼.

맞아요. 어떤 것들은 서점에서 조금 읽어 보고 좋아서 샀는데, 그냥 반 정도 읽다가 내려놓을 때도 있어요. 읽히지가 않으면 밥 먹을 때처럼 '지금 소화가 안되나 보다.' 하고 내려놔요. 어느 날 손에 집힐 때 다시 술술 읽거든요. 어떨 때는 제목이든 뭐든 뭔가가 눈에 들어오면서 갑자기 그 책이 읽고 싶어져요. 그래서 저는 책장을 볼 때 타로 카드처럼 오늘 무슨 책이 읽고 싶은지를 봐요. 오늘 현장 가서 책 읽을 시간이 없다는 걸 알면서도 항상 한 권씩은 들고 다니거든요. 오늘의 테마 같은 느낌이에요.

다르게 말하면, 그날마다 필요한 책을 내가 안다는 거 아닐까요?

그날 나한테 필요한 것들이 있죠. 너무 좋아하는 책인데 오늘은 절대 다시 안 보고 싶은 책도 있고요. 그래서 이번 《릿터》에서도 내가 좋아했던 책을 소개하고 싶어서 떠올려 봤는데 추천하기 어려운 것도 있어요. '『앵무새 죽이기』를 되게 좋아했었는데.' 하고 오랜만에 다시 읽어 보니 너무 힘들더라고요. 예전엔 정말 좋았는데 말이죠. 독서도 연애처럼 그때그때 나한테 영향을 미치고 지나가는 게 다르구나 했어요. 요새는 철학책을 제일 많이 읽어요. 요즘이 그런 시기예요.

왜 그럴까요?

삶이 힘든 거죠.(웃음)

화제의 나이잖아요. 서른아홉.

매 아홉은 화제인가 봐요, 그렇죠? 스물아홉 때는 설렘이 되게 컸거든요. '와! 30대디! 90대가 된다!' 근데 지금은 오히려 '내가 30대 때 뭘 했지?' 하는 생각에, 자꾸 만 나이로 2년 정도의 시간을 더 벌어 보려는 마음이 계속 들어요.

이번 대선에 나온 공약 중에 나이 기준을 만 나이로 바꾼다는 게 있었죠.

좋네요. 다 그렇게 되면 서른아홉들이 갑자기 서른일곱이 되는 건가요?(웃음) 오히려 스물아홉 때는 서른을 기다렸었는데 지금은 '내가 30대에 접어들면서 했던 약속들을 몇 개나 지켰지?' 하는 생각이 들어요. 사실 저는 그때그때 유명한 책은 다 거쳐 왔거든요. 하루키, 알랭 드 보통, 베르나르 베르베르…… 요즘은 전기도, 철학책도 잘 읽혀요. 대학교 때 철학 수업을 들었는데, 점수가 안 좋았거든요?

제가 김진영 선생님의 『상처로 숨 쉬는 법』, 『아침의 피아노』를 너무 좋아하는데, 그때 김진영 선생님이 인문대에서 강의를 하셨었어요.

그때 수강했었어요?

아니요. 사실 들었을지도 몰라요, 기억을 못 하는 걸지도요.(웃음) 지금은 선생님 강의를 옮긴 책을 읽고 있을 정도로 너무 좋아하는데, 역시 사람에게는 때가 있다 생각해요. 20대 때는 새로운 것들을 막 겪어 나가다 보니 늘 신나고 바빴는데, 요새는 내가 세상을 똑바로 보고 있나 하는 생각이 들어서 그런지 오히려 과학이나 철학 같은 게 읽고 싶어요. 스스로 생각하는 힘이 필요하다고 생각되니까 자꾸 그런 책들이 잡히는 것 같아요. 재밌어요. '지금은 이런 때다, 지금 많이 읽자.' 해요.

다양한 책을 읽어 온 과정이 있었군요.

어릴 때는 만화책을 진짜 많이 봤어요. 나이대마다 제가 접할 수 있는 책들은 한 번씩 다 읽었던 것 같아요.

순정만화 세대겠네요? 그때가 순정만화 전성기였어요.

다 봤죠! 순정만화부터 시작해서 다양하게 봤죠. 『하늘은 붉은 강가』, 『아르미안의 네 딸들』, 『짱』, 『배가본드』 같은 거요. 『슬램덩크』도 다 봤고, 『도쿄 크레이지 파라다이스』 이런 것도 보고요. 제가 친구가 별로 없어서 그랬을 수도 있어요. 책 볼 때 제일 상상할 수 있는 게 많죠. 제가 20대 때 로맨틱 코미디 장르 연기를 많이 할 무렵엔 10대 때 읽었던 만화책들이 떠올랐어요. 사람들이 드라마 보면서 '어떡해~' 하는 부분이랑 우리가 만화책 읽으면서 '악! 얘네 다음에 뽀뽀하겠다!' 하면서 덮는 포인트가 정확히 일치해요. 그 모든 상상력을 키워 주던 게 만화책이었어요. 그리고 이동도서관 아세요? 버스가 와서 책을 빌려주는 거예요. 한 사람당 빌릴 수 있는 책의 권수가 정해져 있는데 엄마가 저도 등록해서 제 몫까지 엄마가 읽고 싶은 책을 빌렸어요. 그래서 다양하게 읽었던 것 같아요. 애가 읽기에는 선정적인 책도 있었어요, 『람세스』 같은. 하지만 그때 엄마는 그냥 읽게 해 주셨어요. 반은 제 이름으로 빌린 책이니까.

책을 좋아하니까 그저 새로운 책이 나타나면 계속 읽는 거죠?
맞아요. 하루키, 베르나르 베르베르의 『쥐의 똥구멍을 꿰맨 여공』, 『나무』로 시작해서 『뇌』, 『잠』 이런 거 다 너무 신나게 봤어요. 이게 다 엄마 책을 읽은 거예요. 책을 보는 습관이 사실 엄마 때문에 들었다는 걸 이번 인터뷰 준비하면서 알았어요. 엄마가 몇 년 전에 떠나셨는데, 어제 꿈에 엄마가 나왔거든요. 그러네…… 엄마의 독서 취향이 나한테 많이 있겠다……. 어떻게 보면 엄마가 좋아했던 책 취향이 그대로 왔어요.

자주 가는 서점도 있어요?
집을 항상 서점 가까운 데로 구해요. 이번에도 '서세권'으로 이사했는데 집 주변 작은 서점들이 코로나19를 이기지 못하고 닫았어요. 지난 설 연휴 때 교보문고에 가서 책을 스무 권 정도 사 왔거든요. 한 3주 동안 새 책과 미룬 책을 잔뜩 읽었어요. 김상욱 교수님 때문에 물리에도 관심이 생겼어요. 『떨림과 울림』을 읽으면서 '이렇게 로맨틱하게 물리를 읽을 수 있나.' 했어요.

하루 중 언제 읽는 걸 좋아해요? 어떤 책을 만나는 때를 한참 이야기했는데, 책을 읽기 좋은 때도 있나요?
아침에 30분 정도 읽어요. 최근에서야 아침형 인간으로 살고 있어요. 원래는 완전 올빼미고 밤잠이 적은 편이었는데 인간마다 '크로노

타입'이라는 게 있대요. 자기가 타고난 생체 리듬이요. 마침 드라마 촬영이 중단되었을 때였어요. 낮 시간 이후에는 카페인 섭취를 줄여서, 알람을 맞추지 않고 졸릴 때 자고 깰 때 일어나는 걸 해야 자기가 어느 시간대에 사는 사람인지 알 수 있다고 해요. 세상에, 해 보니까 제가 아침형 인간인 거예요. 아침에 침대 옆에 쌓여 있는 책을 보면서 잠을 깨는 게 행복하더라고요. 아침 30분을 휴대폰을 하며 보내느냐, 책을 보느냐. 해 보니 책이 확실히 좋아요, 책은 팝업이 뜨지 않으니까요.

아침에 어떤 책을 만났어요?

독서에 대한 체력이 쫙 붙었을 때였어요. 그때 제 친구가 스터디하는 그룹에서 케이트 커크패트릭의 『보부아르, 여성의 탄생』을 읽고 있다고 해서, 저도 책 토론을 한지 너무 오래된 것 같아 따라 읽겠다고 했어요. 500쪽이 넘더라고요. 그걸 3일 동안 남는 시간들에 다 읽었어요. 책을 다 읽은 게 3일째 오후 4시쯤이었는데 바로 뻗어서 기절해 버렸죠. 한 사람의 인생을 너무 빨리 읽어서인지 엄청 피곤하더라고요. '아! 내가 하는 덕질들이 이런 거구나.' 싶었어요. '하루키가 너무 좋아서 하루키가 쓴 에세이, 소설 다 찾아 읽고 이 사람의 취향을 따라하는 거구나.' 그래서 제가 지금 위스키를 좋아하는 거 같거든요.(웃음)

읽다 보면 많은 게 좋아지죠.

제가 만나는 사람만으로는 제가 체험하는 세상이 너무 적어요. 책은 내가 친하고 싶은 사람이랑 나 혼자 내적 친밀감을 키울 수 있어요. 관계 맺음인 것 같아요. 책이 새로운 세계에 대한 첫 시동을 걸어 준다고 할까요. 요즘 여행 갈 때 누가 여행책 사냐고 하는데, 저 사거든요.

아까 에세이에 대해서 그 사람을 읽는 것 같다고 했죠?

동의해요.

저는 그래서 인터뷰집 같은 거 되게 좋아해요. 그래서 언제 한번은 고민한 적도 있어요. 내가 관음증이 있나?(웃음)

하하. 출판가에선 인터뷰집은 좋아하는 사람이 적고, 팔리지 않는 책이라는 게 정설이에요. 인터뷰집에선 어떤 매력을 느껴요?

저는 《릿터》 인터뷰도 자주 읽어요. 사람이 자기가 준비를 해서 얘기를 하면 내가 원하는 대로 말을 하잖아요. 근데 둘이 말하면, 한 사람이 다른 사람의 예기치 못한 부분을 찌를 때 그 사람의 진짜 모습이 보이는 것 같거든요. 인터뷰에서 예상하지 못한 질문을 하고, 예상치 못한 답을 하면서 제일 자연에 가까운, 그 사람이 되는 거죠. 그래서 인터뷰 영상 보는 것도 좋아하고, 대담집 보는 것도 좋아해요. 『상처로 숨 쉬는 법』은 김진영 선생님의 아도르노 강의록데, 거기 나오는 선생님 말투가 있어요. '자, 오늘은 정말 여러분이 재미없어 하겠지만~' 이렇게요. 선생님의 진짜 말투가 옮겨진 걸 보면서, '어떻게 말까지 단정하게 할 수 있지? 나도 저렇게 말하고 싶다…….' 해요.

저도 대학에서 아도르노, 하버마스를 배웠죠. 추억의 이름들이네요.

제가 마음에 상처가 있고 세상에 회의가 들 때, 다시 사랑이 하기 싫을 때 아도르노를 읽으니까 너무 좋더라고요. '그래, 내가 잘못된 게 아니야. 세상이 잘못됐어.' 내가 애쓴다고 되는 게 아니라고 합리화도 되고요. 결국에는 그 시대의 철학자들의 지성을 읽는 거죠. 진지한 고민들을 해 온 사람들이잖아요. 저는 그렇게까지 아직 세상을 보지 못하는 게 부끄러워서 읽고 있는 것 같아요.

뭔가를 새롭게 읽고 알아 가는 걸 멈출 수 없는 사람 같아요. 계속 뭔가가 궁금한 거죠?

호기심도 많고, 알고 싶고, 사람들한테 영감도 많이 받아요. 그래서 책도 깨작깨작. 이거 읽었다가 저거 읽었다가 하는 거죠.

요즘은 소설은 안 읽는다면서요?

20대 때 요시다 슈이치의 『퍼레이드』를 보면서 '와, 이거 영화나 드라마로 만들어지면 나 할래. 어떻게 이래?' 하면서 읽었는데, 지금은 오히려 실존 인물들의 삶을 쫓는 게 조금 더 재미있는 것 같아요.

요즘 소설을 읽을 땐 내 자아가 간섭을 하는 거예요. 그럼에도 그 간섭을 뚫고 다가오는 책이 있어요. 그럴 때 감동하고, 내가 여전히 문학을 좋아한다는 걸 깨닫죠.

아주 정확하게 맞는 게, 저는 음악도 그래요. 저는 늘 음악을 틀어 놓고 살아요. 하루 종일 스포티파이를 틀어 놓고, 좋은 음악 하트 눌러서 아카이빙 해요. 제가 좋았던 책은 카카오톡 선물하기로 엄청 선물해요. 아마 김진영 선생님의 『아침의 피아노』를 제일 많이 선물했을 거예요. 못해도 마흔 권은 한 것 같아요.

왜 그 책이었어요?

연남동에 있는 리스본 앤 포르투 서점에서 본 책인데, 그날 친구가 두 시간 늦는다길래 서점을 둘러보고 있었어요. 첫 문장이 너무 좋았어요. 엄마가 돌아가신 지 얼마 안 됐을 때였어요. 책을 보니 롤랑 바르트의 『애도 일기』를 번역한 분이었어요. 숫자로 구성된 그 책을 읽기 시작했는데, 20번쯤 되니 눈물이 갑자기 뚝뚝뚝 떨어지면서 카페 구석에서 꺼이꺼이 울게 된 거예요. 죽음을 바라보고 병마와 싸우는 과정을 자기 연민 없이 너무 맑게 쓰셨는데, 엄마랑 너무 비슷하게 느껴졌죠. 책을 읽으면서 남은 페이지가 줄어드는 게 아깝더라고요. 아끼고 아껴 읽으며 끝까지 읽고 나니까 힘들 때 보는 책이 됐어요. 그래서 조금만 사람들이 힘든 티가 나면 선물하게 됐죠.

다른 얘긴데, 저는 30대가 좋았어요. 20대 때 「늑대의 유혹」이 너무 성공했죠. 하지만 역할과 저의 괴리가 너무 컸어요. 나중에야 그런 성공이, 인생을 살면서 한 번 겪기도 힘든 만화 같은 일이라는 걸 알았어요. 20대 때는 정신 연령이 한 서른 살 정도였던 것 같은데, 지금은 제 나이보다 정신연령이 어린 것 같아요. 저는 크지 못한 것 같아요. 30대가 됐을 때는 신났어요. 역할도 저한테 맞는 역할이 들어오기 시작하고, 들어오는 역할도 제가 좋아하는 결의 것이라 훨씬 편안했어요.

마음속으로 하고 싶은 역할, 나와 비슷한 것과 내가 하는 역할들이 달랐을 때는 또 책으로 그런 부족함들이 채워졌을 것 같아요. 연기하고 있지 않지만 읽을 수는 있으니까요.

정말 그랬어요. 내 나이에 맞는 역할을 해도 '나 이거 쑥스러운데, 나 이렇게 까불고 싶지 않은데, 나 원래 되게 느린데…….' 그래서 대본이랑 책을 항상 같이 가지고 다녔어요. 처음에는 감독님한테 대본 봐야지 다른 책 본다고 혼난 적도 있어요. '너 현장에서 대본 봐야지, 무슨 책을 보냐.' 하고요. '감독님, 저는 사이사이에 책을 보면 아까 제가 연기에 빠져서 잘하려고 애쓰다 오히려 못하던 상황에서 빠져나와 환기할 수 있어서 좋아요.'라고 말씀드렸죠. 진짜거든요. 저는 음악이나 책이 잠깐 우리를 휴식으로 분리시키는 것 같아요. 예를 들어서 남자 친구랑 싸워서 너무 화가 날 때 김진영 선생님의 책을 편다거나, 환상적인 이야기를 펼치면 잠깐이라도 뇌가 다른 곳에 다녀와요. 그래서 책은 절대 없어질 수 없다고 생각해요. 서점이 사라지면 안 돼요.

오늘 이야기할 책을 고를 때 인생 책을 할지, 인생을 바꾼 책을 할지 고민이 된다고 했었죠? 좋았어요. 둘 다 있다는 거니까요.

인생을 바꾼 책들이 그 기점의 저와 닿아서 관점을 바꿔 준 거죠. 하루키 에세이 중에 『세일러복을 입은 연필』에 실렸던 '소확행'이라는 게 저한테 되게 강렬하게 남았어요.

소소하지만 확실한 행복. 결국에는 20년이 지나 유행어가 됐어요.

맞아요. 어떻게 보면 저보다 훨씬 취향이 좋은 사람의 취향을 따라가는 형태가 됐죠. '마라톤을 하면 왜 좋아? 이 사람은 재즈를 왜 좋아해?' 하면서 하루키 에세이에 나오는 재즈들을 하나씩 들어 보기 시작하고, 위스키도 마셔 보고요. '달리기 후에 맥주를 마시면 좋다고?' 하고 좋은 프로그램을 따라 해 보는 거예요. 연애는 알랭 드 보통한테 배웠고요.

20대 때는 왜 그렇게 소설이 읽혔을까, 지금은 왜 아닐까 생각을 해 봤는데 그때는 제가 어떤 사람이 될지 정해져 있지 않으니까 읽는 삶들을 다 살 수 있을 거라는 가능성이 되게 많았던 것 같아요. 근데 지금은 약간 좁혀졌죠. 내 삶을 좀 더 엣지 있게 살기 위해서 생각을 똑바로 해야 된다, 통찰력이 있어야 한다고 생각하니 오히려 생존에 필요한 것을 읽고 싶어요. 그래서 예전에 여성 아티스트에 대한 북 토크에서 주제 인물을 선정할 때 마리나 아브라모비치라고 답했거든요.

왜 그였어요?

제가 하고 싶지만 하지 못하는 것. 저는 제가 배우가 아니었어도 예술을 좋아했을 것 같거든요. 그런데 마리나 아브라모비치를 보면, 가장 강렬한 방식으로 사람들이랑 소통을 해 나가는 게 정말 예술계의 락스타 같더라고요. 사람들 앞에 자신을 걸어 놓고 '자, 당신들이 하고 싶은 모든 걸 나에게 하세요.' 나는 이렇게까지 용감할 수 있었을까? 저는 배우를 시작하고 나서 되게 겁이 많아졌거든요. 대중의 평가를 받는다는 거 때문에 엄청나게 뒤로 숨게 됐는데 이 사람의 삶을 보니까 그게 해소가 되는 거예요.

그래서 좀 더 세상에 나오게 되었나요? 트위터 계정도 운영하죠? 많은 유명인들이 트위터를 떠난 지금도 말이에요.
'저는 이 계정이 기사화되길 바라지 않습니다.' 하고 썼더니 진짜 기사는 안 쓰시더라고요. 사실 트위터는 제 메모장 같은 거예요. 트위터에 제 '본캐'가 많이 보이죠. 트위터는 썼다가 지울 때도 되게 많아요. 지금은 SNS마다 제 나름의 정의를 내려서 생각해요. 인스타그램은 '이청아라는 배우의 룩북 같은 거다.' 트위터 같은 경우는 '이청아라는 사람의 나름의 잠언집이다.' 대신 그런 건 있죠. 분노는 적지 말자. 슬픔까지는 써도 되지만, 분노는 통화로 해요.

지혜롭네요. 지금은 넷플릭스 드라마 「셀러브리티」를 촬영 중이죠? 어떻게 보내고 있어요?
지금 '다이아몬드 수저'를 연기 중이에요. 저는 연기를 할 때 평소에도 그 인물처럼 지내려고 노력하는 편이에요. 인물의 애티튜드가 좀 배어들게요. 근데 이번에 유일하게 못 하고 있어요. 할 수가 없죠.(웃음) 상상으로 채우고 있어요. 지금 제 삶에 주어져 있는 역할은 딸, 누나, 배우 정도인 것 같아요. 연애도 좀 쉬었고요. 그러다 보니까 오히려 저에 대해 생각하는 시간이 많아졌어요. 그게 좋은 건지 나쁜 건지는 모르겠지만요.

연애를 쉬어 보니 어때요? 좋은 점도 많지 않아요?

혼자의 시간들이 저라는 사람을 더 견고하게 만드는 것 같기는 해요. 습관이나 취향 같은 것들 있잖아요. 어디에 맞출 필요가 없으니까. 저는 사람 관계도 책이랑 비슷하다고 생각하거든요. "이 책은 내가 읽기 힘들어 보이지만, 조금 더 읽어 봐야 할 것 같은데? 반까지는 읽어 보자!"일 때도 있고요. 어떤 때는 나한테 읽기 쉽게 제일 좋은 페이지를 펼쳐서 주는데도 도무지 내 취향이 아니라 안 읽고 싶을 때도 있잖아요. 저는 지금은 어떤 책을 읽고 싶은지 잘 모르겠어요. 그래서 좋은 책이 보이면 더 많이 읽으려고 하고 책이 들어오지 않을 때는 그냥 책장을 덮고 기다려요. 다시 읽고 싶어질 때까지.

'이청아'라는 책은 어떨까요?
저요? 저는 재밌는 책이죠.(웃음)

앞으로 더 관심을 가지고 읽어 볼 책입니다.
읽으면 진짜 재미있는데 처음에 모객 또는 호객이 잘 안 될 것 같아요. 매니악한 장르일까요? 제가 장난기도 많고 되게 웃긴데 아무도 몰라요. 믿어 주지 않아요, 사람들이.

진짜 써 보는 건 어때요? 사람들에게 직접 알려주는 거예요.
누가 물었을 때, 저 한 마흔둘쯤 쓸 수 있을 것 같다고 했어요. 제목은 정해 놨어요. '내가 내 곁에 있을 것'. 배우로서 제 목표는 '둘 중 하나만 되자.'예요. 작품으로 감동을 주거나, 삶으로 감동을 주거나 그 두 개 중에 하나만 해도 이번 생은 성공이다. 그래서 나쁜 짓 안 하고 살고 있는 것 같아요. 나쁜 짓을 좀 해야 책이 재미있는데 말이에요. 그렇죠? 장르를 좀 바꿔 봐야 할까요? 원래는 저, 록스타처럼 살고 싶었는데.(웃음)

배우
홍경

예고편 없는
세계

사진 ⓒ 신선혜
2022년

배우 홍경이 책을 읽는 이유다. 깨닫는 대로, 모르는 대로 획획 바뀌는 자기 안의 감정을 느끼는 게 그저 좋아서.

요즘 애들 같지 않다는 말 자주 듣죠?

맞아요. 애늙은이 같다는 말 많이 듣죠. 사실 제 주변 친구들은 제가 이렇다는 걸 이미 다 알아요. 처음 만난 분들이 저를 두고 "진지하시네요."라고 하곤 하시죠. 저도 마냥 진지하지만은 않은데 그런 말을 자주 들어요.

마냥 진지하지만은 않다면, 어떨 때 더욱 진지해져요?

사람이 한 가지 모습만 가지고 사람들을 대하지는 않으니까요. 저도 똑같은데, 그냥 어느 땐 진지하고……. 제가 좋아하는 것을 말할 때나 다른 사람이 좋아하는 걸 들을 땐 진지해지는 것 같아요. 잘 전달하고 싶으니까요.

요즘 애들 같지 않다고 하긴 했지만 '요즘 애들'이라는 게 뭘까요? 홍경을 '요즘 배우'라고 하듯이 말이에요.

요즘은 모든 게 너무 빠르니까, 뭐든 빠른 게 요즘 아닐까요? 제가 생각하기에는 그래요. 얼마 전에 동네에서 누가 전화로 불같이 화를 내는 걸 우연히 들었어요. 통신이 발달하지 않은 예전이라면, 누군가 약속 시간에 늦더라도 화를 내는 대신 걱정을 더 하지 않았을까요. 물론 저도 그때를 살아 보진 않아 잘 모르지만 그런 생각이 어렴풋이 짧게 지나가더라고요. 요즘은 모든 게 다 빨라지니까 사람이 더 감정적으로 변하는 것 같아요.

요즘 속도와 다른 속도로 살고 있나요?

저는 그러려고 노력해요. 요즘 시대는 이미지화된 게 많고 영상화된 게 많아서 더 이상 새로 나올 게 없다는 말도 하잖아요? 제가 좋아하는 감독님께서 이제 다시 활자로 돌아가야 한다고 하신 적이 있는데, 그 말이 공감되더라고요. 예전에는 사람들이 활자를 읽으면서 상상을 했고 그 상상이 서로 달랐지만, 이제는 누구나 구체적이고 확실한 이미지를 원해요. 그게 마냥 좋은 것 같지는 않다는 생각도 들어요.

  홍경 씨 나온 작품을 많이 봤어요. 실제 홍경은 누구와도 닮지 않았다는 생각이 들더라고요.
아휴, 정말 감사한 말이네요! 배우에겐 너무 중요한 말이죠.

  하지만 그런 구체적인 이미지가 없으면 대중들이 홍경을 인식하는 데에 시간이 걸릴 수도 있을 텐데요?
그건 맞아요. 저도 이 일로 밥 벌어 먹고살아야 하지만 한 번도 배우 일을 하면서 어떤 상징이 될 거라는 목표를 가진 적은 없는 것 같아요. 제가 아직 한 게 많이 없고, 이제 막 시작했어요. 한 작품에서 전 작품보다 좀 더 비중이 있는 역할도 해 보고, 이제 조금 많은 데에 영향을 끼치는 역도 해 보고 있는데, 하면 할수록 더 모르겠어요. 이 일을 시작할 때도 그냥 답이 없는 게 좋아서 선택했어요. 이것 역시도 누가 내 마음을 건드리냐의 싸움 같아요. 감수성 게임같이요. 그런 점들이 좋기도 해요.

  지금은 책을 점점 안 읽는다고 하지만, 1990년대까지만 해도 사람들은 책을 많이 읽었죠. 그때까지는 적어도 활자의 시대였어요. 홍경 씨가 말한 것처럼 책을 읽으며 각자 상상할 수 있었죠.
저는 매번 많이 읽지는 못하고 하나를 오래 읽는 타입이에요. 책은 예고편 같은 게 없잖아요? 어쨌든 내가 열 페이지고 스무 페이지고 읽어 봐야 이 책이 어떤 내용이겠구나 짐작이 되니까요. 그런 것들을 견디지 못하는 사람들도 있는 것 같아요. 예고편이 있어야 하는 거죠. 저는 그게 책의 매력인 것 같아요. 내가 읽어 보기 전까지는 뭐가 나올지 모르는 거죠. 누가 어떤 얘기라고 책 설명을 해 줘도 사실 알 수가 없잖아요. 아무리 짧은 소설이어도 책은 길죠. 책은 그게 재미있는 것 같아요.

결국 읽어야 만나는 거죠, 무엇인가를.
네, 저는 그런 것 같아요. 그래서 시간이 걸려요.

지난번 《얼루어 코리아》에서 만났을 때, 사람들이 흔히 사용하는 '아우라'가 아니라 '오라'라고 정확하게 말하는 걸 듣고 제가 "책 많이 읽죠?" 했죠. 달랐어요, 어휘가.
하하하! 그래서 이렇게 또 뵙게 되었어요. 저는 책도, 매거진도 다 좋아해요. 민음사 유튜브도 있지 않나요? 전에 우연히 다자이 오사무의 소설 『인간 실격』 해설 영상을 봤거든요. 그의 삶은 도대체 왜 그랬는가 하는 내용이요. 《릿터》도 그렇고, 문학을 다루는 채널이 있는 게 되게 좋다고 생각했어요.

다른 사람들의 감상도 궁금한가요?
솔직히 저는 책도 영화도 해설을 보는 걸 별로 좋아하지 않아요. 평론가나 개개인의 생각들을 정리해 둔 건 너무 좋지만, 그걸 보면 그 자체가 답인 것 같잖아요. 저는 모르면 모르는 상태로 놔두는 걸 좋아해서요. 그래서 좀 딴 얘기지만, 「테넷」이 도무지 이해가 안 가서 영화관 가서 네 번 봤거든요. 그래도 이해가 안 됐는데 찾아보지 않았어요. 일말의 자존심이랄까요.(웃음) 그렇게 모르고 넘어가도 언젠가 신기하게 알게 되는 때가 와요. 갑자기요. 그런 순간들을 만날 때, 저는 그런 게 좋아요.

모르는 건 모른 채로 둔다는 게 좋네요. 연기에 대해서도 '느끼고, 듣고, 반응하려고 한다.'고 말한 적이 있어요. 사실 책도 마찬가지죠. 읽으면 내 안에 반응이 생겨요. 모르겠다는 감정이라도 말이죠. 어떤 변화가 기억에 남아요?

장르를 가리지는 않지만, 우연하게 읽은 책 중에 민음사 책이 많아요. 제일 좋아하는 책이 무라카미 하루키의 『색채가 없는 다자키 쓰쿠루와 그가 순례를 떠난 해』예요. 『한국이 싫어서』라는 소설을 좀 뒤늦게 알았어요. 그 책을 한 번 다 읽고 바로 또 한 번 읽었어요. 연달아 두 번 읽은 건 처음이에요.

뭐가 그렇게 좋았어요?

20대나 30대가 겪는 것들, 저희 세대가 실제 피부로 체감하는 것들이 콘텐츠에 충분히 담기지 않고 있다고 생각하고 있거든요. 우리가 느끼고 겪는 것을 위로해 주는 콘텐츠가 있긴 하지만 충분치는 못하다고 느껴요. 이 세대가 실제로 겪어 나가는 것들을 적나라하게 보여 주는 작품들이 제 기억에 남는 것 중엔 많이 없더라고요. 제가 못 봐서 그런 걸 수도 있지만요.

현실 그 자체를 다루는 작품은 소수인 것 같아요. 극화하다 보니 화려해지고 극적으로 변하죠.

저는 그런 얘기가 보고 싶거든요. 앞으로 그런 얘기들의 힘이 세질 거라고도 믿어요. 우리의 거울 같은 얘기들이요. 「D.P.」 같은 드라마도 누가 군대 얘기를 보냐고 했지만 그렇지 않았거든요. 앞으로는 더 그럴 것 같아요. 그 안에 우리 세대나 삶을 잘 보여 주는, 피부에 와닿는 얘기들이 사랑받을 거라는 깊은 믿음이 있어요. 그냥 혼자 믿는 거지만요. 그런 점에서 『한국이 싫어서』라는 작품이 좋았어요. 현실을 마냥 우울하게 적어 둔 게 아니라 굉장히 유쾌하더라고요. 유쾌하다기보단 신랄하게 펴냈다고 해야 할까요? 저는 작가님이 호주에 살다 오셨나 했어요. 묘사가 너무 사실적이라 인터뷰를 찾아보니까 아니더라고요.(웃음)

『색채가 없는 다자키 쓰쿠루와 그가 순례를 떠난 해』도 같은 맥락에서 아끼나요?

같은 맥락이에요. 그 책은 무섭고 서늘한데 저는 그게 좋은 것 같아요. 영화 「드라이브 마이 카」의 원작도 하루키 소설이잖아요. 소설집 『여자 없는 남자들』에 있는. 그 책을 보면서 그런 감정을 느꼈어요. 내가 받은 상처를 풀지 못하고 시간이 흘러 버렸을 뿐인데, 괜찮아진 거라는 생각을 할 때가 많잖아요. 근데 그런 비슷한 순간을 맞닥뜨렸을 때, 그때의 나를 다시 마주하는 듯한 감정을 느낀 적이 저는 많거든요. 그럴 때 또다시 회피하거나 괜찮다는 말로 돌아서는 게 굉장히 위험하다는 걸 그 책을 보면서 많이 느꼈던 것 같아요. 『여자 없는 남자들』에서 어느 성형외과 의사 얘기가 나와요. 그 사람이 결혼을 안 하고 여성들을 만나고 다니다가, 어느 순간 진짜 사랑을 느끼고 나서는 가슴에 뭔가, 이런 게 생기는 거죠. 그러면서 그 사람의 인생이 파국으로 치달아요. 제가 하고 싶은 말은, 뭔가를 직면하고 그걸 맞닥뜨리는 게 중요하다는 걸 알게 해 준 책이라는 거예요. 제가 좋아하는 구절이 있거든요.

어떤 구절인가요?

좀 긴데요. 「독립기관」이라는 작품에서 읽었어요. (폰을 보여 주며) ""실례지만 다니무라 씨는 그런 생각을 해 본 적이 있습니까? 글 쓰는 능력을 빼 버린다면 대체 나는 무엇이라고 할 수 있을까 하는."
나는 그에게 설명했다. 나는 처음부터 '아무것도 아닌 한낱
인간'이라는 출발점에서 맨몸뚱이나 다름없이 인생을 시작했다."*로
시작되는 구절이에요.

    정말 한바닥, 책의 한 장이 휴대폰 메모장에 가득 써 있네요.
    직접 책을 보고 입력한 거군요?
맞아요.(웃음) 가끔 그렇게 해요.

    소설만 읽는 게 아니라 시도 읽죠? 박은지 시인이 안부 전해
    달라고 하던데요?
오오! 잘 지내시나요? 아, 제가 염치없이 시인님의 시를 영화 속에서
제멋대로 해석해서 낭독했거든요. 「정말 먼 곳」이라는 장편 영화인데,
「정말 먼 곳」이 시인님 등단작이기도 하거든요. 사인 시집도 받았어요.
말로 설명은 못 하겠지만 수수께끼 같은 글들이 많은 것 같아요.

    시야말로 모르는 상태로 넘어가야죠. 대부분이 그럴 거예요.
    그나저나 낭독, 쉽지 않죠? 특히 낭독을 하는 연기는 말이죠.
감독님이 원래 시를 쓰시던 분이라 도움을 많이 주셨어요. 제가 이
배역으로서 시를 읽고 느꼈던 감정 같은 것들을 열린 자세로 받아들여
주셨고요. 영화에서 제가 시 수업하는 장면이 있는데요, 시라는 걸
어렵지 않게 마을 주민분들에게 알려 주는 장면이에요. 그 이후로
시를 조금은 읽게 됐어요. 박준 시인님의 산문집 『운다고 달라지는
일은 아무것도 없겠지만』도 읽었고요.

    연기를 하면서 시가 조금 가까워졌나요?
아무래도 전에는 벽이 더 높았어요. 원래 시는 너무, 너무나도…….

* 무라카미 하루키, 양윤옥 옮김,
『여자 없는 남자들』(문학동네, 2014).

『불안의 서』라는 페르난두 페소아의 책을 보면서 그런 느낌을 많이 받는데요. 뭔가를 이해하려고 보면 안 되고, 그냥 읽어 나가면서 온전히 나를 열어 놓고 그때그때 드는 감정들을 받아들이는 일 같아요.

다양한 책을 읽고 있네요. 예고편도 없는 책을 어떻게 골라요?
저는 경로가 별로 없어요. 서점에 가면 눈에 띄는 게 있거든요. 그게 표지나 이런 건 아니고요. 근데 저는 그게 재미있어요.

어떨 때 눈에 들어오나요?
그냥 느낌인 것 같아요. 이거 한번 읽어 볼까? 해서 그 자리에서 10분~20분 정도 읽고, 재미있으면 사고요. 근데 그 자체가 재미있잖아요. 다양한 코너를 두루두루 가요. 소설은 꼭 들르고요. 해외 소설도 나라마다 분위기가 다른 것 같고요. 다자이 오사무의 작품처럼 무거운 걸 무겁게 다루는 곳도 있지만, 어떤 나라는 무거운 내용도 무겁지 않게 다루죠. 영화도 애덤 맥케이나 조던 필 같은 감독들은 원래 코미디언 출신이잖아요. 무거운 이야기를 아무렇지 않게 혹은 본인들만의 언어로 재미있게 풀어낼 때 슬픔은 배가 되고 그 와중에 희로애락이 다 담겨 있는 듯한 느낌을 받아요.

10분 서서 읽어 보고 고른 책은 어떤 책이에요?
자기 계발서같은 서적들은 많이 넘기지 못해요. 근데 소설책은 재미있게 봐요. 제가 고른 책 대부분은 그래요. 오늘 아침에 『저주 토끼』를 읽기 시작했어요. 맨부커상 후보라면서요? 한강 작가님께서 수상하셨을 때 읽고 '와, 이건 진짜······' 하고 인터뷰를 찾아보다가, 김창완 선배님이랑 인터뷰하신 걸 봤어요. 『소년이 온다』나 『채식주의자』는 무거움에도 불구하고, 아니 무겁다기보다는 되게 성찰적인 책이라고 생각하는데, 많은 사람한테 사랑받았잖아요.

인터뷰가 너무 좋더라고요. 신기했어요. 어떻게 저런 책을 써내셨을까? 도대체 어떤 성장이나 유년기, 청년기가 있으셨기에 책을, 소설을 저렇게 써내실 수 있지? 하고 궁금해졌고요. 동경의 마음이 있는 것 같아요.

예술을 하는 사람에 대한 경외감은 누구에게나 있는 것 같아요. 사람들이 배우를 경외하듯이요.

그래서 『직업으로서의 소설가』라는 책이 정말 흥미로웠어요. 자다가 새벽에 깨어나 영감을 받아서 막 쓰고 그럴 것 같은데, 그게 아니라 규칙적이고 엄격하죠. 아침 일찍 일어나서 운동을 하고요.

좋아하는 작가가 있으면 인터뷰도 찾아서 읽는군요? 어떤 작가를 좋아해요?

다들 좋아하시는 무라카미 하루키를 저도 되게 좋아해요. 하루키는 영상으로 된 인터뷰가 많이 없더라고요. 어디 수상하셨거나 잠시 짧게 강연하는 모습 정도? 한강 작가님도 좋아하고요. 장강명 작가님 것도 많이 찾아봤었어요. 글을 너무 재미있게 쓰시더라고요. 『남아 있는 나날』을 쓴 가즈오 이시구로, 『여름은 오래 그곳에 남아』를 쓴 마쓰이에 마사시도 좋아해요. 이후에 나온 『우리는 모두 집으로 돌아간다』도 그렇고요.

저도 그 책을 재미있게 읽었어요. 어떤 부분이 좋았어요?

『여름은 오래 그곳에 남아』도 제 인생 책 중 하나예요. 소설 속 '나'의 캐릭터 자체가 너무 흥미로워요. 남들과는 다른 속도의 친구인 것 같거든요? 좀 느리고, 유명한 건축가보다는 내실 있고 본질적인 것들을 쫓는 건축가를 동경하고. 결국 동경하던 그 건축사에 지원을 했는데 우연히 되잖아요. 거기서부터 이야기가 펼쳐져요. 별장에 가서 보여지는 얘기들이 지루할 수 있는데 저는 너무 흥미진진했어요. 유현준 교수님의 『공간이 만든 공간』이라는 책도 재미있게 읽었고요.

소설 외에는 어떤 책을 좋아해요?

제가 모르는 많은 것들을 다루는 책이 좋아요. 『엘리트 독식 사회』라고 아난드 기리다라다스의 책인데 저도 읽은 지는 꽤 됐어요. 이건 지식 소매상들이 과연 좋은 사람들인가에 대한 내용이거든요. 그런 생각을 많이 해요. 과연 '테드(Ted)'에 나오는 사람들은 정말 청렴하고 사회에 봉사하는 사람들인가? 바로 그런 내용을 다루고 있어요. 그 외에도 기득권 세력에 대한 비판적인, 비판적이라기보단 정말 사실적으로 냉철하게 보는 게 있는데 그 부분이 특히 좋아요. 세상을 보는 시야를 넓혀 주는 것 같아요.

너무 좋아서 이 이야기 속으로 들어가고 싶은 책도 있었어요?

재미있는 질문이네요. 너무 많아서 하나만 고르기 좀 어려운데요. 저는 앞서 이야기한 『여름은 오래 그곳에 남아』를 고르고 싶어요. 그 소설 속 인물의 삶을 살아 보고 싶어요. 그리고 『색채가 없는 다자키 쓰쿠루와 그가 순례를 떠난 해』도 한번 해 보고 싶고요. 내 과거의 상처를 쫓거나, 과거를 쫓아서 현재에서 과거로 되돌아 가는 건 불가능하잖아요. 가능하더라도 많은 시간과 용기가 필요한 것 같아요. 나와 연관됐던 사람들은 그 시기를 묻어 버렸거나 지워 버렸을 수 있는데, 다시 돌아가서 그걸 파헤쳐야 하는 거니까요. 그 자체가 큰 용기인 것 같아요. 그 여정이 너무 재미있더라고요.

배우 홍경의 여정도 재미있을 것 같아요. 책으로 치면 이제 시작인가요?

그러려나요? 「콘크리트 마켓」도 나와봐야 알겠고, 「약한 영웅」도 그렇고, 어떤 걸 선택할 때 그 역할의 크기는 중요하지 않은 것 같아요. 예를 들어 내가 이번에 이걸 했으니 다음에는 저걸 해야지 혹은 이번에 고등학생 했으니까 다음에는 대학생을 해야지 하는 개념으로 목도리를 고르듯 고르거나 하고 싶다는 마음이 생기지는 않거든요. 소설 읽을 때나 작품을 고를 때나 똑같이 말이죠.

그럼 지금 어떤 마음으로 작품을 선택해요?
대본을 읽었을 때 어떤 이상한 느낌이나 감정 같은 것들이 곳곳에 숨어 있을 때, 그리고 자꾸 질문이 떠오를 때. 그때 하고 싶다는 생각이 들어요. 상업이든 아트하우스든 상관없어요. 그래서 저도 이제 시작인 것 같아요. 그리고 그래서인지 두려워요. 다음이 없을 수도 있으니까요. 저는 항상 그런 두려움이 있어요. 그래서 시작인 것 같아요.

어린 시절의 좋은 기억으로 남아 있는 책도 있나요?
딱히 기억이 안 나요. 모든 게 다 그래요. 연기도 왜 좋아하게 됐는지 더듬어 보면 그 출발점이 기억 안 나요. 그냥 자연스럽게요. 혼자 있는 시간이 많아지면 마냥 혼자 있을 수만은 없으니까 영화를 보고 책을 읽는 것 같아요. 저도 자문해 봤는데, 내가 여기 발붙이고 있기 힘들 때 결국 사람은 정신을 딴 데 두는 게 필요하잖아요? 그런 게 저한테는 책이나 영화였던 것 같아요.

책과 영화가 있으면 혼자 있어도 외롭지 않죠.
그렇죠. 책을 읽을 때면 외로울 것도 없어요.

읽는 사람의 책

김새벽의 책
블라디미르 나보코프, 『롤리타』
제임스 조이스, 『율리시스』
조르지 아마두, 『가브리엘라, 정향과 계피』
르 클레지오, 『황금 물고기』
헤르만 헤세, 『크눌프』
니코스 카잔자키스, 『그리스인 조르바』
무라카미 류, 『교코』
이노우에 타케히코, 『슬램덩크』
다자이 오사무, 『인간 실격』
수전 손택, 『다시 태어나다』
아니 에르노, 『단순한 열정』
최승자, 『이 시대의 사랑』

박정민의 책
박정민, 『쓸 만한 인간』
송우혜, 『윤동주 평전』
무라카미 하루키, 『상실의 시대』
김영하, 『오빠가 돌아왔다』
김영하, 『엘리베이터에 낀 그 남자는 어떻게 되었나』
밀란 쿤데라, 『참을 수 없는 존재의 가벼움』
안도현, 『백석 평전』
장 코르미에, 『체 게바라 평전』
윌리엄 셰익스피어, 『로미오와 줄리엣』
정유정, 『종의 기원』

리처드 용재 오닐의 책
리처드 용재 오닐, 『나와 당신의 베토벤』
리처드 용재 오닐, 『리처드 용재 오닐의 공감』
윌리엄 셰익스피어, 『리어 왕』

윌리엄 셰익스피어, 『맥베스』
엘리자베스 매코맥, 『No Ordinary Life』
메리 셸리, 『프랑켄슈타인』
조지 오웰, 『1984』
조지 오웰, 『동물농장』
레프 니콜라예비치 톨스토이, 『전쟁과 평화』
존 어빙, 『A Prayer for Owen Meany』

문가영의 책
앙투안 드 생텍쥐페리, 『어린 왕자』
한강, 『흰』
한강, 『채식주의자』
신경숙, 『엄마를 부탁해』
단테, 『신곡』
헨리크 입센, 『인형의 집』
오스카 와일드, 『도리언 그레이의 초상』
마샤 노먼, 『잘 자요 엄마』
윌리엄 셰익스피어, 『로미오와 줄리엣』
김승옥, 『무진기행』

매드클라운의 책
헤르만 헤세, 『데미안』
헤르만 헤세, 『싯다르타』
헤르만 헤세, 『수레바퀴 아래서』
찰스 부코스키, 『사랑은 지옥에서 온 개』
이문열, 『우리들의 일그러진 영웅』
조영래, 『전태일 평전』
조영래, 『조영래 변호사 변론 선집』
오은, 『호텔 타셀의 돼지들』

김양희의 책
나쓰메 소세키, 『문』
나쓰메 소세키, 『행인』
나쓰메 소세키, 『그 후』
앨리스 먼로, 『디어 라이프』

무라카미 하루키,『노르웨이의 숲』
야마모토 후미오,『러브홀릭』
야마모토 후미오,『플라나리아』
황병승,『트랙과 들판의 별』
현택훈,『남방큰돌고래』
김소연,『수학자의 아침』
기형도,『길 위에서 중얼거리다』
최승자,『즐거운 일기』
캐롤 스클레니카,『레이먼드 카버 : 어느 작가의 생』

유병재의 책
유병재,『블랙코미디』
김수영,『김수영 전집 1』
박민규,『삼미 슈퍼스타즈의 마지막 팬클럽』
김진명,『무궁화꽃이 피었습니다』
무라카미 하루키,『IQ84』
윤태호,『야후 YAHOO』
최규석,『송곳』

배종옥의 책
배종옥,『배우는 삶 배우의 삶』
손턴 와일더,『우리 읍내』
페데리코 가르시아 로르카,『피의 결혼』
스탕달,『적과 흑』
에리히 마리아 레마르크,『개선문』
마르셀 에메,『벽으로 드나드는 남자』
장 지오노,『나무를 심는 사람』
이문열,『젊은 날의 초상』
신경숙,『깊은 슬픔』
문순태,『걸어서 하늘까지』
박영한,『왕룽일가』
박완서,『그대 아직도 꿈꾸고 있는가』
파스칼 메르시어,『리스본행 야간열차』
밀란 쿤데라,『참을 수 없는 존재의 가벼움』

안톤 파블로비치 체호프,『벚꽃 동산』
테네시 윌리엄스,『욕망이라는 이름의 전차』
랄프 왈도 에머슨,『자연』

요조의 책
요조,『눈이 아닌 것으로도 읽은 기분』
앤 카슨,『남편의 아름다움』
김영갑,『그 섬에 내가 있었네』
록산 게이,『나쁜 페미니스트』
이민경,『우리에겐 언어가 필요하다』
치마만다 응고지 아디치에,『우리는 모두 페미니스트가 되어야 합니다』
아이즈 편집부,『2016 여성혐오 엔터테인먼트』
정이현,『낭만적 사랑과 사회』
김정선,『동사의 맛』

박진영의 책
무라카미 하루키,『태엽 감는 새 연대기』
무라카미 하루키,『TV 피플』
허웅,『만화 삼국지』
김진명,『황태자비 납치사건』
기욤 뮈소,『구해줘』
기욤 뮈소,『종이 여자』
한강,『소년이 온다』
귀스타브 플로베르,『감정 교육』
박정민,『쓸 만한 인간』
다자이 오사무,『인간 실격』
앙투안 드 생텍쥐페리,『어린 왕자』
사이토 다카시,『혼자 있는 시간의 힘』
밀란 쿤데라,『느림』

혜림의 책
재클린 윌슨,『Girls in Love』
안네 프랑크,『안네의 일기』

공지영, 『딸에게 주는 레시피』
전승환, 『행복해지는 연습을 해요』
래리 킹, 『How to Talk to Anyone, Anytime, Anywhere』
사사키 후미오, 『나는 단순하게 살기로 했다』
프레드릭 배크만, 『할머니가 미안하다고 전해달랬어요』

김태우의 책
조남주, 『82년생 김지영』
아르놀트 하우저, 『문학과 예술의 사회사』
재레드 다이아몬드, 『총, 균, 쇠』
다자이 오사무, 『인간 실격』
윌리엄 셰익스피어, 『햄릿』
안톤 파블로비치 체호프, 『갈매기』
김영하, 『살인자의 기억법』
존 르 카레, 『리틀 드러머 걸』
유시민, 『어떻게 살 것인가』
장용민, 『건축무한육면각체의 비밀』
아서 밀러, 『세일즈맨의 죽음』

최희서의 책
한강, 『채식주의자』
허수경, 『그대 할 말은 어디에 두고 왔는가』
허수경, 『너 없이 걸었다』
루시 모드 몽고메리, 『빨강 머리 앤』
박경리, 『토지』
최명희, 『혼불』
에밀 아자르, 『자기 앞의 생』
윌리엄 셰익스피어, 『오셀로』
윌리엄 셰익스피어, 『십이야』
윌리엄 셰익스피어, 『타이터스 앤드로니커스』
윌리엄 셰익스피어, 『로미오와 줄리엣』

김애란, 『바깥은 여름』
조남주, 『82년생 김지영』
줄리언 반스, 『예감은 틀리지 않는다』
샬럿 브론테, 『제인 에어』
게오르그 뷔히너, 『보이체크』
스티븐 킹, 『미저리』

이영진의 책
야쿠마루 가쿠, 『돌이킬 수 없는 약속』
요네자와 호노부, 『진실의 10미터 앞』
은모든, 『안락』
무라카미 하루키, 『IQ84』
무라카미 하루키, 『댄스 댄스 댄스』
무라카미 하루키, 『세계의 끝과 하드보일드 원더랜드』
무라카미 하루키, 『노르웨이의 숲』
무라카미 하루키, 『해변의 카프카』
신경숙, 『기차는 7시에 떠나네』
에쿠니 가오리, 『낙하하는 저녁』
야마다 에이미, 『공주님』
오지은, 『익숙한 새벽 세시』
유시민, 『어떻게 살 것인가』
유시민, 『국가란 무엇인가』
B. A. 패리스, 『비하인드 도어』
B. A. 패리스, 『브레이크 다운』
김형경, 『좋은 이별』
김애란, 『비행운』
김애란, 『두근두근 내 인생』
김애란, 『달려라 아비』
김소연, 『마음사전』

김하나의 책
김하나, 『말하기를 말하기』
김하나, 황선우, 『여자 둘이 살고 있습니다』
작자 미상, 『아라비안 나이트』

호르헤 루이스 보르헤스, 윌리엄 반스톤,
  『보르헤스의 말』
프랜시스 호지슨 버넷,『비밀의 화원』
케네스 그레이엄,『버드나무에 부는 바람』
문유석,『쾌락독서』
데버라 리비,『알고 싶지 않은 것들』
아스트리드 린드그렌,『사자왕 형제의 모험』
표도르 도스토옙스키,『카라마조프가의
  형제들』
스티븐 핑커,『우리 본성의 선한 천사』
구병모,『아가미』
앤 패디먼,『서재 결혼 시키기』
코니 윌리스,『개는 말할 것도 없고』
로버트 팔콘 스콧,『남극일기』
듀나,『장르 세계를 떠도는 듀나의 탐사기』
미셸 오바마,『비커밍』

봉태규의 책
봉태규,『개별적 자아』
봉태규,『우리 가족은 꽤나 진지합니다』
작가 미상,『아기 돼지 삼형제』
다자이 오사무,『인간 실격』
이노우에 타케히코,『슬램덩크』
후루야 미노루,『낮비』
후루야 미노루,『Let's go!! 이나중 탁구부』
찰스 부코스키,『여자들』
무라카미 하루키,『여자 없는 남자들』
제롬 데이비드 샐린저,『호밀밭의 파수꾼』
이사카 고타로,『골든 슬럼버』
아사이 료,『누구』
한강,『채식주의자』
한강,『소년이 온다』
조너선 사프란 포어,『엄청나게 시끄럽고
  믿을 수 없게 가까운』
고바야시 사토미,『사소한 행운』

『가정대백과사전』(삼중당)
홍나리,『아빠, 미안해하지 마세요!』
안자이 미즈마루,『안자이
  미즈마루 ─마음을 다해 대충 그린 그림』

민서의 책
무라카미 하루키,『IQ84』
백세희,『죽고 싶지만 떡볶이는 먹고 싶어』
J. M. 바스콘셀로스,『나의 라임
  오렌지나무』
무라카미 하루키,『노르웨이의 숲』
김나연,『모든 동물은 섹스 후 우울해진다』
한강,『소년이 온다』
에쿠니 가오리,『낙하하는 저녁』
앙투안 드 생텍쥐페리,『어린 왕자』
장 폴 사르트르,『구토』
구병모,『아가미』
최영건,『수초 수조』
이종산 외,『사랑을 멈추지 말아요』

이윤지의 책
편혜영,『서쪽 숲에 갔다』
이병률,『끌림』
류시화,『지구별 여행자』
김형경,『사랑을 선택하는 특별한 기준』
빈센트, 강승민,『쓸모인류』
박준,『운다고 달라지는 일은 아무것도
  없겠지만』
캐서린 홀라버드,『꼬마 요정 트윙클』
스프리티 프라사담-홀스,『함께라서 좋아』
마리앤 K. 쿠시마노,『아빠는 나를 사랑해』
장지혜, 최이정,『이야기 365』
고희영,『엄마는 해녀입니다』
피터 레이놀즈,『너에게만 알려 줄게』
구자선,『여우책』

강한나의 책
아멜리 노통브,『불쏘시개』
아멜리 노통브,『살인자의 건강법』
아멜리 노통브,『오후 네 시』
아멜리 노통브,『공격』
아멜리 노통브,『추남, 미녀』
베르톨트 브레히트,『코카서스의 백묵원』
프란츠 카프카,『변신』
법정,『무소유』

찬미의 책
김중미,『종이밥』
줄리 입 윌리엄스,『그 찬란한 빛들 모두
　사라진다 해도』
이시은,『오랜 시간, 다정한 문장』
박준,『운다고 달라지는 일은 아무것도
　없겠지만』
서종한,『심리부검』
데이비드 애덤,『나는 강박과 함께
　살아왔습니다』
하인,『안녕, 아빠』
일자 샌드,『서툰 감정』
R. J. 팔라시오,『아름다운 아이』
박재규,『위로의 그림책』
제이 아셰르,『루머의 루머의 루머』
이기호 외,『한정희와 나』

이설의 책
김금희,『경애의 마음』
최진영,『해가 지는 곳으로』
조해진,『아무도 보지 못한 숲』
임성순,『자기 개발의 정석』
장강명,『한국이 싫어서』
정세랑,『보건교사 안은영』
츠지무라 미즈키,『거울 속 외딴 성』

보도 섀퍼,『열두 살에 부자가 된 키라』
타고 아키라,『심리학 콘서트』
장하준,『나쁜 사마리아인들』
크리스티앙 자크,『람세스』
J. K. 롤링 '해리 포터' 시리즈
게일 허니먼,『엘리너 올리펀트는 완전
　괜찮아』
박완서,『아주 오래된 농담』
박완서,『그 많던 싱아는 누가 다 먹었을까』
헤르만 헤세,『크눌프』
테드 창,『당신 인생의 이야기』
프랑수아즈 사강,『브람스를 좋아하세요...』
최진영,『이제야 언니에게』
최진영,『당신 옆을 스쳐간 그 소녀의
　이름은』
알베르 카뮈,『페스트』
레지나 오멜버니,『광기와 치유의 책』
온다 리쿠,『꿀벌과 천둥』
장은진,『날짜 없음』

장기하의 책
장기하,『상관없는 거 아닌가?』
토리야마 아키라,『드래곤볼』
이노우에 타케히코,『슬램덩크』
김삼,『칠삭동이』
이두호,『머털도사』
파울로 코엘료,『연금술사』
파울로 코엘료,『11분』
파울로 코엘료,『베로니카, 죽기로 결심하다』
지그문트 프로이트,『정신분석 강의』
지그문트 프로이트,『꿈의 해석』
슬라보예 지젝,『이데올로기의 숭고한 대상』
김초엽,『우리가 빛의 속도로 갈 수 없다면』
카를로 로벨리,『시간은 흐르지 않는다』
카를로 로벨리,『보이는 세상은 실재가

아니다』
박상영 외,『2019 제10회 젊은작가상 수상작품집』
류시화,『좋은지 나쁜지 누가 아는가』
유발 하라리,『사피엔스』
유발 하라리,『호모 데우스』
유발 하라리,『21세기를 위한 21가지 제언』
야마구치 슈,『철학은 어떻게 삶의 무기가 되는가』
김승옥,『무진기행』

박은빈의 책

레베카 라인하르트,『방황의 기술』
하노 베크 외,『사고의 오류』
김정수,『나도 가끔은 내가 누군지 궁금하다』
허윤선,『그림과 문장들』
김선현,『그림 처방전』
혜경궁 홍씨,『한중록』
유태루,『궁에는 개꽃이 산다』
J. M. 바스콘셀로스,『나의 라임 오렌지 나무』
앙투안 드 생텍쥐페리,『어린 왕자』
샬럿 브론테,『제인 에어』
제인 오스틴,『오만과 편견』

임현주의 책

J. M. 바스콘셀로스,『나의 라임 오렌지 나무』
범민협 엮음,『호돌이 세계여행』
김지혜,『선량한 차별주의자』
윤이형,『붕대 감기』
미하이 칙센트미하이,『몰입의 즐거움』
다자이 오사무,『인간 실격』
문유석,『개인주의자 선언』

존 윌리엄스,『스토너』
최은영,『쇼코의 미소』
치마만다 응고지 아디치에,『우리는 모두 페미니스트가 되어야 합니다』
정희진,『페미니즘의 도전』
마스다 무네아키,『지적자본론』
은유,『글쓰기의 최전선』
마스다 무네아키,『싸울 때마다 투명해진다』
강화길,『화이트 호스』
윤성희 외,『나의 할머니에게』
호프 자런,『나는 풍요로웠고, 지구는 달라졌다』
보선,『나의 비거니즘 만화』

강말금의 책

정세랑,『시선으로부터,』
조세희,『난장이가 쏘아 올린 작은 공』
안톤 파블로비치 체호프,『갈매기』
안톤 파블로비치 체호프,『바냐 아저씨』
한나 아렌트,『정치의 약속』
권여선,『안녕 주정뱅이』
권여선,『아직 멀었다는 말』
황정은,『파씨의 입문』
박경리,『토지』
마르셀 프루스트,『잃어버린 시간을 찾아서』

박지영의 책

신영복,『감옥으로부터의 사색』
헨리 데이비드 소로,『월든』
다자이 오사무,『인간 실격』
다자이 오사무,『사양』
에밀 아자르,『자기 앞의 생』
위화,『허삼관 매혈기』
제인 오스틴,『오만과 편견』
박경리,『토지』

이언 매큐언, 『속죄』
마누엘 푸익, 『거미여인의 키스』
루시 모드 몽고메리, 『빨강 머리 앤』
앙투안 드 생텍쥐페리, 『어린 왕자』
조창인, 『가시고기』
동화, 『보보경심 려』
천명관, 『고래』

페르난두 페소아, 『불안의 서』
박연준, 『모월모일』
박연준, 『인생은 이상하게 흐른다』
박연준, 『소란』
오은, 『다독임』
김소연, 『수학자의 아침』
김소연, 『마음사전』
심보선, 『슬픔이 없는 십오 초』

임화영의 책
피천득, 『인연』
백수린, 『친애하고, 친애하는』
김영탁, 『곰탕』
사라 크로산, 『원』
한정원, 『시와 산책』
백수린, 『다정한 매일매일』
백수린, 『여름의 빌라』
신경숙, 『엄마를 부탁해』
신경숙, 『어디선가 나를 찾는 전화벨이
  울리고』

전효성의 책
전효성, 『나도 내가 처음이라』
김상현, 『그러니 바람아 불기만 하지 말고
  이루어져라』
김영하, 『보다』
김영하, 『읽다』
김영하, 『말하다』
문유석, 『개인주의자 선언』
강이슬, 『안 느끼한 산문집』
마리사 마이어 '루나 크로니클' 시리즈
양희은, 『그러라 그래』
박막례, 『박막례, 이대로 죽을 순 없다』
김애란, 『잊기 좋은 이름』
이미예, 『달러구트 꿈 백화점』
장강명, 『한국이 싫어서』
김소영, 『어린이라는 세계』
레몬심리, 『기분이 태도가 되지 않게』
존 리, 『존리의 부자되기 습관』

김초희의 책
페르난두 페소아, 『불안의 서』
나쓰메 소세키, 『마음』
박상영, 『대도시의 사랑법』
다자이 오사무, 『인간 실격』
김수영, 『김수영 전집 1』

서지혜의 책
기형도, 『입 속의 검은 잎』
황동규, 『황동규 시전집 1』
이제니, 『왜냐하면 우리는 우리를 모르고』
이제니, 『아마도 아프리카』
민구, 『당신이 오려면 여름이 필요해』
페르난두 페소아, 『초콜릿 이상의
  형이상학은 없어』

김신록의 책
헬렌 니어링, 『아름다운 삶, 사랑, 그리고
  마무리』
에두아르도 콘, 『숲은 생각한다』
요시 오이다, 로르나 마샬, 『보이지 않는
  배우』
안톤 파블로비치 체호프, 『갈매기』

도나 해러웨이,『트러블과 함께하기』
페터 한트케,『왼손잡이 여인』
유진목,『거짓의 조금』
유진목,『연애의 책』
유진목,『식물원』
클라리시 리스펙토르,『달걀과 닭』

조은지의 책
페터 한트케,『긴 이별을 위한 짧은 편지』
박연선,『여름, 어디선가 시체가』
키키 키린,『키키 키린』
다카하시 아유무,『Love & Free 러브 앤 프리』

이청아의 책
케이트 커크패트릭,『보부아르, 여성의 탄생』
김지연,『마리나의 눈』
알랭 드 보통,『낭만적 연애와 그 후의 일상』
샤를 와그너,『단순한 삶』
조중걸,『러브 온톨로지』
하퍼 리,『앵무새 죽이기』
김진영,『상처로 숨 쉬는 법』
김진영,『아침의 피아노』
시노하라 치에,『하늘은 붉은 강가』
신일숙,『아르미안의 네 딸들』
임재원,『짱』
이노우에 다케히코,『배가본드』
나카무라 요시키,『도쿄 크레이지 파라다이스』
크리스티앙 자크,『람세스』
베르나르 베르베르,『쥐의 똥구멍을 꿰맨 여공』
베르나르 베르베르,『나무』
베르나르 베르베르,『뇌』
베르나르 베르베르,『잠』

김상욱,『떨림과 울림』
요시다 슈이치,『퍼레이드』
롤랑 바르트,『애도 일기』
무라카미 하루키,『세일러복을 입은 연필』

홍경의 책
다자이 오사무,『인간 실격』
무라카미 하루키,『색채가 없는 다자키 쓰쿠루와 그가 순례를 떠난 해』
무라카미 하루키,『여자 없는 남자들』
장강명,『한국이 싫어서』
박은지,『여름 상설 공연』
박준,『운다고 달라지는 일은 아무것도 없겠지만』
페르난두 페소아,『불안의 서』
정보라,『저주 토끼』
한강,『소년이 온다』
한강,『채식주의자』
무라카미 하루키,『직업으로서의 소설가』
가즈오 이시구로,『남아 있는 나날』
마쓰이에 마사시,『여름은 오래 그곳에 남아』
마쓰이에 마사시,『우리는 모두 집으로 돌아간다』
유현준,『공간이 만든 공간』
아난드 기리다라다스,『엘리트 독식 사회』

읽는 사람

1판 1쇄 펴냄 2023년 3월 31일
1판 2쇄 펴냄 2024년 2월 13일

지은이 허윤선
발행인 박근섭·박상준
펴낸곳 (주)민음사

출판등록 1966. 5. 19. (제 16-490호)
서울특별시 강남구 도산대로1길 62 (신사동)
강남출판문화센터 5층 (우편번호 06027)
대표전화 02-515-2000 팩시밀리 02-515-2007
www.minumsa.com

ⓒ 허윤선, 2023. Printed in Seoul, Korea.

ISBN 978-89-374-2748-0 03800

— 잘못 만들어진 책은 구입처에서 교환해 드립니다.